Elisabeth Prégardier / Anne Mohr

Passion im August

Dieses Buch ist gewidmet:
Paula van Broekhoeven-Löb
Marietje Boserum-De Man
Anna Sanders Platz

Elisabeth Prégardier / Anne Mohr
unter Mitarbeit von Roswitha Weinhold

Passion im August

(2. – 9. August 1942)

Edith Stein und Gefährtinnen:
Weg in Tod und Auferstehung

PLÖGER VERLAG GMBH

Die Deutsche Bibliothek – CIP-Einheitsaufnahme
Passion im August : (2.-9. August 1942) ; Edith Stein und Gefährtinnen: Weg in Tod und Auferstehung / Elisabeth Prégardier/Anne Mohr. Unter Mitarbeit von Roswitha Weinhold.
– Annweiler : Plöger, 1995
(Zeugen der Zeitgeschichte ; Bd. 5)
ISBN 3-924574-67-7
NE: Prégardier, Elisabeth; Mohr, Anne; GT

ISBN 3-924574-67-7

2. durchgesehene und verbesserte Auflage

Umschlagentwurf: Gerd Meussen, Essen
Gesamtherstellung: Annweiler

Inhalt

Geleitwort

Auch fünfzig Jahre nach dem zweiten Weltkrieg und dem Ende der nationalsozialistischen Schreckensherrschaft darf die Erinnerung an die grausamen Vorgänge in dieser Zeit nicht ausgelöscht werden. Wir werden immer wieder gefragt und müßten uns auch selbst fragen, wie konnte es zu diesen Verbrechen kommen.

Wir werden uns dann auch die Frage stellen müssen, ob wir heute gegen zukünftige Katastrophen ähnlicher Art gefeit sind. Alle Gesellschaften und Staaten, die Gott für tot erklären, vergötzen sich selbst und maßen sich Rechte über Menschen an, die ihnen nicht zustehen. Die Leugnung der absoluten Autorität Gottes führt zwangsläufig zur Tyrannei des Menschen über den Menschen. Darum sind die furchtbaren Ereignisse in der Zeit des Nationalsozialismus, die millionenfachen Morde in den Konzentrationslagern, eine Mahnung für die Gegenwart und Zukunft unseres Volkes und der Völker Europas.

Die „Passion im August" will das grausige Geschehen in Auschwitz, Ravensbrück und anderen Konzentrationslagern durch Dokumentation der Lebens- und Leidenswege einiger Opfer aus der Anonymität millionenfachen Mordes herausholen und so dem heutigen Menschen konkret vor Augen führen, was damals geschehen ist.

Nachgezeichnet wird das Leiden von Frauen, die im Unterschied zu den vielen Männern des Widerstandes bis heute zum großen Teil unbekannt geblieben sind, obwohl gerade ihr geduldiges Ausharren und die Annahme des sicheren Todes nicht weniger Respekt verdienen als der Mut der Männer des 20. Juli 1944.

Das jüdische Volk war in besonderer Weise der Ausrottung durch den Hitlerstaat ausgesetzt. Obwohl sich viele überzeugte Katholiken und Protestanten für verfolgte Juden eingesetzt haben, können wir uns als Christen nicht von jeder Mitschuld am Schicksal der Juden freisprechen. Die Judenverfolgung erfaßte nach dem Beginn des zweiten Weltkrieges auch die Juden in den besetzten Gebieten. Daraus ergaben sich Spannungen mit unseren Nachbarn, die bis heute nicht ganz abgebaut sind.

Eucharistiefeier in der Kirche des Essener Karmels am 9. August 1992 aus Anlaß des 50. Todestages von Edith Stein sowie ihrer Gefährtinnen und Gefährten. Es predigte der Bischof von Essen Dr. Hubert Luthe. Mit den drei Worten „Wahrheit – Liebe – Opfer“ deutete er Leben und Sterben von Edith Stein.

Die vielen Einzelbeispiele, die sorgfältig erforscht und in diesem Buch dokumentiert wurden, lassen etwas von der grausigen Wirklichkeit des satanischen nationalsozialistischen Rassenwahns erahnen.

Den Autorinnen, Frau Anne Mohr und Frau Elisabeth Prégardier, ist für die überaus fleißige und sorgfältige Arbeit zu danken. Das Buch kann ein bescheidener Beitrag auch zum Aufbau eines neuen Europa werden, wenn die Staaten und ihre Lenker sich ihrer Verantwortung vor Gott und der Pflicht zur Achtung der Menschenwürde bewußt sind.

Essen, am Fest „Darstellung des Herrn", 2. Februar 1995

+ H. Luthe

Hubert Luthe
Bischof von Essen

Mit Freude begrüße ich die zweite Auflage des Buches „Passion im August". Den Autorinnen ist es gelungen, noch weitere Einzelheiten zur letzten Woche im Leben von Edith Stein zu entdecken. Dies gilt besonders für das Schicksal der aus Köln stammenden Elvira Platz Sanders.

Von Herzen wünsche ich dem Buch eine weite Verbreitung, denn in den Texten finden sich viele Impulse zur geistlichen Vorbereitung auf die Heiligsprechung von Edith Stein am 11. Oktober 1998 in Rom. Mögen dabei auch die zahlreichen Gefährtinnen und Gefährten von Edith Stein in den Blick der Kirche kommen. Wie Zeugenaussagen und Dokumente zu den Wochen im Juli/ August 1942 bekunden, haben auch sie, wie Edith Stein, ihr Leben und Sterben ganz bewußt in die Hand Gottes gelegt.

Köln, am 76. Jahrestag der Firmung von Edith Stein, 2.Februar 1998

Sr. Maria Amata OCD

Sr. M. Amata Neyer OCD
Leiterin des Edith-Stein-Archivs im Kölner Karmel

In jedem Jahr, am 9. August, dem Todestag von Edith Stein, findet in der Kirche des „Karmels Maria in der Not“ in Essen-Stoppenberg eine Stunde des Gedenkens und Gebetes statt. Darin einbezogen sind alle Opfer von Terror und Gewalt der Vergangenheit und der Gegenwart.

Einleitung

Über Edith Stein sind schon viele Bücher geschrieben worden. Die Biographien geben Auskunft über ihre Lebensstationen: die Kindheit und Jugend im jüdischen Elternhaus in Breslau, die Zeit des Studiums in Göttingen und in Freiburg, die Begegnung mit den Schriften der hl. Teresa von Avila und der Empfang der Taufe in Bergzabern, die Jahre der Lehrtätigkeit bei den Dominikanerinnen in Speyer, die Dozententätigkeit in Münster, der Eintritt in den Kölner Karmel, die Übersiedlung nach Echt in Holland und schließlich der Abtransport nach Auschwitz-Birkenau, wo sie am 9. August 1942 ermordet wird. Jede dieser Wegstationen ist im Laufe der letzten Jahre ausführlich dokumentiert worden und das Gedenken an Edith Stein wird an den genannten Orten auf je besondere Weise gepflegt.

Fast unübersehbar ist das geistliche Schrifttum, das aus den Gedanken von Edith Stein als Quelle schöpft.

Die letzte Station auf dem Passionsweg ihres Lebens, die Woche zwischen der Verhaftung und ihrem Tod im August 1942 wird in vielen Büchern zwar punktartig beleuchtet, doch in den meisten Publikationen ist die Gefährtenschaft mit den katholischen Juden, die mit ihr an demselben Sonntag verhaftet wurden und am darauffolgenden Freitag auf den Todestransport nach Auschwitz-Birkenau kommen, nur wenig beschrieben.

Das vorliegende Buch „Passion im August" verdankt seine Entstehung der Woche des Gebetes und Gedenkens, die vom 2. bis 9. August 1992 aus Anlaß des 50. Todestages von Edith Stein vom Katholischen Deutschen Frauenbund im Essener Karmel gehalten worden ist. An jedem Nachmittag fand sich ein Zweigverein aus dem Bistum Essen von 15-16 Uhr in der Karmelkirche ein. Das Gedenken und das Beten eines jeden Tages wurde bestimmt von der Chronologie der Augustwoche im Jahre 1942. Außerdem wurde an jedem Tag eine der Gefährtinnen vorgestellt, die allein oder zusammen mit ihren Familienangehörigen schicksalhaft mit Schwester Benedicta verbunden war, so zum Beispiel die Geschwister Goldschmidt und die Geschwister Bock.

Die Gebetswoche schloß am Sonntag, dem 9. August 1992, mit der Eucharistie, die der Bischof von Essen, Dr. Hubert Luthe, mit einer großen Gemeinde feierte. Auf dem Altar stand das Kreuz, das Edith Stein nach der Beendigung ihrer Dozententätigkeit in Münster von der Oberin des Marianums geschenkt bekommen hatte. Wir haben es nicht als Zufall betrachtet, daß am Gottesdienst auch eine Gruppe polnischer Männer und Frauen teilnahm, ehemalige Häftlinge deutscher Konzentrationslager, die als Gäste des Maximilian-Kolbe-Werkes in Essen weilten. Auf unerwartete Weise wurde so der Ort Auschwitz, der auch zur Lebensstation einiger dieser Männer und Frauen gehörte, gegenwärtig.

Von vielen Seiten wurde der Wunsch geäußert, eine Dokumentation über die Woche im August 1942 und die Passionsgefährtinnen und -gefährten von Schwester Benedicta zu erstellen. In der folgenden Zeit nahmen wir dann Kontakt mit den Ordensgemeinschaften auf, deren Mitglieder zu den „medeslachtoffers" gehören. Einige Ordenshäuser in den Niederlanden haben wir daraufhin besucht, wo wir freundschaftlich aufgenommen wurden, vertrauensvoll Einblick in die Archive nehmen durften und so wichtige neue Informationen sammelten. Wir waren in Geleen und forschten über Schwester Aloysia Löwenfels, in Rosmalen über Schwester Charitas Bock und in der Trappistinnenabtei in Berkel-Enschot über Schwester Hedwige Löb, Schwester Marie Thérèse Löb und Dr. Lisamaria Meirowsky. Zu den ergreifenden Augenblicken gehörte für uns der Gang durch das Tor der Abtei Koningsoord in dem Wissen, daß die drei Letztgenannten vor fünfzig Jahren auf diesem Weg abgeführt worden sind.

Wir haben aber auch erfahren, daß wir bei unseren Bemühungen, sofern dabei familiäre Bindungen zu den Opfern sichtbar wurden, an Wunden rührten, die bis zur Stunde nicht geheilt sind. In tiefem Respekt stehen wir vor der schmerzbeladenen Geschichte dieser Familien. Den Überlebenden widmen wir diese Publikation zum Zeichen, daß eine nachkommende Generation die Erinnerung an Geschehenes als Triebkraft für Frieden und Versöhnung in einem neuen Europa versteht.

Das Konzept der vorliegenden Publikation „Passion im August" basiert darauf, die Dokumente, die in überraschender Zahl aus und über die Augustwoche 1942 noch vorhanden sind, bekanntzumachen. Wir bringen diese Dokumente meist ohne Kommentierung, weil sich aus dem Gesamtzusammenhang die Einzelheiten erklären lassen. Der Umfang der zu jeder Person gefundenen Dokumente ist unterschiedlich. Eingeleitet wird die Präsentation der Dokumente jeweils mit einer kurzen Lebensbeschreibung.

Bei Schwester Benedicta und Rosa Stein sind wir etwas von diesem Prinzip abgewichen. Bevor die Dokumente über die Augustwoche 1942 dargeboten werden, wird nach drei Gesichtpunkten noch eine zusätzliche Dokumentierung vorangestellt. Erstens: Abdruck des Vorwortes von Edith Stein zu ihrer Niederschrift „Aus dem Leben einer jüdischen Familie". Zweitens: Auszüge aus den von Edith Stein bekannten und veröffentlichten Briefen, die die wachsende Bedrohung der Familie Stein aufzeigen. Drittens: Die wichtigsten Stellen in den Briefen von Edith Stein über ihre Schwester Rosa.

Zweieinhalb Jahre haben wir gebraucht, um alle gesammelten Dokumente bis zur Druckreife zu bringen. Die Passionsgefährtinnen- und -gefährten sind uns inzwischen zu eigenen Lebensbegleitern und Fürsprechern geworden. Wir haben nicht den geringsten Zweifel, daß sie zur Schar der Seligen gehören, von denen Jesus spricht: „Selig seid ihr, wenn euch die Menschen hassen und aus ihrer Gemeinschaft ausschließen, wenn sie euch beschimpfen und euch in Verruf bringen um des Menschensohnes willen. Freut euch und jauchzt an jenem Tag; euer Lohn im Himmel wird groß sein." Lk 6,23.

Schon oft hat die Kirche die gleichzeitige und gemeinsame Seligsprechung von Märtyrern vorgenommen, deren Leben in Zeiten der Verfolgung gewaltsam ausgelöscht worden ist. Die geistliche Größe der Getöteten zeigt, daß wir die am 1. Mai 1987 von Papst Johannes Paul II. seliggesprochene Edith Stein nicht länger mehr isoliert sehen und verehren sollten. Die uns bis jetzt bekannten Dokumente über die letzte Woche im Leben dieser Märtyrer halten gewiß den kanonischen Prüfungen stand. Außerdem leben noch viele Zeitzeugen, die die in

Auschwitz-Birkenau Umgebrachten noch aus der Zeit vor der Verhaftung gut gekannt haben. Da inzwischen fünfzig Jahre vergangen sind, bleibt für die Befragung der Zeugen nicht mehr allzu viel Zeit.

Vielleicht ist die Zeit bald reif, daß mit der Heiligsprechung von Edith Stein die Seligsprechung ihrer „medeslachtoffers" erfolgt. Manche Kontroverse aus dem Jahre 1987 könnte so versöhnlich gelöst werden.

Drei wichtige Fakten sollten noch erwähnt werden:
Am 30. April 1994 wurde in Speyer die deutsche Edith-Stein-Gesellschaft e.V. gegründet, die sogleich das lebhafte Interesse einer breiten kirchlichen Öffentlichkeit gefunden hat.
Im Laufe des Jahres 1995 wird erwartet, daß die polnische Edith-Stein-Gesellschaft die Bemühungen um den Erwerb des ehemaligen Hauses der Familie Stein in der früheren Michaelisstraße in Breslau zu einem guten Abschluß bringen kann. Das stark renovierungsbedürftige Gebäude könnte dann nach erfolgter Wiederherstellung ab 1997 als Internationales Begegnungszentrum zur Verfügung ste-hen für die deutsch-polnische Zusammenarbeit und den christlich-jüdischen Dialog.
Am 1. April 1995 machten 400 deutsche und niederländische katholische Frauen eine gemeinsame Wallfahrt in das ehemalige Lager Westerbork.

Mit großer Freude erwarten viele Menschen in Deutschland und in der ganzen Weltkirche die Heiligsprechung von Edith Stein am 11. Oktober 1998 in Rom. Am Tag darauf, erinnern wir uns an ihre Geburt, am 12. Oktober 1891 in Breslau. Am 15. Oktober begeht die Kirche das Fest der hl. Teresa von Avila, dem großen Leitbild von Edith Stein. An diesem Festtag, am 14. Oktober 1933, trat sie in den Kölner Karmel ein. Schließlich sei darauf hingewiesen, daß am 15. Oktober 1978, dem Fest der hl. Hedwig von Schlesien, Karol Kardinal Woytyla zum Papst gewählt worden ist. Im Sinne von Edith Stein ist das Zusammentreffen all dieser Daten kein „Zufall"!

Anne Mohr / Elisabeth Prégardier

Passionsgefährtinnen und -gefährten von Edith Stein

Über den Tod von Edith Stein, den Tod ihrer Gefährtinnen und Gefährten gibt es keine direkten Dokumente und Augenzeugen. Erst im Laufe der Jahre fügten sich Berichte, Briefe, Notizen und Namen wie bei einem Mosaikbild zusammen, so daß wir heute nach mehr als einem halben Jahrhundert besser in der Lage sind, den Ablauf der „Passionswoche“ vom 2.-9. August 1942 nachzuzeichnen und die Lebenschicksale derer zu erfahren, die mit Edith Stein als „Passionsgefährten“ diese Woche wie sie durchlitten haben.

Als Gegenschlag auf den Hirtenbrief der niederländischen Bischöfe vom 26. Juli 1942, der die Deportationen der jüdischen Mitbürger aus den von Hitler besetzten Niederlanden anprangerte, wurden am darauffolgenden Sonntag alle katholischen Juden von der Gestapo verhaftet. Nach den Polizeiberichten handelte es sich um 244 Personen. Die meisten von ihnen wurden über das Polizeilager Amersfoort zum Lager Westerbork gebracht. In der Frühe des Freitagmorgens, am 7. August, ging dann ein verschlossener Eisenbahntransport mit insgesamt 987 Juden, einschließlich der katholischen Juden quer durch Deutschland direkt in das Vernichtungslager Auschwitz-Birkenau. Die SS-Schergen selektierten nach der Ankunft an der Eisenbahnrampe 464 kräftige Männer und Frauen für Zwangsarbeiten. Die verbliebenen 523 Männer, Frauen und Kinder wurden sofort in die provisorische Gaskammer, zu jener Zeit das berüchtigte „Weiße Haus“, in den Tod getrieben.

Der Kölner Karmel war lange Zeit im Ungewissen über das Schicksal von Schwester Benedicta und ihrer leiblichen Schwester Rosa Stein. Erst am 16. Februar 1950 erschienen in der vom niederländischen Justizministerium veröffentlichten Liste die Todesdaten der aus den Niederlanden verschleppten und getöteten Juden. Unter der Nummer 44074 werden Edith Teresia Hedwig Stein und unter der Nummer 44075 Rosa Maria Agnes Adelheid Stein genannt, beide mutmaßlich verstorben in Auschwitz am 9. August 1942.

Die Novizenmeisterin von Edith Stein und spätere Priorin des Kölner Karmels, Schwester Teresia Renata de Spiritu Santo, übergab im Mai 1948 der Öffentlichkeit die erste Biographie über Edith Stein. Die rasch erscheinenden Auflagen erfuhren dann Ergänzungen um Fakten, die der Verfasserin bei der ersten Auflage noch nicht bekannt waren. Es wandten sich in der nachfolgenden Zeit vor allem die Gemeinschaften an den Kölner Karmel, in deren Klöstern ebenfalls am 2. August 1942 Verhaftungen von Ordensmännern und Ordensfrauen erfolgt waren und die gleichfalls über das Schicksal der nach Auschwitz Deportierten lange Zeit keine klaren Nachrichten hatten.

Aus dem Zusammenfügen der im Laufe der Jahre im Kölner Karmel eingetroffenen Dokumente und Hinweise ergibt sich nun ein genaueres Bild der „Passionswoche“ vom 2.-9. August 1942 über die Abfolge der einzelnen Tage. Eine weitere wichtige Quelle ist das 1967 vom Echter Karmel herausgegebene Buch „Als een brandende toorts“, in dem Dokumente und Zeugnisse über Dr. Edith Stein und ihre „medeslachtoffers“ veröffentlicht worden sind. Dieses Buch wurde bis jetzt noch nicht in die deutsche Sprache übertragen. In diesem finden sich ausführliche Darstellungen über die Ordensleute und Laien, die am gleichen Tag wie Edith Stein verhaftet worden sind. Die meisten von ihnen wurden in der Nacht vom 8. auf den 9. August vergast. Bei einigen wird vermutet, daß sie zunächst für Zwangsarbeiten selektiert wurden. Sie fanden aber wenig später doch den Tod in den Gaskammern.

Eine weitere wichtige Publikation ist das Buch von Robert M.W. Kempner „Edith Stein und Anne Frank. Zwei von Hunderttausend“. Es erschien 1968 ein Jahr nach dem Urteilsspruch des Schwurgerichts München über die Hauptverantwortlichen für die Deportierung von 94.398 Juden aus den Niederlanden in die angeblichen Arbeitslager im Osten. Angeklagt waren wegen der gemeinschaftlichen Beihilfe zum gemeinschaftlichen Mord Dr. Wilhelm Harster, ehemals Generalleutnant der der Polizei, Befehlshaber der Sicherheitspolizei und des SD in den Niederlanden, Wilhelm Zoepf, der Leiter des Judenreferates, und Gertrud Slottka, Sachbearbeiterin für Rückstellungsangelegenheiten.

Einschreiben.

DER HÖHERE SS- UND POLIZEIFÜHRER
BEIM REICHSKOMMISSAR
FÜR DIE BESETZTEN NIEDERLÄNDISCHEN GEBIETE

Tgb.Nr. 877/42 g.

DEN HAAG, den 24. Sept. 1942

GEHEIM

An den

Reichsführer-SS und Chef der Deutschen Polizei
Heinrich H i m m l e r

Berlin SW 11
Prinz Albrecht-Str. 8

Betr.: Judenabschiebung.

Reichsführer!

Ich darf Ihnen einen Zwischenbericht über die Abschiebung der Juden vorlegen.

Bis jetzt haben wir mit den strafweise nach Mauthausen abgeschobenen Juden zusammen 2o.ooo Juden nach Auschwitz in Marsch gesetzt. In ganz Holland kommen ungefähr 12o.ooo Juden zur Abschiebung, worin allerdings auch die Zahl der Mischjuden enthalten ist, die ja zunächst hier bleiben. In Holland gibt es ungefähr 2o.ooo Mischehen. Im Einvernehmen mit dem Reichskommissar schiebe ich aber auch alle jüdischen Teile der Mischehen ab, sofern aus diesen Mischehen keine Kinder hervorgegangen sind. Es werden dies ca. 6.ooo Fälle sein, sodass ca. 14.ooo Juden aus Mischehen zunächst hier bleiben.

In den Niederlanden gibt es eine sogenannte "Werkverruiming", eine dem Niederländischen Sozialministerium unterstehende Arbeitseinrichtung, die Juden zu verschiedenen Arbeiten in geschlossenen Betrieben und Lagern anhält. Wir haben diese Werkverruimingslager bisher nicht angetastet, um die Juden dahinein flüchten zu lassen. In diesen Werkverruimingslagern sind ca. 7.ooo Juden. Wir hoffen bis zum 1. Oktober auf 8.ooo Juden zu kommen. Diese 8.ooo Juden haben ca. 22.ooo Angehörige im ganzen Lande Holland. Am 1. Oktober

- b.w. -

werden schlagartig die Werkveruimingslager von mir besetzt und am selben Tage die Angehörigen draussen verhaftet und in die beiden grossen neuerrichteten Judenlager in Westerbork bei Assen und Vught bei Hertogenbosch eingezogen werden. Ich will versuchen, anstatt 2 Zügen je Woche 3 zu erhalten. Diese 3o.ooo Juden werden nun ab 1. Oktober abgeschoben. Ich hoffe, dass wir bis Weihnachten auch diese 3o.ooo Juden weg haben werden, sodass dann im ganzen 5o.ooo Juden, also die Hälfte, aus Holland entfernt sein werden.

Schon seit Wochen laufen bei den Bevölkerungsregistern in den Niederlanden die Vorarbeiten für die Feststellung der Mischehen, also die Erbringung des Nachweises, dass die arischen Teile der Mischehen tatsächlich arisch sind. Diese 13.ooo Mischjuden erhalten auf ihren Judenausweis einen Vermerk, dass sie die Berechtigung haben, in Holland zu bleiben. Ferner werden in derselben Form bearbeitet die Rüstungsarbeiter, die die Wehrmacht unbedingt hier noch braucht, ca. 6.ooo + Anhang = zusammen 21.ooo. Eingeschlossen in diese Zahl sind die Diamantarbeiter aus Amsterdam, ferner gewisse Bilder- und NSB-Juden (2o).

Am 15. Oktober wird das Judentum in Holland für vogelfrei erklärt, d.h. es beginnt eine grosse Polizeiaktion, an der nicht nur deutsche und niederländische Polizeiorgane sondern darüber hinaus der Arbeitsbereich der NSDAP, die Gliederungen der Partei, der NSB, die Wehrmacht usw. mit herangezogen werden. Jeder Jude, der irgendwo in Holland angetroffen wird, wird in die grossen Judenlager eingezogen. Es kann also kein Jude, der nicht privilegiert ist, sich mehr in Holland sehen lassen. Gleichzeitig beginne ich mit Veröffentlichungen, wonach Arier, die Juden versteckt gehalten oder Juden über die Grenze verschoben oder Ausweispapiere gefälscht haben, das Vermögen beschlagnahmt und die Täter in ein KZ überführt wurden, das alles, um die Flucht der Juden, die in grossem Masse eingesetzt hat, zu unterbinden.

- 2 -

- 2 -

Von den christlichen Juden sind in der Zwischenzeit die katholischen Juden abgeschoben worden, weil die fünf Bischöfe, an der Spitze der Erzbischof de Jonge in Utrecht, die ursprünglichen Vereinbarungen nicht gehalten haben. Die protestantischen Juden sind noch hier, und es ist tatsächlich gelungen, die katholische Kirche von der protestantischen aus dieser Einheitsfront zu sprengen. Der Erzbischof de Jonge hat in einer Bischofskonferenz erklärt, dass er niemals mehr mit den Protestanten und Calvinisten eine Einheitsfront eingehen werde. Der Sturm der Kirchen, der seinerzeit, als die Evakuierung begann, einsetzte, wurde solcherart stark erschüttert und ist abgeklungen. Die neuen Hundertschaften der holländischen Polizei machen sich in der Judenfrage ausgezeichnet und verhaften Tag und Nacht zu hunderten die Juden. Die einzige Gefahr, die dabei auftritt, ist der Umstand, dass da und dort einer der Polizisten daneben greift und sich aus Judeneigentum bereichert. Ich habe Verhandlungen des SS- und Polizeigerichtes vor der versammelten Hundertschaft angeordnet.

Das Judenlager Westerbork ist bereits ganz fertig, das Judenlager Vught wird am 10. - 15. Oktober vollendet sein.

Heil Hitler!

Ihr gehorsamst ergebener

Rauter

SS-Brif.

Geheimbericht des Höheren SS- und Polizeiführers Rauter vom 22. September 1942 über die Abschiebung der Juden in den Niederlanden.

Dr. Robert M.W. Kempner war in diesem Prozeß Nebenkläger in dreifachem Auftrag:

1. von Dr. Erna Biberstein für deren ermordete Schwestern Edith und Rosa Stein,
2. von Paula van Broekhoeven für deren ermordete fünf Geschwister Lina, Theodora, Georg, Ernst und Robert Löb,
3. von Otto H. Frank für dessen ermordete Ehefrau Edith und seine beiden Töchter Anne und Margot Frank.

In dieser Veröffentlichung wird der Umfang der Vernichtungsaktion deutlich, die in mehr als zwei Jahren 86 Transporte aus den Niederlanden nach Auschwitz, nach Sobibor, nach Theresienstadt brachte. In Kempners Buch sind die „Totentafeln ohne Namen", die „Frachtlisten des Todes" aufgeführt. 93.326 Männer, Frauen und Kinder sind ermordet worden. Nur 1.072 Überlebende konnten nach dem Krieg ausfindig gemacht werden.

Der 8. Transport am 7. August 1942 brachte Edith Stein und 986 Leidensgefährtinnen und -gefährten nach Auschwitz. Am 24. September 1942 erstattete der SS- und höhere Polizeiführer Rauter in einer Geheimen Notiz Bericht vom Beginn des perfektionierten Massenmordes in den Niederlanden. Himmler versah diesen Bericht mit der handschriftlichen Notiz „sehr gut"!

Anne Frank und ihre Familie tauchten am 9. Juli 1942 unter, gerade sechs Tage bevor der erste Transport mit 1.135 jüdischen Häftlingen in die angeblichen Arbeitslager auf den Weg gebracht wurde. Nach dem Verrat wurde auch die Familie Frank in dem letzten Transport zusammengepfercht, der am 3. September 1944 von Westerbork losging. Es war der 86. Transport und der letzte.

Das Schicksal der katholischen Juden wurde am Sonntag, dem 26. Juli 1942, entschieden, als von den Kanzeln der Hirtenbrief der katholischen Bischöfe verlesen wurde. Darin verurteilten sie scharf die Deportation der jüdischen Mitbürger. Gleichzeitig wurde damit das Protestschreiben der niederländischen

Kirchen vom 11. Juli 1942 bekanntgemacht. In einer am nächsten Tag stattfindenden Geheimsitzung des Generalkommissars für das Sicherheitswesen fiel damit auch das Todesurteil über die mehr als 700 katholischen Juden in den Niederlanden, unter denen viele Emigranten aus Deutschland waren.

Aufgrund des gut funktionierenden Meldewesens war es für die Gestapo ein leichtes Spiel, in einer Blitzaktion am darauffolgenden Sonntag, dem 2. August, die katholischen Juden festzunehmen, die Klöster zu durchkämmen, die Ordensleute zu verhaften, einschließlich der Menschen, die in den niederländischen Klöstern Zuflucht gesucht hatten. Die „Beute“ dieses Sonntags waren nach Feststellung der Leitung des Judenreferates für den Bezirk Den Haag 212 Verhaftete. Hinzu kamen aus dieser Aktion noch 32 Juden in Gewahrsam der Außenstelle Amsterdam. 44 Juden, die in Mischehen lebten, wurden gleich wieder entlassen.

Viele der Verhafteten wurden noch am gleichen Tag in das polizeiliche Lager Amersfoort eingeliefert. Dort trafen sie mit all denen zusammen, die dann in der gemeinsamen „Passionswoche“ Anfang August den Weg in den Tod antraten. Am Dienstag, dem 4. August, erfolgte der Weitertransport in das Lager Westerbork, wo sich bis zum endgültigen Abtransport am Freitag, dem 7. August, noch verschiedene Kontakte persönlicher und schriftlicher Art mit der Außenwelt ergaben. In den Berichten der Boten, die das Lager besuchen konnten, in den Briefen, Notizen und Telegrammen, die noch nach draußen kamen, tauchen immer wieder die Namen der Ordensleute und Laien auf, die am Ende zu einer Schicksalsgemeinschaft im Lager und im Frachtwagen auf dem Weg nach Auschwitz zusammenwuchsen.

Unter den am 2. August 1942 Verhafteten war **Dr. Edith Stein** (51) wahrscheinlich die bekannteste, weil sie schon vor ihrem Eintritt in den Karmel einen internationalen Ruf als Philosophin hatte. Mit ihr wurde an jenem Sonntagnachmittag von der Gestapo **Rosa Stein** (59) verhaftet, ihre um acht Jahre ältere leibliche Schwester, die 1936 in Köln die Taufe empfangen hatte und jetzt als Tertiarin im Karmel zu Echt den Pförtnerinnendienst versah.

Die aus Hamburg stammende Volkswirtschaftlerin **Dr. Ruth Kantorowicz** (41) hatte in Hamburg, Kassel, Frankfurt als Journalistin und Bibliothekarin gearbeitet, bis sie am 12. August 1933 als „nichtarische" Mitarbeiterin entlassen wurde. 1934 empfing sie in Hamburg die Taufe. Ihr Wunsch, in den Karmel einzutreten, erfüllte sich aus gesundheitlichen Gründen nicht. Mit Edith Stein war sie seit ihren Kindertagen bekannt, als diese ihre Schwester Else, verheiratet mit dem Arzt Dr. Gordon, in Hamburg besuchte. In den letzten Jahren tippte Ruth Kantorowicz die handschriftlichen Manuskripte von Edith Stein ins Reine, so: „Aus dem Leben einer jüdischen Familie", „Das endliche und das ewige Sein" und die ersten Kapitel von „Kreuzeswissenschaft". Die unsichere Lage in Deutschland veranlaßte sie, nach Holland zu gehen. Nach einem kurzen Aufenthalt im Maastrichter Karmel wohnte sie bei den Ursulinen in Venlo und half in dem angeschlossenen Altenheim. Ihre Verhaftung am 2. August erfolgte morgens, noch bevor sie an der hl. Messe teilnehmen konnte. Im Lager Amersfoort traf sie dann auf Edith Stein und deren Schwester Rosa.

Die Krankenschwester **Alice Reis** (39) war Berlinerin. Nach ihrer Ausbildung war sie tätig in Erfurt, Mannhein, und Darmstadt. Am 27. Dezember 1930, empfing sie in Beuron die Taufe. Ihre Patin war Dr. Edith Stein. Gern wäre Alice Reis bei den Schwestern vom Guten Hirten oder in den Karmel eingetreten, sie wurde jedoch durch ein schweres Asthmaleiden gehindert. So tat sie Dienst in einem großen Mädchenheim in Almelo, wo die Gestapo am 2. August 1942 schon um 5 Uhr morgens an die Tür klopfte. Den Schwestern vom Guten Hirten gelang es, die Verhandlungen bis um 7 Uhr hinzuziehen, dann mußten sie Alice Reis herausgeben.

Im Polizeibericht über die am 2. August 1942 verhafteten Personen aus dem Maastrichter Bezirk werden auch zwei Geschwister genannt, die im Kloster Koningsbosch bei den Schwestern vom Kostbaren Blut in Echt festgenommen worden waren. Es waren **Annemarie Goldschmidt** (20) und ihre Schwester **Elfriede** (19), beide aus München. Sie tauchen in der Notiz auf, die Edith Stein am 4. August aus der Baracke 36 im Lager Drente-Westerbork an die Priorin des

Karmels in Echt richtete: „Wir haben vielen Nachricht an Euch aufgetragen. Auch die beiden lieben Kinder aus Koningsbosch sind bei uns. Wir sind ganz ruhig und fröhlich. Natürlich bisher keine Messe und Kommunion; kommen vielleicht später. Nun kommen wir ein bißchen dazu, zu erfahren, wie man rein von innen leben kann." Annemarie und Elfriede gingen am 9. August mit Edith Stein den Weg in den Tod.

Im Provinzialhaus der Armen Dienstmägde Jesu Christi (Dernbacher Schwestern) in Geleen ergriff die Gestapo **Schwester Aloysia** (27) und brachte sie in das Durchgangslager nach Amersfoort. Als Jüngste von sieben Kindern war **Luise Löwenfels** 1915 in Trabelsdorf bei Bamberg geboren. Sie absolvierte das Kindergärtnerinnenseminar in Nördlingen. In Frankfurt und Recklinghausen, wo sie als Kindergärtnerin tätig war, kam sie mit dem katholischen Glauben in Berührung. Im Konvent der Dernbacher Schwestern in Mönchengladbach empfing sie 1935 das Sakrament der Taufe. Im September 1935 trat sie bei denselben Schwestern in der niederländischen Ordensprovinz ein. Im Lager Amersfoort wurde sie dann zur Schicksalsgefährtin von Edith Stein.

Die Ordensfrau **Schwester Mirjam** (53) war morgens gegen 8.30 Uhr nach dem Gottesdienst im Kloster Marienwaard in Meersen verhaftet worden. Als Tochter eines Schirmfabrikanten war **Else Michaelis** 1889 in Berlin geboren. Durch die Katharinenschwestern lernte sie den katholischen Glauben kennen. Sie zog in das Heim der Schwestern, das in der Pfarrgemeinde Corpus Christi lag und nahm zehn Jahre lang intensiv am Pfarrleben teil. 1928 trat sie in die Gemeinschaft der Josefsschwestern von Trier ein und erhielt den Ordensnamen Mirjam. Im Gertrudenheim in Saarlouis versah sie jahrelang den Dienst der Buchhalterin und Pfortenschwester. Nach Auflösung des Hauses ging sie in das Xaveriusstift nach Berlin. Die wachsende Judenfeindlichkeit in Deutschland machte ihre Versetzung in ein Haus der Josefsschwestern nach Overschie-Rotterdam notwendig. Von der Gestapo aus diesem Haus verdrängt, fand sie 1940 Zuflucht bei den Dernbacher Franziskanerinnen in deren Kloster Marienwaard.

In Berkel-Enschot an der Pforte des Trappistinnenklosters Koningsoord ereilte auch die Kölner Kinderärztin **Dr. Lisamaria Meirowsky** (38) das Schicksal. Sie stammte aus Köln, war nach dem Unterricht durch den Bonner Theologieprofessor Wilhelm Neuß getauft worden und setzte in Rom ihr Medizinstudium fort. Dort lernte sie den Dominikanerpater Franziskus Stratmann kennen und wollte nach der Naziherrschaft mit ihm eine neue dominikanische Gemeinschaft aufbauen. Im Herbst 1938 ging sie mit P. Stratmann nach Utrecht, um dort in einem Hilfswerk für jüdische Flüchtlinge mitzuarbeiten. Als Pförtnerin im Trapistinnenkloster versteckte sie sich ab 1940 vor den Zugriffen der Nazis. Aus dem Lager Westerbork schrieb sie noch in ihrem Abschiedsbrief an ihren Beichtvater: „Freuen Sie sich mit mir, ich gehe mit Mut und Vertrauen und Freude – auch die Ordensschwestern, die mit mir sind – wir dürfen Zeugnis ablegen für Jesus und mit unseren Bischöfen zeugen für die Wahrheit."

Fünf Geschwister der Familie **Löb** nahm die Gestapo am 2. August fest. Drei Brüder im Trappistenkloster Koningshoeven: **Pater Ignatius** (33), **Pater Nivardus** (29) und Bruder Linus (32). Im benachbarten Kloster der Trappistinnen Koningsoord wurden dann auch deren leibliche Schwestern, die **Ordensfrauen Hedwige** (42) und **Maria-Theresia** (30) festgenommen. Es wird vermutet, daß Linus, Hedwige und Maria-Theresia am 9. August vergast worden sind, während Ignatius und Nivardus möglicherweise bei der Ankunft in Auschwitz zunächst für Zwangarbeiten selektiert worden sind. Von den drei weiteren Geschwistern der Familie Löb wurde die Trappistin Schwester **Veronica** später auch festgenommen, nach Westerbork gebracht, aber dann aus unerklärlichen Gründen wieder entlassen. Sie starb im August 1944 in Tilburg. Der jüngste Bruder **Hans** starb 29jährig 1945 im Konzentrationslager Buchenwald. Nur die jüngste Schwester Paula überlebte.

Aus Wien stammte **Resi Bock** (33), die sich seit 1920 in den Niederlanden befand und 1927 als **Schwester Charitas** in die Kongregation der Schwestern vom Heiligsten Herzen Jesu in Moerdijk eingetreten war. Am gleichen Morgen wurden ebenfalls ihre beiden leiblichen Schwestern **Edith** (35) und **Leni** (30) verhaftet, ebenso ihre **Mutter Herma** (56). In Amersfoort traf die Familie zusammen. Während die drei Schwestern sofort nach Westerbork transportiert wurden, verblieb die Mutter zunächst in Amersfoort, um jedoch wenig später denselben Todesweg nach Auschwitz fahren zu müssen.

Wenig bekannt ist das Schicksal der Familie des Schriftstellers Hermann de Man. Am 2. August wurden in Berlicum die **Mutter Eva Maria** (37) mit ihren Kindern **Anneke** (14), **Jochie** (12), **Magdaleentje** (10) **Pieterje** (9) verhaftet. Der Vater (44) befand sich zu diesem Zeitpunkt gerade im Ausland, Marietje (18) und Joost (15) waren an anderen Orten. Die Gestapo hat dann noch **Jan** (19) in Rijkswijk aufgegriffen. Er wurde später auf der Flucht erschossen.

In den Strudel der Verhaftungen mithineingezogen wurde auch der deutsche Franziskaner, **Bruder Wolfgang (Fritz) Rosenbaum** (27). In Witten als Sohn eines jüdischen Textilhändlers geboren, empfing er 1933 die Taufe. Nach Bedrohungen durch die SA nahm sein Vater sich das Leben. 1939 trat Fritz in Vlodorp in den Franziskanerorden ein. Aus Sicherheitsgründen wechselte er in das Kloster Woerden, wo er am 2. August verhaftet wurde. Mit dem Transport am 9. August in Auschwitz angekommen, wurde er zunächst für Zwangsarbeiten ausgesondert. Sein Todesdatum ist mit dem 30. September 1942 angegeben. In seiner Taufkirche St. Franziskus in Witten zeigt ihn ein schönes Fensterbild zusammen mit Edith Stein. Im Fenster steht das Wort eingeschrieben:
„Liebe ist größer als Gewalt“.

Ein kleiner Totenzettel, gefunden in einem holländischen Klosterarchiv, berichtet von **Elvira Maria Josepha Platz** (53), Witwe, die ebenfalls am 2. August verhaftet, eine Woche später in Auschwitz-Birkenau getötet wurde. Ihr Name steht stellvertretend für alle katholischen Juden, die an jenem Sonntag im August durch den Vergeltungsschlag der Nazis gegen den mutigen Hirtenbrief der Bischöfe festgenommen und ermordet worden sind.

Die Dominikanerin **Schwester Judith Mendes da Costa** (57), ebenfalls am 2. August in Amsterdam festgenommen, wurde am 7. August in Westerbork von der

Transportliste gestrichen wegen ihrer portugiesischen Herkunft. Nach ihrer Entlassung gab sie einen ergreifenden Bericht über die Tage in Westerbork, der nach dem Krieg von einer ihrer Mitschwestern veröffentlicht worden ist. Im Februar 1944 wurde sie aber doch noch nach Theresienstadt verschleppt und kam am 16. Mai nach Auschwitz, wo sie wahrscheinlich bald nach der Ankunft vergast worden ist.

In einem der Polizeiberichte wurde das **Ehepaar Bromberg** aufgeführt, das mit der **Tochter Ruth** und dem **Sohn Richard** mit den Vorhergenannten im Lager Amersfoort zusammentraf und auch die Leidenstage in Westerbork miterlebte. Als am 7. August die Transportlisten zusammengestellt wurden, blieben sie verschont. Von ihnen haben wir später einen ausführlichen Bericht über die Vorgänge im Lager und vom Abtransport erhalten. Der Bericht schließt mit den Worten:
„Am frühen Morgen des 7. August, als die Sonne noch kaum aufgegangen war, stand eine lange Reihe Männer, Frauen und Kinder auf dem Weg aufgestellt, der quer durch das Lager lief. Seltsam hoben sich die Ordensgewänder von den Rucksäcken und Kleiderbündeln ab. Anstelle der Polizisten waren bewaffnete SS-Leute gekommen und unter ihren barschen Befehlen ging der lange Zug aus dem Lager hinaus. Die Zurückbleibenden haben noch sehr lange gewinkt! Und sie waren die Letzten, die etwas von diesem Transport gesehen haben."

Als Edith Stein am 1. Mai 1987 im Köln-Müngersdorfer Stadion von Papst Johannes Paul II. seliggesprochen wurde, war von diesen Passionsgefährtinnen und -gefährten nicht ausdrücklich die Rede. Aber es besteht kein Zweifel daran, daß alle diese „medeslachtoffers", wie sie in den holländischen Texten genannt werden, in einer totalen Auslieferung an Gott diesen gewaltsamen Tod angenommen haben. Viele Dokumente zeugen davon.

Martyrologium

2. August 1942
In den Niederlanden werden 244 katholische Juden verhaftet als Racheakt auf die Verlesung des Hirtenbriefes der katholischen Bischöfe am 26. Juli 1942.
7. August 1942
Vom Lager Westerbork geht in den frühen Morgenstunden ein Transport nach Auschwitz-Birkenau mit 987 Männern, Frauen und Kindern.
8. August 1942
Selektion bei der Ankunft in Auschwitz-Birkenau:
Als Häftlinge ins Lager kommen 315 Männer mit den Nummern 57405-57719 und 149 Frauen mit den Nummern 15812-15960.
9. August 1942
523 Menschen sterben in den Gaskammern.

Edith Stein Schwester Teresia Benedicta a Cruce
(Dr. Edith Stein)
Karmelitin, Philosophin
Geboren am 12. Oktober 1891 in Breslau
Verhaftet am 2. August 1942 im Karmelkloster in Echt
Getötet am 9. August 1942 in Auschwitz

Rosa Stein
Tertiarin des Karmels, Klosterpförtnerin
Geboren am 13. Dezember 1883 in Lublinitz
Verhaftet am 2. August 1942 im Karmelkloster in Echt
Getötet am 9. August 1942 in Auschwitz

Dr. Ruth Kantorowicz
Wirtschaftsjournalistin, Bibliothekarin,

Geboren am 7. Januar 1901 in Hamburg
Verhaftet am 2. August 1942 im Kloster der Ursulinen in Venlo
Getötet am 9. August 1942 in Auschwitz

Alice Reis
Krankenschwester,
Geboren am 17. September 1903 in Berlin
Verhaftet am 2. August 1942 im
Haus der Schwestern vom Guten Hirten in Almelo
Getötet am 9. August 1942 in Auschwitz

Annemarie Goldschmidt
Geboren am 31. Januar 1922 in München
Verhaftet am 2. August 1942 im Kloster Koningsbosch in Echt
Getötet am 9. August 1942 in Auschwitz

Elfriede Goldschmidt
Geboren am 4. August 1923 in München
Verhaftet am 2. August 1942 im Kloster Koningsbosch in Echt
Getötet am 9. August 1942 in Auschwitz

Schwester Aloysia (Luise Löwenfels)
Kindergärtnerin, Arme Dienstmagd Jesu Christi
(Dernbacher Schwestern),
Geboren am 5. Juni 1915 in Trabelsdorf bei Bamberg
Verhaftet am 2. August 1942 im Kloster der Armen Dienstmägde in Geleen
Getötet am 9. August 1942 in Auschwitz

Schwester Mirjam (Else Michaelis)
Buchhalterin, Schwester vom hl. Josef in Trier,
Geboren am 31. März 1899 in Berlin
Verhaftet am 2. August 1942 bei den Franziskanerinnen von Nonnenwerth in Marienwaard.
Getötet am 9. August 1942 in Auschwitz

Am Sonntag, dem 2. August 1942, erfolgte vom frühen Morgen bis in den Nachmittag hinein die Verhaftung katholischer Juden in den Niederlanden.

Dr. Lisamaria Meirowsky
Kinderärztin, Dominikanertertiarin
Geboren am 7. September 1904 in Graudenz
Verhaftet am 2. August 1942 in der Abtei der Trappistinnen in Berkel-Enschot
Getötet am 9. August 1942 in Auschwitz

Schwester Hedwige (Lien Löb)
Trappistin
Geboren am 3. März 1908 in Rijswijk
Verhaftet am 2. August 1942 in der Abtei Koningsoord in Berkel-Enschot
Getötet am 30. September 1942 in Auschwitz

Schwester Maria-Theresia (Door Löb)
Trappistin
Geboren am 22. Oktober 1911 in Sawah-Loento (Indonesien)
Verhaftet am 2. August 1942 in der Abtei Koningsoord in Berkel-Enschot
Getötet am 30. September 1942 in Auschwitz

Pater Ignatius (Georg Löb)
Trappist
Geboren am 25. September 1909 Hoensbroek
Verhaftet am 2. August 1942 in der Abtei Koningshoeven bei Tilburg
Getötet am 19. August 1942 in Auschwitz

Pater Nivardus (Ernst Löb)
Trappist
Geboren am 29. Oktober 1913 in Sawah-Loento (Indonesien)
Verhaftet am 2. August 1942 in der Abtei Koningshoeven bei Tilburg
Getötet am 19. August 1942 in Auschwitz

Bruder Linus (Robert Löb)
Trappist

Geboren am 15. Oktober 1910 in s'Gravenhage
Verhaftet am 2. August 1942 in der Abtei Koningshoeven bei Tilburg
Getötet am 30. September 1942 in Auschwitz

Schwester Veronica (Wies Löb)
Trappistin
Geboren am 22. Oktober 1911 in Sawah-Loento (Indonesien)
Wurde später auch verhaftet, wieder freigelassen,
Stirbt am 1. August 1944.

Hans Löb
Techniker
Geboren am 11. November 1916 in Sawah-Loento (Indonesien)
Wurde später verhaftet und zur Zwangsarbeit verschleppt.
Stirbt am 20. Februar 1945 im KZ Buchenwald.

Bruder Wolfgang (Fritz Rosenbaum)
Franziskaner
Geboren am 27. Mai 1915 in Witten
Verhaftet am 2. August 1942 im Franziskanerkloster in Woerden
Getötet am 30. September 1942 in Auschwitz

Schwester Charitas (Resi Bock)
Lehrerin, Schwester vom Heiligsten Herzen Jesu
Geboren am 13. Juni 1909 in Wien
Verhaftet am 2. August 1942 im Mutterhaus in Moerdijk
Getötet am 9. August 1942 in Auschwitz

Edith Bock
Lehrerin
Geboren am 23. August 1907 in Wien
Verhaftet am 2. August 1942 in Rotterdam
Getötet am 9. August 1942 in Auschwitz

Leni Bock
Büroangestellte
Geboren am 25. Juni 1912 in Wien
Verhaftet am 2. August 1942 in Rotterdam
Getötet am 9. August 1942 in Auschwitz

Hermine Bock-Merkelbach, geb. Grünbaum
Geboren am 29. September 1886 in Leobersdorf, Niederösterreich
Verhaftet am 2. August 1942 in Rotterdam
Getötet am 20. August 1942 in Auschwitz

Eva Maria de Man-Kalker
geboren am 10. April 1905 in Rotterdam
Mutter der Kinder
Anneke
geboren am 8. November 1928 in Woerden,
Jochie
geboren am 3. September 1930 in Berlicum,
Magdaleentje
geboren am 5. Februar 1932 in Berlicum,
Pietertje
geboren am 19. Mai 1933 in Berlicum
zusammen verhaftet am 2. August 1942 in Berlicum
getötet am 9. August 1942 in Auschwitz
Jan de Man
geboren am 3. Februar 1925 in Utrecht
verhaftet in Rijkswijk,
Zwangsarbeit in einem Bergwerk in Oberschlesien, auf der Flucht nach Frankreich zu seinem Vater Hermann de Man aufgegriffen und erschossen.

Schwester Judith Mendes da Costa
Dominikanerin

Geboren am 25. August 1895 in Amsterdam
Verhaftet am 2. August 1942 im Kloster in Bilthoven,
am 15. August freigelassen aus dem Lager Westerbork,
am 25. Februar 1944 nach Theresienstadt deportiert,
am 16. Mai 1944 nach Auschwitz transportiert,
dort getötet am 7. Juli 1944.

Elvira Platz Sanders
Geboren am 15. September 1891 in Köln.
Verhaftet am 2. August 1942 in Leiden
Getötet am 9. August 1942 in Auschwitz

Pater Titus Brandsma, Karmelit, Professor für Philosophie und niederländische Mystik, Rektor der Katholischen Universität von Nijmegen, war ein entschiedener Gegner der nationalsozialistischen Bewegung in Deutschland und in den Niederlanden. Am 19. Januar 1942 wurde er verhaftet. Über verschiedene Gefängnisse kam er am 19. Juni in das KZ Dachau. Am 26. Juli 1942 wurde er nach zwei Tagen Bewußtlosigkeit durch eine Spritze getötet. Es war der Tag, an dem der Hirtenbrief der katholischen Bischöfe von allen Kanzeln in den Niederlanden verlesen wurde.

„Hättest Du erkannt, was Dir den Frieden bringt."
Lk. 19, 42

Liturgie ist Leben. Zahlreich sind die Zeugnisse von Menschen, die aus der Liturgie der Kirche die Stimme Gottes vernommen haben, die sie wie ein Blitzstrahl traf und zum Damaskuserlebnis wurde. Im Rahmen der Tagesliturgie lösten Worte der Heiligen Schrift nicht selten Bekehrungen, Bewegungen, aber auch Widerspruch aus, die historische Bedeutung erlangten. Es wäre deshalb manchmal sehr hilfreich, wenn in den liturgischen Büchern die Wirkmacht des Wortes Gottes auch in den nachbiblischen Jahrhunderten aufgezeigt würde.

Dreimal standen in unserem Jahrhundert vier Verse des Lukasevangeliums jeweils an Kreuzpunkten in der Geschichte des deutschen Volkes. Sie gehören zur Liturgie des 9. Sonntags nach Pfingsten in der Perikopenordnung vor dem Konzil. Dieses Sonntagsevangelium folgte auf den Beginn des ersten Weltkrieges am 1. August 1914. Dasselbe Evanglium wurde verkündet in der Woche, in der am 1. September 1939 der zweite Weltkrieg begann. Schon drei Jahre später beriefen sich die niederländischen Bischöfe auf dieses Evanglium in ihrem gemeinsamen Hirtenwort zum 26. Juli 1942, mit dem sie gegen die Deportation der Juden durch die deutsche Besatzungsmacht protestierten.

Evangelium vom 9. Sonntag nach Pfingsten, Lk. 19,41-44
„Als Jesus näher kam und die Stadt sah, weinte er über sie
und sagte: Wenn doch auch du an diesem Tag erkannt hättest, was dir Frieden bringt. Jetzt aber bleibt es vor deinen Augen verborgen.
Es wird eine Zeit für dich kommen, in der deine Feinde rings um dich einen Wall aufwerfen, dich einschließen und von allen Seiten bedrängen.
Sie werden dich und deine Kinder zerschmettern und keinen Stein auf dem andern lassen; denn du hast die Zeit der Gnade nicht erkannt."

Lukas hat diese Verse aus der zeitlichen Nähe zur Zerstörung der Stadt Jerusalem im Jahre 70 geschrieben. Im Kontext des Evangeliums, das den christlichen

Gemeinden in allen Jahrhunderten verkündet worden ist, forderte es zur Umkehr auf und die Zeit der Gnade zu erkennen, die den Frieden bringt.

Nach der Liturgiereform suchen wir dieses Evangelium vergeblich an den Sonntagen des A, B und C-Lesejahres. Ist es nicht bleibend aktuell? Im Ringen um den weltweiten Frieden sollten wir aufmerksam sein für alles, was den Frieden bewirken kann. Kriege, Gewaltherrschaften entstehen nicht von einem Tag auf den anderen. Sie haben längere oder kürzere Phasen der Entwicklung und Vorbereitung. Wann sind die Chancen zur Verhinderung der politischen Katastrophen verpaßt worden? Warum wurden die Stimmen der Propheten, die gewarnt und beschworen haben, nicht gehört?

Die Geschichte des Nationalsozialismus in der ganzen Komplexität ihrer verworrenen und verhängnisvollen Ideologien reicht bis in das 19. Jahrhundert zurück. Waren die Gegenbewegungen zu schwach oder fehlte ihnen die Einsicht in die Herausforderungen „ihrer Stunden", in denen sie hätten tatkräftiger sprechen, schreiben und handeln müssen?

Schon viele Jahre vor der Besetzung der Niederlande durch die Nazis hatte Pater Titus Brandsma energisch protestiert gegen die Judenverfolgung in Deutschland. 1935 schrieb er: „Was jetzt gegen die Juden getan wird, ist ein Akt der Feigheit. Die Feinde und die Verfolger der Juden sind zweifellos klein an Zahl, daß sie so auftreten. Zu glauben, daß sie dadurch die Volkskraft offenbaren oder stärken, ist der Wahn der Schwäche."

Als dann am 10. Mai 1940 deutsche Truppen die Niederlande überfielen, wuchs Pater Titus zu einer prophetischen Gestalt heran, die warnte, beschwor und auch mutig handelte. Die Unterdrückung der katholischen Presse und der Ordensschulen in den Niederlanden nahm er in engem Zusammenwirken mit Kardinal de Jong, dessen Berater er war, nicht widerstandslos hin. Sie kämpften gegen die Nazis und den NSB, die nationalsozialistische Bewegung, die auch niederländische Kreise erfaßt hatte. Nach einer Rundreise zu den Chefredakteuren der katholischen Zeitungen, die er persönlich zur Standhaftigkeit ermutigen wollte, wurde Pater Titus am 19. Januar 1942 in seinem Kloster am Doddendaal in Nijmegen verhaftet. Über die Gefängnisse in Den Haag und Scheveningen kommt er in das Polizeiliche Durchgangsslager Amersfoort. Am Karfreitag, dem 3. April 1942, erinnert er seine Mitgefangenen an die Passion Jesu. Auf einer Kiste stehend, denn Pater Titus war körperlich nicht sehr groß, predigt er über „Gott in uns", über die tiefe Erfahrung der niederländischen Mystiker und die Stunde der Passion, die nun für jeden seiner Mitgefangenen gekommen ist.

Keiner konnte in diesem Augenblick ahnen, daß auf den Tag genau, vier Monate später, am 3. August 1942, für weitere katholische Ordensleute und Laien, die aus den Niederlanden von den Nazis zusammengetrieben worden waren, die Passion begann, die für die meisten am Sonntag darauf mit dem gewaltsamen Tod endete.

Ausgelöst waren die Verhaftungen durch den Hirtenbrief der niederländischen Bischöfe gegen die Deportationen der Juden, der am 26. Juli 1942 von allen Kanzeln verlesen worden war. Dieser Sonntag war auch der Todestag von Pater Titus. Nach zwei Tagen Bewußtlosigkeit wurde er im KZ Dachau nachmittags um 2 Uhr durch eine Spritze getötet.

„Jerusalem, Jerusalem, du tötest die Propheten und steinigst die Boten, die zu dir gesandt sind. Wie oft wollte ich deine Kinder um mich sammeln, wie eine Henne ihre Küken unter ihre Flügel nimmt; aber ihr habt nicht gewollt." Lk. 13,34

Telegramm der Niederländischen Kirchen vom 11. Juli 1942

Vorgeschichte
Die Übergriffe der deutschen Besatzungsmacht auf die jüdischen Bürger in den Niederlanden hatten schon Ende 1940 die protestantischen Kirchen in Verbindung gebracht. Ende 1941 stieß die römisch-katholische Kirche dazu. Anfang 1942 nannte sich das Beratungsgremium „Interkerkelijk Overleg". Am 17. Februar 1942 konnten Vertreter dieses Gremiums dem Reichskommissar Dr. Seyß-Inquart in einer Audienz ihren Einspruch gegen die willkürlichen Verhaftungen, die Deportationen nach Mauthausen und das Aufdrängen der nationalsozialistischen Weltanschauung darlegen.

Am 10. Juli 1942, als die Durchführung weiterer Transporte bekannt wurde, beschloß der Interkerkelijk Overleg eine Eingabe an den Reichskommissar, die am 11. Juli als Fernschreiben an die Generalkommissare Rauter und Schmid und an den Wehrmachtsbefehlshaber General Christiansen gesandt wurde.

Dokument

Die hier unterzeichnenden Niederländischen Kirchen, tief erschüttert durch die Verordnungen gegen die Juden in den Niederlanden, wodurch diese von der Teilnahme am normalen Volksleben ausgeschlossen werden, haben mit Entsetzen Kenntnis genommen von den neuen Verordnungen, wodurch Männer, Frauen, Kinder und ganze Familien weggeführt werden sollen ins Deutsche Reich und die besetzten Gebiete.

Das Leid, das dadurch über Zehntausende gebracht wird, das Bewußtsein, daß diese Verordnungen den tiefsten sittlichen Empfinden des Niederländischen Volkes widerstreiten, und vor allem das Widerstreben dieser Verordnungen gegen

Zugschild: „Westerbork — Auschwitz / Auschwitz — Westerbork. Keine Wagen abhängen. Zug muß geschlossen nach Westerbork zurück."
Vom 15. Juli 1942 bis zum 3. September 1944 gingen von Westerbork 186 Transporte zum Osten. Benutzt wurden zu allen Jahreszeiten Vieh- und Güterwagen, die 2 bis 4 Tage bis zur Ankunft in Auschwitz, Sobibor und anderen Orten brauchten. Von den in dieser Zeit 94.398 deportierten Menschen haben nach ersten Zählungen nur 1.072 überlebt.

das, was Gott als Forderung der Gerechtigkeit und Barmherzigkeit aufgestellt hat, zwingt die Kirchen, an Sie die dringende Bitte zu richten, diese Verordnungen nicht zur Ausführung zu bringen.

Für die Christen unter den Juden wird uns diese dringende Bitte überdies noch eingegeben durch die Erwägung, daß ihnen durch diese Verordnungen die Teilnahme am kirchlichen Leben abgeschnitten wird.

De Nederlandsche Hervormde Kerk
Aartsbisschop en Bisschoppen der Roomsch-Katholieke Kerk in Nederland
De Gereformeerde Kerken in Nederland
De Christelijk Gereformeerde Kerk in Nederland
De Algemeene Doopsgezinde Societeit
De Remontstrantsche Broederschap
De Gereformeerde Kerken in Nederland in Hersteld verband
De Gereformeerde Gemeenten in Nederland
De Evangelisch Luthersche Kerk in het Koninkrijk der Nederlanden
De Hersteld-Evangelisch Luthersche Kerk in het Koninkrijk der Nederlanden

Wirkung

Überraschenderweise erhielt ein Vertreter der Kirche eine Einladung zur Besprechung am 14. Juli mit Generalkommissar Schmid. Dort bekam er die Mitteilung von der Verfügung des Reichskommissars Seyß-Inquart, daß die vor dem 1. Januar 1941 getauften Juden von den Deportationen freigestellt würden. Eine solche Ausnahme war aber von den Kirchen zu keinem Zeitpunkt erbeten worden. Sie hatten sich stets für alle Juden eingesetzt. Seyß-Inquart beabsichtigte allerdings damit eine Täuschung der Kirchen, um die für den 15. Juli geplanten Deportationen ohne größeren öffentlichen Protest durchführen zu können. Der Abtransport der christlichen Juden war ohnehin beschlossene Sache für eine spätere Phase.

Hirtenbrief der Katholischen Bischöfe in den Niederlanden,

abgefaßt am 20. Juli 1942, verlesen am 26. Juli 1942

Vorgeschichte
Die im Interkerkelijk Overleg zusammenarbeitenden Kirchen begnügten sich nicht mit dem Telegramm vom 11. Juli. Auch die unerwartete Zusicherung der Schonung der christlichen Juden hielt sie nicht davon ab, den Inhalt des Telegramms durch Kanzelverkündigung bekannt zu machen. Die Besatzungsmacht bekam Wind von der für den 26. Juli geplanten Verlesung. Der Vertreter der Nederlandsche Hervormde Kerk wurde am 24. Juli vorgeladen und unter Druck gesetzt. Seine Kirche beugte sich. Die Gereformeerde Kerken hielten jedoch an dem Beschluß fest, ebenso die römisch-katholische Kirche, die schon am 20. Juli ihren gemeinsamen Hirtenbrief abgefaßt hatte. Der Hirtenbrief kam dann in allen Kirchen zur Verlesung – wie von der Sicherheitspolizei bestätigt wurde.

Dokument

Liebe Gläubige!
Wir erleben eine Zeit großer Not, sowohl auf dem geistlichen wie auf dem materiellen Gebiet. Dabei drängen sich in der letzten Zeit vor allem zwei Nöte in den Vordergrund, die Not der Juden und die Not derer, die im Ausland zur Arbeit verpflichtet werden.

Dieser Not müssen wir uns alle tief bewußt werden: Darum werden sie durch dieses gemeinsame Hirtenschreiben ins Bewußtsein gerufen.

Diese Nöte müssen auch denen zur Kenntnis gebracht werden, die die Befehlsgewalt über diese Menschen ausüben: Darum hat sich der Hochwürdige Niederländische Episkopat in Vereinigung mit fast allen Kirchen in den Niederlanden an

die Autoritäten der Besatzungsmacht gewandt; für die Juden unter anderem am Samstag, den 11. Juli des Jahres, in einem Telegramm folgenden Inhaltes:
(Text siehe vorhergehendes Dokument)

Dieses Telegramm hat jetzt zur Folge gehabt, daß durch einen der Generalkommissare im Namen des Reichskommissars zugesagt wurde, daß die Christenjuden nicht weggeführt werden sollen, soweit sie vor Januar 1941 zu einer der christlichen Kirchen gehörten.

Liebe Gläubige, wenn wir das entsetzliche geistliche und körperliche Elend betrachten, das jetzt schon fast drei Jahre die ganze Welt mit Vernichtung bedroht, so denken wir wie von selbst an das Ereignis, das uns im Evangelium geschildert wird.
„In jener Zeit, als Jesus in die Nähe von Jerusalem kam und die Stadt vor sich liegen sah, weinte Er über sie und sprach: Ach, möchtest du wenigstens an diesem Tage noch einsehen, was dir zum Frieden dient! Aber jetzt ist das vor deinen Augen verborgen. Denn es werden Tage über dich kommen, wo deine Feinde dich mit einem Wall umgeben werden, sie werden dich umzingeln und von allen Seiten in die Enge treiben; sie werden dich und deine Kinder in deinen Mauern zu Boden schlagen, und sie werden bei dir keinen Stein auf dem anderen lassen, weil du die Zeit der Gnade nicht erkannt hast."
Diese Weissagung Jesu ist buchstäblich in Erfüllung gegangen: Vierzig Jahre später wurde das Gottesgericht über die Stadt Jerusalem vollzogen. Sie hatte leider die Zeit der Gnade nicht erkannt.

Auch jetzt weist alles um uns herum auf ein Strafgericht Gottes hin. Aber Gottdank, für uns ist es noch nicht zu spät. Wir können es noch von uns abwenden, wenn wir die Zeit der Gnade erkennen, wenn wir jetzt noch einsehen, was uns zum Frieden dient. – Und das ist allein die Rückkehr zu Gott, von dem ein Teil der Welt sich bereits jahrelang abgewandt hat. Alle menschlichen Mittel sind umsonst gewesen: Gott allein kann noch Hilfe bringen.

DER BEFEHLSHABER
DER SICHERHEITSPOLIZEI UND DES SD
FÜR DIE BESETZTEN NIEDERLÄNDISCHEN GEBIETE

Den Haag, den 30.7.42.

Betr.: Evakuierung der christlich getauften Juden.

I. Am 27.7. fand beim Reichskommissar eine Besprechung statt, an der teilnahmen:

Reichskommissar,
SS-Gruf. Rauter,
Generalkommissar Schmidt,
Generalkommissar Wimmer,
BdS.

Der Reichskommissar hat folgende Anordnungen getroffen:

1.) Durch den BdS so schnell wie möglich feststellen, in welchen evangelischen Kirchen die Kanzelabkündigung mit dem Reichskommissar-Telegramm verlesen worden ist,

2.) Da die katholischen Bischöfe sich -ohne beteiligt zu sein- in die Angelegenheit gemischt haben, werden nunmehr die sämtlichen katholischen Juden noch in dieser Woche abgeschoben. Interventionen sollen nicht berücksichtigt werden. Generalkommissar Schmidt wird am Sonntag, den 2.8.42, in einer Parteiveranstaltung in Limburg die öffentliche Antwort an die Bischöfe geben.

3.) Für den Fall, dass auch die überwiegende Zahl der evangelischen Kirchen das Reichskommissar-Telegramm mit verlesen haben, werden auch die evangelischen Juden abtransportiert. Zu diesem Zweck sind die Listen vorzubereiten.

4.) Trotzdem nach Mitteilung von Generalkommissar Wimmer sämtliche Ehen von Juden mit nichtjüdischen Partnern verboten sind, erscheint es darüber hinaus noch erforderlich, sie auch anmeldepflichtig bei deutschen Dienststellen zu machen. Generalkommissar Wimmer wird das weitere veranlassen.

5.) Auf meinen Vorschlag soll in Erwägung gezogen werden, dass irgendwelche grosse karitative Einrichtungen der Kirchen verstaatlicht werden. Von Generalkommissar Schmidt wurde hierbei auf die grossen katholischen Krankenhäuser in Groningen hingewiesen.

II. IV B 1 und IV B 4.

gez. Dr. Harster.

F.d.R.

Beschlußprotokoll der Besprechung vom 27. Juli 1942 beim Befehlshaber der Sicherheitspolizei und des SD als Reaktion auf den Hirtenbrief der katholischen Bischöfe, der tags zuvor verlesen worden war.

Liebe Gläubige, gehen wir an erster Stelle in uns selbst mit einem tiefen Gefühl der Reue und Demut. Sind wir denn selber nicht auch mitschuldig an den Katastrophen, die uns heimsuchen? – Haben wir immer zuerst das Reich Gottes gesucht und seine Gerechtigkeit? – Haben wir immer die Pflichten der Gerechtigkeit und Nächstenliebe gegen unseren Mitmenschen geübt? – Haben wir nicht vielleicht Gefühle unheiligen Hasses und der Verbitterung genährt? Haben wir wohl immer unsere Zuflucht gesucht bei Gott, unserem himmlischen Vater?

Wenn wir in uns gehen, dann werden wir erkennen müssen, daß wir alle gefehlt haben. Peccavimus ante Dominum Deum nostrum: Wir haben gesündigt vor dem Herrn unserem Gott.

Doch wir wissen auch, daß Gott ein reuevolles und demütiges Herz nicht verschmäht. Cor contritum et humiliatum non despicies. Und darum wenden wir uns zu Ihm und bitten Ihn um Erbarmung voll kindlichem Vertrauen. Er selbst sagt es uns: „Bittet und ihr werdet empfangen, suchet und ihr werdet finden, klopfet an und es wird euch aufgetan werden."

Im Introitus der heiligen Messe von heute ruft die Kirche es uns zu mit den Worten des Psalmisten: „Siehe, Gott ist mein Helfer. Es ist der Herr, der mein Leben erhält." – Und in der Epistel wiederholt sie die so trostvollen Worte des Apostels: „Keine Prüfung möge euch treffen, die nicht menschlich ist; doch Gott ist getreu und Er wird nicht zulassen, daß ihr geprüft werdet über eure Kräfte; sondern mit der Prüfung wird er auch Hilfe geben, damit ihr sie bestehen könnt."

Darum, liebe Gläubige, flehen wir zu Gott, durch die Fürsprache der Mutter der Barmherzigkeit, daß Er der Welt bald einen gerechten Frieden schenken möge. Daß ER das Volk Israel, das in diesen Tagen so bitter geprüft wird, stärken möge und es zur wahren Erlösung in Christus Jesus bringen möge. – Daß Er jene beschirmen möge, deren Los es ist, in der Fremde zu arbeiten und fern von den Lieben daheim zu leben. Er möge sie beschirmen an Leib und an Seele, sie bewahren vor Verbitterung und Mutlosigkeit, sie treu erhalten im Glauben und

Gott möge auch ihre zurückgebliebenen Angehörigen stärken. – Flehen wir zu Ihm um Hilfe für alle Geprüften und Unterdrückten, für Gefangene und Geiseln, für so viele, über die die Wolken der Drohung und Lebensgefahr hängen. – Pateant aures misericordiae tuae Domine, precibus supplicantium: Mögen die Ohren Deiner Barmherzigkeit offen stehen den Gebeten der Flehenden.

Dieses unser gemeinsames Hirtenschreiben soll am kommenden Sonntag, dem 26. Juli, in allen zu unserer Kirchenprovinz gehörenden Kirchen und in allen Kapellen, für die ein Rektor angestellt ist, in allen festgesetzten heiligen Messen in der gewohnten Weise verlesen werden.

Gegeben zu Utrecht, am 20. Juli im Jahre des Herrn 1942.

Dr. J. de Jong, Erzbischof von Utrecht,
P.A.W. Hopmans, Bischof von Breda,
Dr. J.H.G. Lemmens, Bischof von Roermond,
J.P. Huibers, Bischof von Haarlem,
W.P.A.M. Mutsaerts, Bischofskoadjutor von ´s-Hertogenbosch

Wirkung
Am folgenden Montagvormittag, am 27. Juli 1942, erging in einer Sondersitzung des Reichskommissars der Befehl zur Ermordung der 722 katholischen Juden in den Niederlanden. In einer Großrazzia am Sonntag, dem 2. August, nahm die Polizei Männer, Frauen und Kinder, Ordensleute und Laien fest. Aufgrund des perfekten Meldesystems war der Zugriff sehr einfach. Die in Amsterdam Festgenommenen wurden direkt nach Westerbork verfrachtet. Genaue Zahlen liegen nicht vor. Für die Einlieferung in das Durchgangslager Amersfoort wird die Zahl von 212 Menschen genannt.

Pater Ignatius Bromberg, O.P.
Bericht aus dem Jahre 1950 über den Aufenthalt in den Lagern Amersfoort und Westerbork in der Zeit vom 2.-7. August 1942

In der Morgenfrühe von Sonntag, dem 2. August 1942, wurden im ganzen Land alle katholisch getauften Juden verhaftet, insgesamt etwa 300 Menschen, dazu auch einige Protestanten und gemischte Ehen (d.h. Eheleute, wovon entweder der Mann oder die Frau nichtjüdischer Abstammung war). Im Transport befanden sich, außer Schwester Teresia Benedicta, noch ungefähr sechs andere Ordensfrauen, darunter die Dominikanerin Schwester Judith Mendes da Costa aus Bilthoven und zwei Trappistinnen, leibliche Schwestern, die mit ihren drei Brüdern – zwei Patres und ein Bruder – alle Trappisten, an demselben Tag in Haft genommen worden waren. Auch die Frau des Schriftstellers Hermann de Man mit ihren Kindern gehörte zu diesem Transport.

Der Transport aus dem Süden, d.h. aus Roermond, bei dem sich Schwester Benedicta befand, kam erst tief in der Nacht in Amersfoort an, weil der Autoführer sich im Weg geirrt hatte. In der Baracke, die vom übrigen Lager durch Stacheldraht getrennt war, befanden sich bereits die Verhafteten aus dem Norden des Landes. So gut und so schlecht es ging, suchte man sich einen Platz auf den Betten, soweit man von Betten sprechen konnte. Es waren eiserne Gestelle, zwei übereinander, ohne Matratzen oder Strohsäcke; jeder war gezwungen, seinen müden Körper auf den eisernen Stangen auszustrecken. Viel ist in dieser Nacht nicht geschlafen worden, vor allem deshalb, weil so oft das Licht angeknipst wurde, da die Deutschen eine Kontrolle nach der anderen hielten. Doch kann nicht gesagt werden, daß die Wächter grausam oder unmenschlich aufgetreten seien. Dafür, daß sie SS-Leute waren, kann man sagen, daß sie die Gefangenen nicht allzu sehr gequält haben, sicher nicht, wenn man ihr Benehmen im eigentlichen Lager Amersfoort in Betracht zieht. Hiermit ist natürlich nicht gesagt, daß sie von Herzlichkeit überströmten. Wenn auch Mißhandlungen nicht vorgekommen sind, für Gefangene, die in einer solchen Lage Neulinge waren, ist das kalte und barsche deutsche Kommando schon genug gewesen, sie mit großer Angst vor der Zukunft zu erfüllen.

Der folgende Tag, Montag, der 3. August, ging mit einem Gefühl banger Unsicherheit vorüber. Und Unsicherheit ist wohl eines von den Dingen, die das Leben eines Gefangenen unter den gegebenen Umständen zur Hölle machen können. An diesem Morgen wurden nach eingehender Untersuchung die protestantisch Getauften in Freiheit gesetzt, ebenfalls die Eheleute, wo der eine Teil nichtjüdischer Abstammung war.

Mit der Hilfe von Gestellen war die Baracke in zwei Räume geteilt, worin die Männer und Frauen sich aufhalten mußten. Die Schwestern bildeten eine abgeschlossene Gruppe, eine Art Kommunität, die Brevier und Rosenkranz miteinander beteten. Edith Stein wurde von allen als Oberin angesehen, denn es war unverkennbar, daß von ihrem stillen Wesen ein starker Einfluß ausging. Die beiden Patres hatten weder in Amersfoort noch in Westerbork Gelegenheit gehabt, eine hl. Messe zu lesen oder die Kommunion auszuteilen. Wohl haben sie – und zwar heimlich – viele Beichten gehört und ihren Leidensgenossen Mut zugesprochen. Unstreitig aber war es eine große Gnade, daß in diesem eigenartigen Katholiken-Transport zwei Priester anwesend waren, denn alle waren im Tiefsten ihrer Seele davon überzeugt, daß die Reise eine Reise ohne Wiederkehr sein würde, die, wie die Trappistinnen es ausdrückten, ein Weg zum Himmel war. Obwohl von einer äußeren Glaubenskundgabe wenig oder nichts zu spüren war, verband sich die Angst doch bei allen mit einer ergebungsvollen Hingabe. Und niemals ist auch nur eine einzige Anklage laut geworden gegen die Politik der Bischöfe, deren Hirtenschreiben dies veranlaßt hatte. Man war sich im Augenblick auch nicht ganz klar darüber, daß dies der einzige Grund zur Verhaftung war.

Quälend lang hat dieser Tag in Amersfoort gedauert. Zweimal wurde der ganze Trupp ins Freie geführt. Und hier lernten sie die Erniedrigung des Gefangenseins kennen. Auf einem mit Stacheldraht eingezäunten Grund mußten alle unter den wachsamen Augen der Deutschen 10 Minuten oder eine Viertelstunde im Kreis herumgehen. Und wenn man – wieder zurückgekehrt in die Baracke – die Toilette benutzen wollte, mußte man erst warten, bis eine genügende Anzahl beisammen war, um dann unter bewaffnetem Geleit die betreffenden Orte aufzusuchen, obwohl alles ganz gesichert mit Stacheldraht abgesperrt und ein Entfliehen ausgeschlossen war.

In der Nacht vom 3. auf den 4. August wurden alle wieder auf Lastwagen geladen und zur Bahnstation Amersfoort gebracht. Niemand wußte, wo die Fahrt enden sollte, und da es verboten war, die Vorhänge des Wagenabteils zu öffnen (wir wurden nicht in Viehwagen transportiert), blieben uns die verschiedenen Stationsangaben verborgen. Die sonderbarsten Gerüchte machten die Runde, sie gingen vom Strafgefängnis in Scheveningen bis zu einem oder anderen Konzentrationslager in Deutschland. Endlich auf einer Station durchbrach ein gutherziger Stationsvorsteher die Unsicherheit, indem er laut ausrief, als der Zug weiterfahren mußte: „Alles einsteigen! Richtung Assen!" (obschon niemand einsteigen mußte aufgrund der Situation) Assen, also Westerbork! Für die meisten des Transportes ein nichtssagender Name, denn dieser Transport war einer der ersten, der über dieses Lager nach Deutschland gehen sollte. Allen unruhigen Vermutungen wurde ein Ende gemacht, als der Zug mitten auf einem Bahndamm auf einmal stillstand und die Türen geöffnet wurden. Soweit das Auge reichte, war alles unbewohnt und von einem Lager war keine Spur zu entdecken. An der Böschung standen etwa 20 Männer mit Armbinden, worauf „Transportgruppe" zu lesen war. Das war eine Abteilung, deren spezielle Aufgabe es war, ankommenden und weitergehenden Transporten beim Gepäck zu helfen. Sie standen aber unter der Bewachung von etwa fünf holländischen Polizisten (so wie übrigens in dieser Zeit das ganze Lager; nur der Kommandant und sein Adjudant waren Deutsche). Nachdem alle ausgestiegen waren und das Gepäck, die Rucksäcke, Kleiderbündel und Koffer auf verschiedene Wagen geladen waren – ebenso die kranken und alten Leute – begann der Zug von ungefähr einer Stunde nach dem eigentlichen Lager Westerbork. Die Stelle, wo der Zug gehalten hatte, schien Hooghalen gewesen zu sein.

Westerbork war in dieser Zeit noch im Aufbau begriffen, wenn ich das so ausdrücken darf. (Ich bin dreimal in Westerbork gewesen: 1942, 1943 und 1944, so daß ich das Wachstum des Lagers mit eigenen Augen gesehen habe). Zuerst diente es als Unterkunft für die vor dem Krieg aus Deutschland geflüchteten Juden. Und es bot darum auf den ersten Blick kein unfreundliches Äußeres, wäre es nicht umzäunt gewesen mit meterhohem Stacheldraht und vielen Wachttürmen, darauf Polizisten mit Maschinengewehren und Scheinwerfern, die in der Lage waren, jeden Versuch einer Flucht im Keime zu ersticken.

Nun begann eines von den ärgsten Dingen, die einem Menschen in seinem Leben passieren können: die Registrierung. Stundenlang zog die Gruppe von einem Tisch zum anderen und endlose Listen und Papiere mußten ausgefüllt werden mit unterschiedlichsten Angaben über den Wert des häuslichen Mobiliars bis zu möglichen Verwandten in Amerika oder anderswo. Diese Registrierung fand in einem großem Holzbau statt – alle Gebäude bis auf die Küche waren aus Holz – , der eigentlich als Theater diente, worin auch wirklich zu bestimmten Zeiten Konzerte und Revuen gegeben wurden. Nun war diese Bühne zu einem fotografischen Atelier des Polizeibüros eingerichtet und alle mußten da auf einem Stuhl Platz nehmen, um mit einem Schild in der Hand, worauf die Gefangenennummer geschrieben war, fotografiert zu werden.

Das Gefühl, gefangen zu sein, war hier besonders stark. Als zum Schluß alle in die für sie bestimmten Baracken gebracht worden waren – das ganze hatte etwa vier Stunden gedauert – sahen die Männer sich von den Frauen getrennt, ohne die Möglichkeit der geringsten gegenseitigen Kontakte. Was das bedeutete, läßt sich gut begreifen. Wohl bestand die Gelegenheit durch Vermittlung von Ordonnanzen – eine Art Laufjungen (es waren auch Mädchen dabei), die der einen oder anderen Instanz in Westerbork verpflichtet waren – Briefchen zu schmuggeln. Aber das konnte die Trennung doch nicht ausgleichen und bis zum Freitag des Abtransportes ist der Kontakt auch nicht wieder hergestellt worden.

Pilger aus dem Erzbistum Köln, aus Mainz, aus Belgien und den Niederlanden bei der Wallfahrt nach Westerbork am 6. März 1987. Dieses Bild vom Zug der Beter erinnert an die lange Reihe der Menschen, die in der Frühe des 7. August 1942 aus dem Lager Westerbork wegzogen.

Inzwischen hatten sich die Schwestern in den Frauenbaracken der Kinder und der Frauen hilfreich angenommen. Die körperliche Arbeit, wie Kehren und Reinemachen, nahmen die Nicht-Ordensleute auf sich. Doch während die übrigen Schwestern eifrig und gesprächig noch daran dachten, in Deutschland womöglich Missionsarbeit leisten zu können, war Edith Stein auffallend still und in sich gekehrt.

Weil meine Mutter naturgemäß mit Edith Stein mehr in Berührung kam als ich, lasse ich hier folgen, was sie darüber schrieb:

„Der große Unterschied zwischen Edith Stein und den übrigen Schwestern lag in ihrer Schweigsamkeit. Mein persönlicher Eindruck ist, daß sie zuinnerst betrübt war, nicht angstvoll. Ich kann es nicht besser ausdrücken, als daß sie den Eindruck machte, ein solch großes Gewicht an Leid zu tragen, daß selbst, wenn sie einmal lächelte, es einen noch mehr betrübte. Während ich dies niederschreibe, kommt mir der Gedanke, daß sie wußte, was ihr und den anderen Menschen bevorstand. Sie war ja schließlich die einzige, die aus Deutschland geflüchtet war und wußte darum mehr als die anderen, wie die Löbs (Trappistinnen), die noch an Missionsarbeit dachten. Nochmals, das ist mein Eindruck: sie dachte an das Leid, das sie voraussah, nicht *ihr* Leid, dafür war sie viel zu ruhig und ich möchte sagen ausgeglichen; sie dachte an das Leid, das die anderen erwartete. Ihr ganzes Aussehen weckte bei mir noch einen Gedanken, wenn ich sie mir im Geiste in der Baracke sitzend vorstelle – eine Pietà ohne Christus."
– So weit meine Mutter.

Zwei volle Tage blieb man so in Westerbork. Alle Versuche, von dem sich nähernden Abtransport freigestellt zu werden, wegen Krankheit oder aus anderen Gründen, schlugen fehl, weil die jüdische Leitung in Westerbork, die die Aufgabe hatte, die Transportlisten zusammenzustellen, den Auftrag bekommen hatte, von diesem besonderen Transport keinen einzigen Antrag zu behandeln. Ohne Ausnahme sollten alle abtransportiert werden.

In der Nacht von Donnerstag auf Freitag wurden in den Baracken die Listen mit den Namen derjenigen verlesen, die sich für den Abtransport bereitmachen mußten. Bis auf sechs Personen wurden alle aufgerufen. Diese „sechs" waren Schwester Judith O.P., die aber später wieder verhaftet wurde und von der man dann nichts mehr hörte, eine sehr alte Dame, Name unbekannt, die zu krank war, um transportiert zu werden und die aller Wahrscheinlichkeit bald gestorben ist, meine Eltern, meine Schwester und ich.

Am frühen Morgen des 7. August, als die Sonne noch kaum aufgegangen war, stand eine lange Reihe Männer, Frauen und Kinder auf dem großen Weg aufgestellt, der quer durch das Lager lief. Seltsam hoben sich die Ordensgewänder von den Rucksäcken und den Kleiderbündeln ab. Anstelle der Polizisten waren bewaffnete SS-Leute gekommen und unter ihren barschen Befehlen ging der lange Zug aus dem Lager hinaus. Die Zurückbleibenden haben noch sehr lange gewinkt! Und sie waren die Letzten, die etwas von diesem Transport gesehen haben.

Lucie Bromberg, Mutter von P. Ignatius Bromberg, am 21. Februar 1951 in einem Brief an die Priorin des Kölner Karmels

Schwester Benedicta gab den Eindruck, fortwährend im Gebet versunken zu sein. Sie war sehr mutig aber herzensbetrübt. Ich kann es nicht besser ausdrücken, als ob sie eine Pietà wäre ohne Corpus Christi. Es war als vorsähe sie bereits das Martyrium, daß ihrer alle erwartete. Sie sprach fast nie, nur blickte sie oft unsäglich traurig ihre Schwester Rosa an. Als ihr Los entschieden war, gingen sie mit den vielen anderen mutig ihrem Untergang entgegen. Wir haben sie zu Fuß fortgehen sehen.

Flämische Grablegung in der Städtischen Galerie-Liebighaus in Frankfurt.
Edith Stein schreibt in ihrem Werk *Aus dem Leben einer jüdischen Familie*: „Pauline führte mich später am Main entlang in das Liebig'sche Institut ... Wir kamen in einen Raum, wo von einer Flämischen Grablegung aus dem 16. Jh. vier Figuren aufgestellt waren: die Mutter Gottes und Johannes in der Mitte, Maria Magdalena und Nikodemus an den Seiten. Das Corpus Christi war nicht mehr vorhanden. Diese Figuren waren von so überwältigendem Eindruck, daß wir uns lange nicht davon losreißen konnten."

Schwester Teresia Benedicta a Cruce
(Dr. Edith Stein)
Rosa Stein

Schwester Benedicta und Rosa Stein
1941 im Garten des Karmels von Echt.

„Sie waren alle so aufgeregt, wir gar nicht“

Letzte Zeilen von Rosa Stein aus dem Lager Westerbork

Mit der Verhaftung und dem Abtransport an diesem Sonntagnachmittag, am 2. August 1942, hatten Schwester Benedicta und Rosa Stein eigentlich nicht gerechnet. Es gibt keine Hinweise darauf, daß aus den anderen Klöstern telefonische Nachrichten über die Abführung der bei ihnen verborgenen Schützlinge wie Ruth Kantorowicz in Venlo und die Geschwister Goldschmidt im Echter Karmel vorgelegen hätten. Zwar wußten beide um die Zuspitzung der Verfolgung der Juden in den Niederlanden, doch irgendwie war auch bis zu ihnen die Zusicherung der Besatzungsbehörden gedrungen, daß die getauften Juden verschont würden. Außerdem hatten beide Schwestern eine gewisse Hoffnung auf die Ausreise ins Ausland, denn noch am 24. Juli war ein gemeinsamer Brief in die Schweiz gegangen mit dem Dank an den Karmel in Le Pâquier für die Bereitschaft, Schwester Benedicta aufzunehmen, und an das Kloster der Tertiarkarmelitinnen in Seedorf, Rosa Stein Unterkunft zu gewähren. Es fehlten nur noch die polzeilichen Genehmigungen für die Ausreise aus den Niederlanden und die Einreise in die Schweiz.

Schwester Benedicta hatte wohl in doppelter Hinsicht um eine Ausreise nachgesucht, einmal ging es um die Sicherheit ihrer Schwester Rosa, zum anderen wollte sie durch ihre Anwesenheit als Jüdin den Echter Karmel nicht gefährden. Im letzten vor der Verhaftung geschriebenen Brief vom 29. Juli, also vier Tage vor jenem verhängnisvollen Sonntagnachmittag, schreibt sie, daß sie nicht traurig wäre, wenn die Ausreiseerlaubnis nicht käme, denn es sei ja keine Kleinigkeit, zum zweiten Mal eine liebe klösterliche Familie zu verlassen. Jedoch bei der Festnahme und in dem Briefchen aus dem Lager Westerbork weist sie auf ihren Ausreiseantrag hin. Im Lager bemüht sie sich, wie Schwester Judith später berichten wird, um die Rückstellung vom Transport. Doch wie die vielen anderen erhält auch Schwester Benedicta eine Absage. Schwester Judith beschreibt den Augenblick, wie Schwester Benedicta diese Verweigerung aufgenommen hat: „Sie sah bleich, aber gelassen aus, tröstete noch ihre Leidensgenossen.“

Nur so ist zu verstehen, daß Rosa in ihrer Notiz aus dem Lager an den Karmel in Echt schreiben kann: „Alle waren so aufgeregt, wir gar nicht." Aus diesem Satz spricht das innere Wissen um *die Stunde,* die nun gekommen war nach der Zuspitzung der Judenverfolgung, die vor fast 10 Jahren, 1933, ihren öffentlichen Anfang genommen hatte. Damals, im März 1933, als Schwester Benedicta noch die Dozentin Dr. Edith Stein in Münster war und aufgrund der Verordnungen der Nationalsozialisten ihre Lehrtätigkeit am Deutschen Institut für wissenschaftliche Pädagogik aufgeben mußte, hatte sie gespürt, daß das Schicksal des jüdischen Volkes auch das ihre war. In jenen Tagen begann sie mit der Niederschrift der Chronik der Familie Stein, um Kunde zu geben vom jüdischen Menschentum in einer Zeit wachsenden Judenhasses.

Der Eintritt von Edith Stein in den Kölner Karmel am 14. Oktober desselben Jahres war keineswegs Flucht aus einer immer gefährlicheren Öffentlichkeit in die Verborgenheit eines Klosters. Die Ausgrenzung aus der beruflichen Tätigkeit hatte ihr endlich die Freiheit gegeben, den Schritt zu tun, nach dem sie sich seit ihrer Taufe am 1. Januar 1922 in Bergzabern gesehnt hatte. Ihre geistlichen Führer jedoch, insbesondere Erzabt Rafael Walzer von Beuron, hatten ihr nahegelegt, als christliche Philosophin in der Welt zu bleiben. Gerne hätte Edith Stein sich an einer deutschen Universität habilitiert. Ihre Bemühungen blieben als Frau und nicht zuletzt auch als Jüdin erfolglos. So unterrichtete sie in Speyer von 1923 bis 1931 am Mädchenlyzeum und an der Lehrerinnenbildungsanstalt der Dominikanerinnen. Der Wechsel nach Münster bedeutet dann nur noch ein Jahr beruflicher pädagogischer Dozententätigkeit bis März 1933.

Genau ist das Jahr nicht auszumachen, seit dem ihre um acht Jahre ältere Schwester Rosa den Wunsch hegt, in die katholische Kirche einzutreten. Hatte schon Ediths Entscheidung, katholisch zu werden und in den Karmel einzutreten, bei der Mutter Auguste Stein bitteres Unverständnis bewirkt, so hätte das Bekenntnis von Rosa eine noch unerträglichere Lage im Hause der Familie Stein in Breslau hervorgerufen. Nach dem Tod der Mutter, am 14. September 1936, fährt Rosa erstmals nach Köln, um ihre Schwester Edith, jetzt Schwester Teresia

Benedicta a Cruce, im Karmel zu besuchen. Der Sturz von einer dunklen Treppe im Kloster macht einen Krankenhausaufenthalt von Schwester Benedicta notwendig. Im Dreifaltigkeitskrankenhaus können sich die Schwestern nun fast zwei Wochen lang täglich sehen und sprechen, für Rosa eine sehr glückliche und befreiende Zeit. Schwester Benedicta kehrt noch vor Weihnachten in den Karmel zurück. Am Nachmittag des 24. Dezembers 1936 empfängt Rosa in der Kapelle des St. Elisabeth-Krankenhauses in Köln-Hohenlind das Sakrament der Taufe und in der Mitternachtsmesse des Kölner Karmels die Erstkommunion.

Die nächsten Jahre sind geprägt von der wachsenden Sorge um die immer bedrängter werdende Lage der Juden in Deutschland. Schwester Benedicta verläßt, um den Kölner Karmel vor Beeinträchtigungen wegen einer jüdischen Mitschwester zu bewahren, Deutschland und wird als neues Mitglied im Echter Karmel in den Niederlanden aufgenommen. Bevor sie ihre klösterliche Gemeinschaft in Köln am Silvestertag 1938 verläßt, übergibt sie ihrer Priorin Teresia Renata Posselt zum Abschied ihre biographische Niederschrift über die sieben Monate des Jahres 1933 vor ihrem Eintritt in den Kölner Karmel. Sie beginnt ihren Bericht mit den Sätzen:
„Vielleicht werde ich schon bald nach Weihnachten dieses Haus verlassen. Die Umstände, die uns genötigt haben, meine Versetzung nach Echt (Holland) einzuleiten, erinnern lebhaft an die Zeitverhältnisse bei meinem Eintritt. Es steht wohl ein innerer Zusammenhang dahinter."

Rosa Stein trifft im Juli 1939 in Echt ein. Als Pförtnerin im Karmelkloster übermittelt sie die Nachrichten an ihre Schwester in der Klausur über die Maßnahmen der deutschen Besatzungsbehörden gegenüber den jüdischen Bürgern in den Niederlanden. Rosa selbst gewinnt Freunde in dem Städtchen Echt, sie pflegt auch Kontakt mit den beiden aus München geflüchteten Mädchen Annemarie und Elfriede Goldschmidt im nahegelegenen Kloster Koningsbosch.

Es gilt als sicher, daß Schwester Benedicta an diesem Sonntag, am 2. August 1942, an der Studie über Johannes vom Kreuz weitergearbeitet hat. Mit welchen

Letztes Foto von Schwester Benedicta auf der am 3. Februar 1942 in den Niederlanden ausgestellten Aufenthaltsgenehmigung.

Zeilen sie die Niederschrift an diesem Tag begonnen hat, wissen wir nicht. Was wir wissen ist, daß sie den Tod des hl. Johannes vom Kreuz beschrieben hat gleichsam wie eine Einübung in den eigenen Tod, der trotz aller furchtbaren Umstände die innere Sehnsucht und den himmlischen Glanz eines heiligen Sterbens enthält.

Die Kirche feierte an diesem Sonntag nach der damaligen liturgischen Ordnung den 10. Sonntag nach Pfingsten. Das Meßopfer, an dem Schwester Benedicta und Rosa teilgenommen haben, sollte sich an diesem Tag mit dem eigenen Lebensopfer verbinden. Im Communiovers wurde der 21. Vers von Psalm 50 gebetet:
Acceptabis sacrificium justitiae,
oblationes et holocausta,
super altare tuum, Domine.
Als Übersetzung stand im Meßbuch: Das vollkommene Opfer, Weihegaben und Brandopfer, nimmst Du entgegen, Herr, auf Deinem Altar.
Schwester Benedicta und Rosa konnten zu dieser Stunde nicht wissen, daß das Wort Holocaust einmal die „unbeschreiblichen“ Leiden ihres jüdischen Volkes umschreiben würde.

Foto der Familie Stein aus dem Jahre 1894. Da der Vater schon 1893 verstorben war, wurde sein Paßfoto in das Familienbild eingefügt.
Vordere Reihe von links nach rechts: Rosa (1883-1942), Mutter Auguste Stein, geb. Courant (1849-1936), Edith (1891-1942), Erna (1890-1978).
Hintere Reihe von links nach rechts: Arno (1879-1948), Else (1874-1954), Vater Siegfried Stein (1843-1893), Elfriede (1881-1943), Paul (1872-1943).

„Zeugnis über die, die wir im Judentum großgeworden sind“

Aus dem Vorwort „Aus dem Leben einer jüdischen Familie“ 1933

Die letzten Monate haben die deutschen Juden aus der ruhigen Selbstverständlichkeit des Daseins herausgerissen. Sie sind gezwungen worden, über sich selbst, ihr Wesen und ihr Schicksal nachzudenken. Aber auch vielen andern, jenseits der Parteien Stehenden hat sich durch die Zeitereignisse die Judenfrage aufgedrängt. Sie ist z. B. in den Kreisen der katholischen Jugend mit großem Ernst geführt worden. Ich habe in diesen Monaten immer wieder an eine Unterredung denken müssen, die ich vor einigen Jahren mit einem Priester und Ordensmann hatte. Es wurde mir darin nahegelegt aufzuschreiben, was ich als Kind einer jüdischen Familie an jüdischem Menschentum kennengelernt habe, weil Außenstehende so wenig von diesen Tatsachen wußten. Vielerlei Aufgaben hinderten mich damals, diesen Vorschlag ernstlich aufzugreifen. Als im letzten März mit der nationalen Revolution der Kampf gegen das Judentum in Deutschland einsetzte, fiel er mir immer wieder ein. „Wenn ich nur wüßte, wie Hitler zu seinem furchtbaren Judenhaß gekommen ist“, sagte eine meiner jüdischen Freundinnen in einem jener Gespräche, in denen man um Verständnis dessen, was da über einen hereinbrach, rang. Die programmatischen Schriften und Reden der neuen Machthaber gaben Antwort darauf.

Wie aus einem Hohlspiegel blickt uns daraus ein erschreckendes Zerrbild an. Mag sein, daß es in ehrlicher Überzeugung gezeichnet wurde. Mag sein, daß die einzelnen Züge lebenden Modellen nachgebildet wurden. Aber ist das jüdische Menschentum schlechthin die notwendige Auswirkung des „jüdischen Blutes“? Sind Großkapitalisten, schnoddrige Literatur und die unruhigen Köpfe, die in den letzten Jahrzehnten eine führende Rolle spielten, die einzigen oder auch nur die echtesten Vertreter des Judentums? In allen Schichten des deutschen Volkes werden sich Menschen finden, die diese Frage verneinen: sie sind als Angestellte, als Nachbarn, als Schul-Studiengefährten in jüdische Familien hineingekommen;

sie haben dort Herzensgüte, Verständnis, warme Teilnahme und Hilfbereitschaft gefunden; und ihr Gerechtigkeitssinn empört sich dagegen, daß diese Menschen jetzt zu einem Pariadasein verurteilt werden. Aber vielen anderen fehlen diese Erfahrungen. Vor allem wird der Jugend, die heute von frühester Kindheit an im Rassenhaß erzogen wird, die Gelegenheit dazu abgeschnitten. Ihnen gegenüber haben wir, die wir im Judentum groß geworden sind, die Pflicht, Zeugnis abzulegen.

Was ich auf diesen Blättern niederschreiben will, soll keine Apologie des Judentums sein. Die „Idee“ des Judentums zu entwickeln und gegen Verfälschungen zu verteidigen, den Gehalt der jüdischen Religion darzulegen, die Geschichte des jüdischen Volkes zu schreiben – zu all dem sind Berufene da. Und wer sich darüber unterrichten will, der findet eine ausgebreitete Literatur vor. Ich möchte nur schlicht berichten, was ich als jüdisches Menschentum erfahren habe; ein Zeugnis neben andern, die bereits im Druck vorliegen oder in Zukunft erscheinen werden: wem es darum zu tun ist, sich unbefangen aus Quellen zu unterrichten, dem will es Kunde geben.

„Das Schicksal dieses Volkes war auch das meine“
Auszüge aus Berichten und Briefen von 1938 bis 1942 zum Schicksal des jüdischen Volkes und der Familie Stein

Der Mann begann ein Gespräch und erzählte, was amerikanische Zeitungen berichteten von Greueltaten, die an Juden verübt worden seien. Es waren unverbürgte Nachrichten. Ich will sie hier nicht wiederholen. Es kommt mir nur auf den Eindruck an, den ich an diesem Abend empfing. Ich hatte ja schon vorher von scharfen Maßnahmen gegen die Juden gehört. Aber jetzt ging mir auf einmal ein Licht auf, daß Gott wieder einmal schwer Seine Hand auf Sein Volk gelegt habe und daß das Schicksal dieses Volkes auch das meine war.
Wie ich in den Kölner Karmel kam, Niederschrift von 1938:
Zur persönlichen Situation im März 1933 in Münster

Ich hatte in den letzten Wochen immerfort überlegt, ob ich nicht in der Judenfrage etwas tun könnte. Schließlich hatte ich den Plan gefaßt, nach Rom zu fahren und den Heiligen Vater in Privataudienz um eine Enzyklika zu bitten. Ich wollte einen solchen Schritt aber nicht eigenmächtig tun...Meine Erkundigungen in Rom ergaben, daß ich wegen des großen Andrangs keine Aussicht auf Privataudienz hätte. Nur zu einer „kleinen Audienz“ könnte man mir verhelfen. Damit war mir nicht gedient. So verzichtete ich auf die Reise und trug mein Anliegen schriftlich vor. Ich weiß, daß mein Brief dem Heiligen Vater schriftlich übergeben worden ist; ich habe auch einige Zeit danach einen Segen für mich und meine Angehörigen erhalten. Etwas anderes ist nicht erfolgt. Ich habe aber später oft gedacht, ob ihm dieser Brief noch manchmal in den Sinn kommen mochte. Es hat sich in den folgenden Jahren Schritt für Schritt erfüllt, was ich damals für die Zukunft der Katholiken in Deutschland voraussagte.
Wie ich in den Kölner Karmel kam, Niederschrift von 1938

Ich sprach mit dem Heiland und sagte ihm, ich wüßte, daß es Sein Kreuz sei, daß jetzt auf das jüdische Volk gelegt würde. Die meisten verstünden es nicht; aber die es verstünden, die müßten es im Namen aller bereitwillig auf sich nehmen. Ich

Zum Abschied aus Münster erhielt Edith Stein 1933 von der Oberin des Marianums ein Reliquienkreuz geschenkt. Kardinal Höffner ließ dieses Kreuz später in Silber fassen. Bei der Seligsprechung von Edith Stein am 1. Mai 1987 stand es im Köln-Müngersdorfer Stadion als Vortragekreuz neben Papst Johannes Paul II. Am 9. August 1992 bei der Eucharistiefeier im Essener Karmel aus Anlaß des 50. Todestages von Edith Stein diente es als Altarkreuz.

wollte das tun. Er sollte mir nur zeigen wie. Als die Andacht zu Ende war, hatte ich die Gewißheit, daß ich erhört worden sei. Aber worin das Kreuztragen bestehen sollte, das wußte ich noch nicht.
Wie ich in den Kölner Karmel kam, Niederschrift von 1938:
April 1933, Heilige Stunde im Kölner Karmel

Am 14.10. hat sich mein Bruder (Arno) von mir verabschiedet vor seiner Abfahrt nach Amerika, vielleicht für immer. Seine Frau ist schon längere Zeit drüben, auch zwei seiner Kinder, die beiden älteren in Deutschland. Mein Schwager (Hans Biberstein), der Vater unserer beiden Jüngsten, sucht auch drüben nach einer Existenz für seine Familie, seit den Ärzten die Approbation entzogen worden.
... Ich bin Ihnen herzlich dankbar für Ihre Gebetshilfe.
Brief vom 20. Oktober 1938 aus Köln an Schwester Callista Kopf, Speyer

Ich weiß schon aus ihren (Rosas) Briefen, daß sie sehr gedrückt und von den ständigen Aufregungen aufgerieben ist. Aber es ist ein sehr kümmerlicher Ersatz für das persönliche Zusammensein. Wenn es irgend geht, möchten wir sie Weihnachten hier haben. Ich schrieb es ihr neulich schon in einem Familienbrief, damit die andern sich darauf einstellen. Zu sparen hat jetzt keinen Sinn, weil sie ja doch alles hergeben müssen, wenn sie aus dem Land gehen. Wenn sie nur wüßten wohin! Aber ich vertraue, daß die Mutter aus der Ewigkeit für sie sorgt. Und darauf, daß der Herr mein Leben für alle genommen hat.
Ich muß immer wieder an die Königin Esther denken, die gerade darum aus dem Volk genommen wurde, um für das Volk vor dem König zu stehen. Ich bin eine sehr arme und ohnmächtige kleine Esther, aber der König, der mich erwählt hat, ist unendlich groß und barmherzig. Das ist ein großer Trost.
Bald werden wir die 1. Vesper von Allerheiligen singen.
Brief vom 31. Oktober 1938 an Mater Petra Brüning, Dorsten.

Ich muß Ihnen sagen, daß ich meinen Namen schon als Postulantin mit ins Haus brachte. Ich erhielt ihn genau so, wie ich ihn erbat. Unter dem Kreuz verstand ich das Schicksal des Volkes Gottes, das sich damals anzukündigen begann. Ich

dachte, die es verstünden, daß es das Kreuz Christi sei, die müßten es im Namen aller auf sich nehmen. Gewiß weiß ich heute mehr davon, was es heißt, dem Herrn im Zeichen des Kreuzes vermählt zu sein. Begreifen freilich wird man niemals, weil es ein Geheimnis ist.
Brief vom 9. Dezember 1938 aus Köln an Mater Petra Brüning, Dorsten

Menschlichen Trost gibt es freilich nicht, aber der das Kreuz auflegt, versteht es, die Last süß und leicht zu machen.
Brief vom 3. Januar 1939 aus Echt an Mater Petra Brüning, Dorsten

Liebe Mutter, erlauben Euer Ehrwürden mir, mich dem Herzen Jesu als Sühnopfer für den wahren Frieden anzubieten: daß die Herrschaft des Antichrist, wenn möglich, ohne einen neuen Weltkrieg zusammenbricht und eine neue Ordnung aufgerichtet werden kann. Ich möchte es heute noch, weil es die 12. Stunde ist. Ich weiß, daß ich ein Nichts bin, aber Jesus will es, und Er wird gewiß in diesen Tagen noch viele andere dazu rufen.
Brief vom 26. März 1939 an Mutter Ottilia Thannisch, Priorin in Echt

Es ist gut, daran zu denken, daß wir unser Bürgerrecht im Himmel haben und die Heiligen des Himmels zu Mitbürgern und Hausgenossen. Dann trägt man leichter an den Dingen, quae sunt super terram (die auf der Erde sind).
Brief vom 14.April 1939 an Walter Warnach, Köln

Meine Grundstimmung, seit ich hier bin, ist Dankbarkeit. Dank, daß ich hier sein darf und daß das Haus so ist, wie es ist. Dabei ist immer in mir lebendig, daß wir hier keine dauernde Statt haben. Ich habe kein anderes Verlangen, als daß an mir und durch mich Gottes Wille geschehe. Bei ihm steht es, wie lange er mich hier läßt und was dann kommt. In manibus tuis sortes meae (In Deinen Händen liegt mein Los). Da ist alles gut aufgehoben. So brauche ich keine Sorge zu haben. Aber viel Gebet ist nötig, um in jeder Lage treu zu bleiben. Erst recht für die Vielen, die Härteres zu tragen haben als ich und nicht so verankert sind im Ewigen. Darum bin herzlich dankbar allen, die helfen.
Brief vom 16. April 1939 an Mater Petra Brüning, Dorsten

In den Altarstein der Edith-Stein Kapelle in der Michaeliskirche in Breslau sind die Worte eingemeißelt, die für Edith Stein lebensbestimmend wurden.

Und was wir von der eigenen Geschichte manchmal zu verstehen glauben, ist doch immer nur ein flüchtiger Reflex von dem, was Gottes Geheimnis bleibt bis zu dem Tag, an dem alles offenbar wird. Meine große Freude ist die Hoffnung auf die künftige Klarheit. Der Glaube an die geheime Geschichte muß uns auch immer stärken, wenn das, was wir zu sehen bekommen (an uns selbst und an anderen), uns den Mut nehmen möchte.

Brief vom 16. Mai 1941 an Schwester Maria Ernst im Kölner Karmel

Auch meine Geschwister bedürfen sehr des Gebets. Die Schwester (Frieda), die noch in Breslau war, ist aufs Land verpflanzt worden, mit anderen Damen auf einer Dachkammer untergebracht mit der Verpflichtung zu achtstündigem Arbeitsdienst. Sie ist der Nähstube zugeteilt. Mein ältester Bruder (Paul) und seine Frau leben in der Erwartung einer ähnlichen Zwangsmaßnahme. Alle Versuche der Angehörigen in Amerika, sie dorthin zu bekommen, waren bisher vergeblich. Sie schreiben die Tatsachen ohne Klagen.

Brief vom 14.November 1941 an Mutter Johanna van Weersth, Priorin in Beek

Ich bin mit allem zufrieden. Eine scientia crucis (Kreuzeswissenschaft) kann man nur gewinnen, wenn man das Kreuz gründlich zu spüren bekommt. Davon war ich vom ersten Augenblick an überzeugt und habe von Herzen: Ave Crux, spes unica (Sei gegrüßt, Kreuz, unsere einzige Hoffnung) gesagt.

(Vermutlich Dezember 1941) an Mutter Ambrosia Antonia Engelmann, Priorin in Echt

Denkt auch bitte daran, daß wir noch eine Einladung nach Amsterdam zu erwarten haben, die wir nicht ablehnen dürfen. Dann geht es nicht zu dem wohlwollenden Joodsen Raad, sondern zu den S.S. Aber auch das läßt man sich gefallen, wenn man nachher in Ruhe gelassen wird. Wir haben noch ein bißchen Hoffnung, daß man es mit uns nicht eilig haben wird, weil aus unseren Fragebogen zu ersehen ist, daß bei uns nichts zu holen ist. Jedenfalls vertrauen wir für alles, was noch kommen kann, auf Euer Gebet.

Brief vom 2. Februar 1942 an Mutter Johanna van Weersth, Beek

Menschlich gesprochen sind meine Schwester Rosa und ich in einer etwas unsicheren Situation. Aber soviel man weiß, wird es keine Veränderung vor Ende des Krieges geben. Wir überlassen alles vertrauensvoll der Vorsehung und gehen ruhig unseren Pflichten nach.
Brief vom 7. April 1942 an Schwester Agnella Stadtmüller, Speyer

Ich muß alles sehr mühsam erarbeiten. Der Bauplan wird mir allerdings auch geschenkt, d.h. er enthüllt sich nach und nach. Aber die Steine muß ich ganz allein brechen und zurechtlegen und beischleppen. Bei dieser Arbeit hatte ich außerdem in großer Erschöpfung oft das Gefühl, daß ich gar nicht zu dem durchstoßen konnte, was ich sagen und fassen wollte. Ich dachte schon, daß es immer so bleiben würde. Aber jetzt fühle ich wieder viel mehr Kraft zu gestalten.
Brief vom 9. April 1942 an Schwester Maria Ernst im Kölner Karmel
über die Arbeiten zur Studie „Kreuzeswissenschaft" über den hl. Johannes vom Kreuz

Man hat uns versichert, daß vor Kriegende an Auswanderung nicht zu denken sei. Und was dann kommt, darauf kann man sich heute nicht vorbereiten. Wir führen also unser Leben ruhig weiter und überlassen die Zukunft Dem, der allein darüber Bescheid weiß.
Brief vom 9. April 1942 an Dr. Hilde Vérène Borsinger, Bern

Die Schweiz will meiner Schwester (Rosa) und mir die Tore öffnen, da das einzige Klausurkloster dort im Land – Le Pâquier, Kanton Fribourg – mich aufnehmen will, und ein Karmelitinnenkloster III. Ordens, eine Stunde davon entfernt, meine Schwester. Die beiden Klöster haben sich der Fremdenpolizei gegenüber verpflichtet, lebenslang für uns zu sorgen. Es ist aber noch sehr die Frage, ob wir hier die Erlaubnis zur Ausreise bekommen. Jedenfalls dürfte es sehr lange dauern. Ich wäre nicht traurig, wenn sie nicht käme.
Brief vom 29. Juli 1942 an Auguste Pérignon, Speyer

Rosa Stein

„Rosa geht ganz innerlich mit mir“
Auszüge aus den Briefen von 1930 bis 1942

Heute habe ich noch eine besondere Bitte: daß Ihr mir in der nächsten Zeit ganz besonders für meine Schwester Rosa und für meine Mutter beten helft. Es scheint dort sehr kritisch zu stehen. Meine Schwester leidet schon seit Monaten schwer durch Erikas immer schärfer ausgeprägte jüdische Richtung. Mit dem Einfluß, den sie im Hause ausübt, wird es für Rosa fast unerträglich. Bisher ist sie jeder Auseinandersetzung aus dem Wege gegangen, um meine Mutter zu schonen. Jetzt hat sie Erika selbst ihr Geheimnis anvertraut und es ist noch nicht zu übersehen, was das für Konsequenzen haben wird. Ich sehe im Augenblick kaum eine andere Möglichkeit, anders als durch Gebet zu helfen, aber dafür möchte ich nun gern alle meine Hilfstruppen aufbieten.
Brief vom 10. Dezember 1930 an Schwester Adelgundis Jaegerschmidt und Schwester Placida Laubhardt in Freiburg-Günterstal

Nun ist der ersehnte Tag der Taufe nicht mehr fern. Ich werde mit Ihnen herzlich froh sein, wenn Sie das Ziel endlich erreicht haben. Es ist doch schwer, wenn man so lange vor den Toren stehen muß. Darf ich Sie bitten, an diesem Gnadentage meiner Schwester zu gedenken, die sich schon seit Jahren in die Kirche hineinsehnt und durch die Ungunst der Lebensverhältnisse immer noch zurückgehalten wird.?
Brief vom 15. August 1931 an Erna Hermann, Speyer

Meiner Schwester scheint es jetzt wieder weniger gut zu gehen. Sie klagt sehr über sie Schwierigkeiten des Zusammenlebens mit den so anders denkenden Angehörigen (das können Sie gewiß gut nachfühlen). Und ich kann natürlich für absehbare Zeit gar nicht daran denken, sie zu mir zu nehmen.
Brief vom 9.Juni 1932 an Schwester Adelgundis Jaegerschmid, Freiburg-Günterstal

Meine Schwester würde ich gern schon jetzt mitnehmen, aber es läßt sich nichts übers Knie brechen. Meine anderen Geschwister rechnen schon damit, daß sie

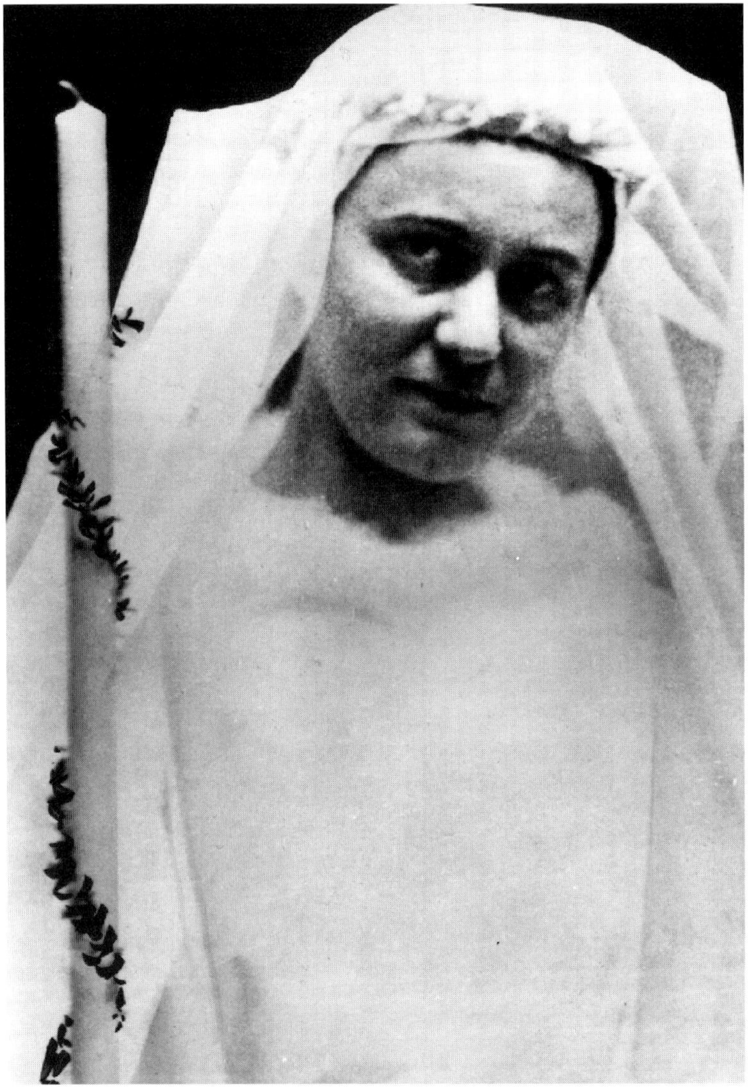

Edith Stein am Tag ihrer Einkleidung im Kölner Karmel am 15. April 1934. Sie erhielt den Namen Schwester Teresia Benedicta a Cruce. Die Seide zum Brautkleid war ein Geschenk ihrer Schwester Rosa.

einmal zu mir kommen wird. Aber meiner Mutter möchten wir gern alle Erschütterung ersparen.
Brief vom 28. August 1932 an Schwester Adelgundis Jaegerschmid, Freiburg-Günterstal

Ich war von Ende Juli bis Anfang September in Breslau. Meine Mutter hatte vorgestern 83. Geburtstag, es geht ihr weiter gut. Meine Schwester Rosa will und muß weiter Geduld haben.
Brief vom 20. Oktober 1932 an Schwester Callista Kopf, Speyer

Die letzten Wochen zu Hause und der Abschied waren natürlich sehr schwer. Meiner Mutter etwas verständlich zu machen, war ganz unmöglich. Es bleibt in seiner ganzen Härte und Unfaßlichkeit stehen und ich konnte nur gehen in dem festen Vertrauen auf Gottes Gnade und die Kraft unseres Gebetes. Daß meine Mutter selbst gläubig ist, schließlich auch ihre immer noch so starke Natur machten es auch etwas leichter. Ich darf wie in allen Jahren früher jede Woche nach Hause schreiben und bekomme auch pünktlich einen Wochenbrief von der Familie. Alle meine Geschwister waren rührend und liebevoll. Rosa geht ganz innerlich mit mir. Sie hat wohl das stille Vertrauen, daß so auch für sie mitgesorgt sein wird. Wir brauchten darüber gar nicht zu sprechen.
Brief vom 31. Oktober 1933 an Hedwig Conrad-Martius, Bergzabern

Meine Mutter weiß nichts von der Einkleidung. Die Geschwister schrieben dazu; Rosa fiel es sehr schwer, nicht kommen zu können. Sie schenkte mir die Seide zum Brautkleid, das nun in ein Meßgewand verwandelt wird.
Brief vom 3. Mai 1934 an Schwester Callista Kopf und Schwester Agnella Stadtmüller, Mannheim

Ist es wahr, daß Sie wieder die Absicht haben, in Breslau einen Vortrag zu halten? Meine Schwester Rosa schrieb es mir und würde sehr froh sein, wenn sie dann ein paar Worte mit Ihnen sprechen dürfte.
Brief ohne Datum (vermutlich vom Spätsommer 1935) an Gertrud von le Fort

Aber meine Schwester (Rosa) schreibt, sie (die erkrankte Mutter) sei heiter, geduldig und sehr lebhaft. Darüber bin ich glücklich. Es war mein großes Anliegen für sie, daß alle Härte und Bitterkeit der letzten Jahre schwinden und der Frieden kommen möchte.

Brief vom 23. Juni 1936 an Mater Petra Brüning, Dorsten

Meine Mutter war das starke Band, das die Familie zusammenhielt, jetzt schon vier Generationen. Jetzt hält noch die Sorge um sie alle gefesselt, selbst die Enkel, die in fremden Erdteilen sind. Was dann kommt, wird für die Zurückbleibenden noch schwerer sein. Ich werde mein ganzes Leben hindurch für sie einstehen müssen zusammen mit meiner Schwester Rosa, die im Glauben mit mir eins ist.

Brief vom 13. September 1936 an Mater Petra Brüning, Dorsten

Meine Schwester Rosa (die einzige unverheiratete außer mir) sehnt sich seit vielen Jahren nach der Taufe und hat nur aus Rücksicht auf meine Mutter bisher darauf verzichtet. Sie wird bald die vorbereitenden Schritte tun, aber vorläufig ohne Wissen der Geschwister. Ihr wird es sehr viel bedeuten, wenn sie ein wenig allein mit Ihnen sprechen kann, aber ich habe es doch für richtig gehalten, sie und die andere Schwester (Elfriede Tworoger), die mit ihr zusammenlebt, gemeinsam zu dem Besuch anzuregen. Nach dem Wunsch meiner Mutter sollen die beiden unser Haus als Heim für alle Geschwister weiter erhalten, und es kommt jetzt darauf an, eine möglichst starke Verbindung zwischen ihnen zu schaffen, trotz der Glaubensverschiedenheit.

Brief vom 3.Oktober 1936 an Mater Petra Brüning, Dorsten

Rosa ist nicht allein. Meine Schwester Frieda, die treue Stütze meiner Mutter im Geschäft, lebte auch im Hause mit ihnen zusammen, und nach dem Willen meiner Mutter sollen beide das Haus Michaelisstraße 38 als Heimstätte für alle Geschwister erhalten. Sie werden es sicher versuchen, solange es die Zeitverhältnisse gestatten.

Brief vom 4. Oktober 1936 an Schwester Callista Kopf, Speyer

Wir hatten diesmal ein außergewöhnliches Fest. Vom 16. bis 29.12. war meine Schwester Rosa hier. Wie Sie wissen, ist sie schon immer meinen Weg gegangen und hat seit vielen Jahren schwer darunter gelitten, daß die Rücksicht auf meine Mutter ihr nicht mehr erlaubte. Nun hat sie hier um 4 Uhr nachmittags die heilige Taufe empfangen und in der Heiligen Nacht die Erste Heilige Kommunion.. Als sie ankam, war sie noch wie erstarrt von dem Schweren, was sie im letzten Jahr durchgemacht hat. Aber hier ist sie bald aufgetaut und so glücklich gewesen wie noch nie in ihrem Leben. Nun ist sie wieder zu Hause, und es geht gut, obgleich es zuerst einen großen Sturm gab, als sie vor einigen Monaten den Geschwistern ihre Absicht mitteilte. Besonders meine Schwester Frieda war anfangs sehr unglücklich und glaubte, es würde kein weiteres Zusammenleben möglich sein. Nach dem Willen meiner Mutter nimmt sie im Haus und im Geschäft ihre Stelle ein und fühlte sich dadurch verpflichtet, den jüdischen Standpunkt möglichst streng zu wahren. Erika und meine Schwester Erna haben vermittelt und so geht es friedlich weiter ...
Unmittelbar vor Rosas Ankunft – heute (14.) ist´s gerade ein Monat – ich hatte einen kleinen Unfall: ich fiel die Treppe hinunter und brach die linke Hand und den linken Fuß. Bis zum 23. war ich im Krankenhaus, und meine Schwester besuchte mich täglich dort. Weihnachten durfte ich schon wieder zu Hause feiern.
Brief vom 13. Januar 1937 an Hedwig Conrad-Martius, Bergzabern

Besonders herzlichen Dank für die Mitfreude an dem großen Gnadengeschenk dieser heiligen Nacht. Ich habe meiner Schwester nahegelegt, Schwester Placida selbst zu antworten, weiß aber nicht, ob sie es schon getan hat. Sie hat bei ihrer Rückkehr zu Hause viel Arbeit vorgefunden und mußte noch viel Briefschulden erledigen. Was die Tage hier für sie bedeutet haben, kann nur ermessen, wer die langen Jahre des Wartens und den Druck eines Lebens in einer anders gesinnten Umgebung miterlebt. Sie ist hier ganz aufgeblüht. Sie hat ein ganz selbstverständliches Verstehen für unser Leben – ebenso wie sie in die Glaubenswelt ohne alle Kämpfe und Schwierigkeiten mit der Einfalt und Bereitwilligkeit eines Kindes hineingewachsen ist. Es erfüllt mich immer wieder mit neuer Dankbarkeit, wenn ich an die geheimnisvollen Fügungen Gottes in unserem Leben denke.
Brief vom 28. Januarr 1937 an Schwester Adelgundis Jaegerschmid, Freiburg-Günterstal

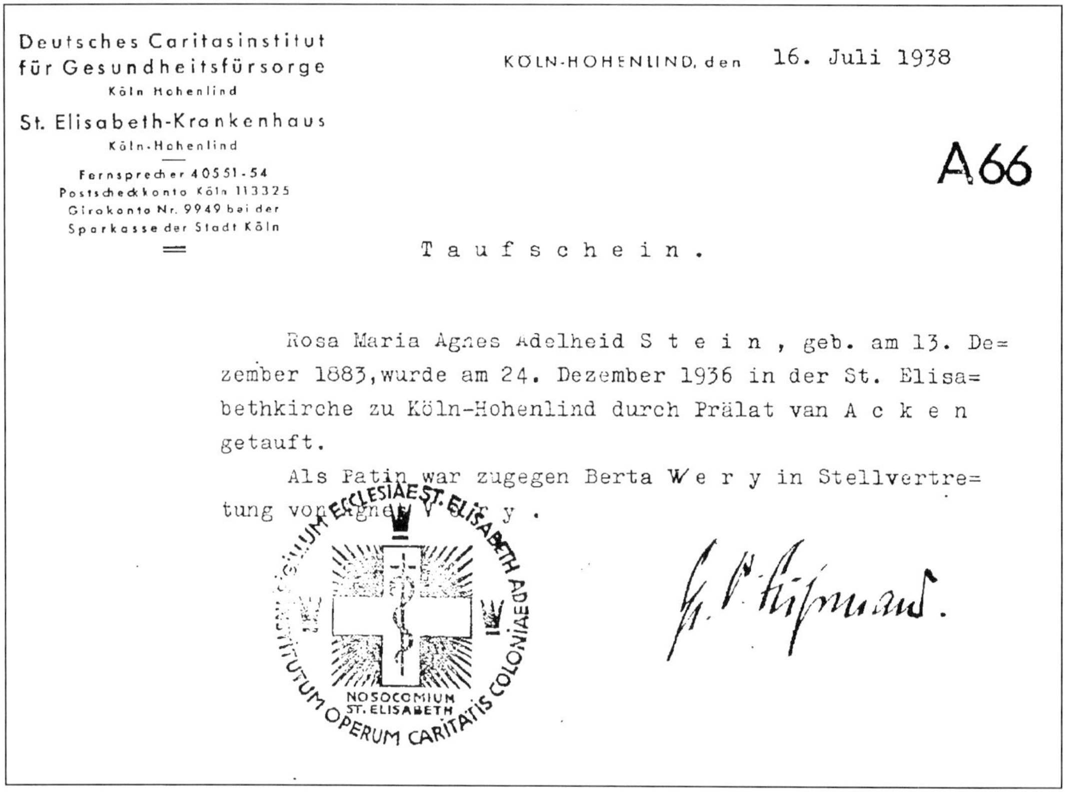

Deutsches Caritasinstitut
für Gesundheitsfürsorge
Köln Hohenlind

St. Elisabeth-Krankenhaus
Köln-Hohenlind

Fernsprecher 40551-54
Postscheckkonto Köln 113325
Girokonto Nr. 9949 bei der
Sparkasse der Stadt Köln

KÖLN-HOHENLIND, den 16. Juli 1938

A66

T a u f s c h e i n .

Rosa Maria Agnes Adelheid S t e i n , geb. am 13. Dezember 1883, wurde am 24. Dezember 1936 in der St. Elisabethkirche zu Köln-Hohenlind durch Prälat van A c k e n getauft.

Als Patin war zugegen Berta W e r y in Stellvertretung von Agnes V o r y .

NOSOCOMIUM ST. ELISABETH

Bescheinigung über die Taufe von Rosa Stein am 24. Dezember 1936 in der Kapelle des Elisabeth-Krankenhauses in Köln-Hohenlind.

Meine Schwester wird am Pfingstmontag gefirmt. Sie werden gewiß auch gern im Geist mit dabei sein. Sie ist darauf angewiesen, mit denen innerlich fest verbunden zu sein, die räumlich von ihr getrennt sind. Das innere Getrenntsein von ihrer nächsten Umgebung ist sicher sehr schwer für sie. Aber wir müssen doch sehr froh sein, daß das Zusammenleben so friedlich ist. Und es ist auch schön, wie ihr alle Kraft und Freude aus der Teilnahme am kirchlichen Leben kommt. Wir tun auch von hier aus, was wir können, um ihr das Bewußtsein der Zugehörigkeit zu erhalten. Während sie hier war, ist sie ganz als zu unserer kleinen Karmelfamilie gehörig aufgenommen worden. Das tut ihr natürlich sehr gut. Auch darum, weil sie ja draußen sehr verschüchtert sind und nie recht wissen, wem sie den Verkehr überhaupt noch zumuten können.

Brief vom 7. Mai 1937 an Schwester Callista Kopf, Speyer

Ihr letzter Brief ist am 13.8.1936 geschrieben. Am 14.9. starb meine liebe Mutter, gerade zu der Stunde, als wir hier unsere feierliche Gelübdeerneuerung hatten, wie immer am Fest Kreuzerhöhung. Im Dezember habe ich zum erstenmal jemanden von meinen Geschwistern hier gehabt, meine Schwester Rosa, die im Herzen schon so lange zu uns gehörte. An der Weihnachtsvigil hat sie die hl. Taufe empfangen und in der Heiligen Nacht bei uns im Hochamt die erste hl. Kommunion; gestern in Breslau die hl. Firmung. Sie werden es gut verstehen, daß sie ihr Herz im Karmel zurückgelassen hat und daß es sehr schwer für sie ist, innerlich völlig einsam in der Familie zu leben. Wir hoffen auf ein Wiedersehen beim Schleierfest.

Brief vom 18. Mai 1937 an Paula Stolzenbach, Frankfurt

Für meine Schwester würde es natürlich sehr viel bedeuten, wenn Sie nach Breslau kämen. Sie ist ja doch sehr einsam. Morgen abend beginnt das jüdische Neujahrsfest. An dem Rüsttag ist im vergangenen Jahr meine liebe Mutter begraben worden.

Brief vom 4. September 1937 an Mater Petra Brüning, Dorsten

Meine Schwester lebt friedlich in der Familie weiter, innerlich natürlich sehr einsam. Sie geht jeden Morgen um 5 Uhr in die erste hl. Messe im Dom. Das ist ihre Stärkung. Sehr selten kann sie sich die Zeit zu einem Besuch im schlesischen Karmel nehmen. Mit dem Herzen ist sie immer hier bei uns.
Brief vom 15. Oktober 1937 an Schwester Callista, Speyer

Meiner Schwester Rosa wird es eine große Freude sein, wenn Sie nach Breslau kommen. Sie ist sehr verschüchtert im Verkehr mit Menschen anderer Abstammung durch die Erfahrungen, die sie gemacht hat; hält sich auch dort zurück, wo es nicht nötig wäre.
Brief vom 9. November 1937 an Mater Petra Brüning, Dorsten.

Meine Schwester Rosa lebt ganz aus dem Glauben. Sie geht jeden Morgen um 5 Uhr in die erste hl. Messe in den Dom und holt sich dort die Stärkung für den Tag. In der Familie geht alles friedlich, aber innerlich ist sie ganz einsam. Wie sie Weihnachten verbringen wird, weiß ich noch nicht. Natürlich wäre sie am liebsten hier. Aber das geht nicht, weil sie nach Ostern zu meinem Schleierfest kommen möchte. Sie ist ja zu Hause sehr schwer entbehrlich.
Brief vom 16. November 1937 an Uta von Bodman, Speyer

Meine Schwester wird wohl Weihnachten in Breslau sein. Ich glaube, die Dankbarkeit für das, was das vergangene Jahr ihr gebracht hat, ist so groß, daß demgegenüber die Ungunst der äußeren Verhältnisse nicht allzu schwer wiegen wird. Der Heiland wird es auch an neuen Gaben nicht fehlen lassen. Die Aussicht auf ein Wiedersehen mit Ihnen wird eine große Weihnachtsfreude für sie.
Brief vom Sontag Gaudete 1937 an Mater Petra Brüning, Dorsten

Herzlichen Dank für Ihren lieben Bericht über Breslau. Es war für meine Schwester sicher ein großes Opfer, daß sie nicht zum zweitenmal zu Ihnen kommen konnte. Etwas mehr Aussprache hätte ihr gut getan. Ich weiß schon aus ihren Briefen, daß sie sehr gedrückt und von den ständigen Aufregungen aufgerieben ist. Ich darf ihr öfter schreiben. Aber es ist ein sehr kümmerlicher

Ersatz für das persönliche Zusammensein. Wenn es irgend geht, möchten wir sie Weihnachten hier haben.
Brief vom 31.Oktober 1938 an Mater Petra Brüning, Dorsten

Rosa macht Versuch, durch den Raphaelsverein nach Holland zu kommen. Das wäre für sie ja die allerbeste Lösung.
Brief vom 3. Januar 1939 an Mater Petra Brüning, Dorsten

Wir suchen jetzt für meine Schwester Rosa hier ein Unterkommen. Vorläufig ist sie noch in Breslau.
Brief vom 22. Januar 1939 an Uta von Bodman, Speyer

Für Rosa haben wir schon Verschiedenes versucht; bisher vergeblich. Bitte helfen Sie beten. Sie weiß noch gar nicht, was aus ihr wird. Hierher käme sie gern, alles andere widerstrebt ihr.
Brief vom 17. Februar 1939 an Mater Petra Brüning, Dorsten

Mit meinen Geschwistern stehe ich natürlich in Verbindung, habe Aussicht, daß Rosa nach Belgien zu einer Tertiarin unseres Ordens kommt. Über all das möchte ich Ihnen lieber mündlich berichten.
Brief vom 16. April 1939 an Mater Petra Brüning, Dorsten

Meine Schwester trifft jetzt ihre Vorbereitungen zur Übersiedlung nach Belgien
Brief vom 21. April 1939 an Karl und Katharina Lichtenberger, Ludwigshafen

Rosa hat E.L. Vater nach dem Tode gesehen und erzählte, wie schön und friedlich er dalag. Da habe man gesehen, was die Majestät des Todes sei. Sie war auch mit bei der Beerdigung, auch sonst einige Male in E.L. Elternhaus. Letzten Sonntag hat sie Schwester Margareta und mir im Sprechzimmer davon erzählt.
Brief vom 18. Oktober 1939 an Schwester Aloysia Smeets, Beek

Jetzt noch etwas von Rosa. Wir hatten ja gehofft, daß sie nun – nachdem sie endlich die Aufenthaltsgenehmigung bekam – bald Torschwester werden könnte.

Aber unsere Vorgesetzten (die liebe Mutter und P. Provinzial) halten die Zeit jetzt nicht für geeignet, um eine solche Umordnung vorzunehmen. Sie rieten, vorläufig in den III. Orden einzutreten und das Ordenskleid zu tragen. Es ist für Rosa eine sehr schmerzliche Enttäuschung. Sie ist nicht gern in dem lebhaften Pfortenbetrieb, wäre viel lieber in der Klausur und hoffte wenigstens auf ein Noviziatsjahr darin, wie es für die Torschwestern Vorschrift ist. Unsere liebe Mutter versprach ihr zum Trost, daß ich nun jeden Sonntag zu ihr kommen dürfe, um sie ins geistliche Leben einzuführen. Bitte helfen E.E. mir, um die Leitung des Heiligen Geistes zu bitten, daß ich fertigbringe, ihr den Karmelgeist nahezubringen: Das ist schließlich die Hauptsache.
... Herzliche Grüße von Rosa.
Brief vom 26. April 1940 an Mater Petra Brüning, Dorsten

Vorhin (zwischen 1 und 2 Uhr) schellte es wieder zweimal. Nun hört unsere Mutter Rosas Bericht.
Brief vom 10. Juli 1940 an Mutter Johanna van Weersth, Beek

Wir haben unser Leben ungestört weiterführen können. Rosa ist weiter treue Pförtnerin und seit Juni Tertiarin unseres Ordens.
Brief vom 5. November 1940 an Hedwig Conrad-Martius

Ich habe Ihnen sicher schon geschrieben, daß unsere alte Pförtnerin Paula sich vor einigen Monaten für ihre alten Tage in das Klösterchen der Josephsschwestern zurückgezogen hat und daß Rosa an ihre Stelle getreten ist. Sie hat nun das schöne Amt der Sakristanin und ist Hausfrau im Pfortenhaus. Eine schöne und reiche Tätigkeit, natürlich auch reich an Mühe.
Brief vom 13. Juni 1941 an Mater Petra Brüning, Dorsten

Rosa und ich waren Montagvormittag beim Polizeikommissar in Maastricht, um uns vorschriftsmäßig anzumelden. Die Schwestern haben indessen hier gebetet und es ist alles sehr gut gegangen.
Rosa erzählte, es ginge E.E. besser. Das hat mich sehr gefreut.
Brief vom 8. Oktober 1941 an Mutter Johanna van Weersth, Beek

Nun kam gerade in den Tagen, als darüber abgestimmt wurde, die Verfügung der Besatzungsbehörden, die alle nichtarischen Deutschen in den Niederlanden für staatenlos erklärte und aufforderte, sich bis zum 15.12. zur Emigration anzumelden. Wir – d.h. meine Schwester Rosa und ich – haben das alles getan, weil es unter schwerer Strafe befohlen war.
...Unsere liebe Mutter würde uns am liebsten bei den Karmelitinnen vom göttlichen Herzen (Schwestern von Sittard) in einem ihrer Schweizer Häuser unterbringen, bis einmal eine Rückkehr möglich wird (?)...Meine Schwester, die Weihnachten 1936 in Köln die hl. Taufe empfangen hat, ist seit dem 1. Juli 1939 hier, als Pförtnerin und Sakristanin sehr gut eingearbeitet, so daß man sie schwer vermissen würde, ist auch Tertiarin unseres Ordens (Schwester Rosa Maria von Jesus).
Brief vom 31. Dezember 1941 an Hilde Vérène Borsinger, Bern

Da ich nichts mehr von Ihnen hörte, nehme ich an, daß Sie dort dieselbe Antwort erhielten wie wir hier von der Generaloberin der Karmelitinnen vom Göttlichen Herzen: daß Einreise in die Schweiz unmöglich sei.
... In den Fragebogen, die wir ausfüllen mußten, haben wir als Ziel U.S.A. angegeben. Indessen bekam ich auch aus einem spanischen Karmel die Aufforderung, dorthin zu kommen, was aber jetzt auch nicht möglich sein dürfte.
Brief vom 9. April 1942 an Hilde Vérène Borsinger, Bern

Notre Chère Révérende Mère et ma soeur Rosa ajouteront quelques lignes.
Schwester Teresia Benedicta a Cruce OCD
Liebe Ehrwürdige Mutter Priorin,
Gott möge Euer Ehrwürden und der Ehrwürdigen Mutter Priorin im Kloster der Terziarinnen die so große Liebe und Güte vergelten, mit der Euer Ehrwürden und die andere Mutter Priorin uns aufzunehmen bereit sind. Mit ehrfürchtigen Grüßen, in großer Dankbarkeit. ind. Rosa Stein
Brief vom 24. Juli 1942 an Mutter Maria Agnes de Wolff, Le Pâquier

Eidgenössische Fremdenpolizei
Emigrantenbureau
Police fédérale des étrangers
Bureau des émigrants
Polizia federale degli stranieri
Ufficio profughi

Berne, le 3 août 1942.
Schwanengasse 8

No. 859800 GB
Bitte in der Antwort angeben
A indiquer dans la réponse
Pregasi ripeterlo nella risposta

Mademoiselle Hilde Borsinger,
Jubiläumstrasse 97,
Berne.

Mademoiselle,

Nous avons l'honneur de vous informer que nous venons de refuser l'autorisation d'entrée en Suisse à Mlle Edith Stein (Sr Teresia Benedicta) ainsi qu'à sa soeur Resa, ressortissantes allemandes, actuellement en Hollande.

Votre demande du 12 février 1942 a été l'objet d'un examen approfondi de notre part, ainsi que de la part de l'autorité cantonale fribourgeoise. Ainsi qu'il vous l'a été assuré lors de votre entretien téléphonique du 27 juillet écoulé avec M. Dr Bianchi, nous avons procédé à l'examen de ce cas avec une grande bienveillance.

Cependant nous avons dû constater qu'une autorisation d'entrée en faveur de Mlle Edith Stein ne se justifie pas suffisamment. L'âge de l'intéressée est très inférieur à la limite d'âge qui fait état dans les cas analogues; Mlle Stein n'est jamais venue en Suisse auparavant; elle n'a aucune relation de parenté dans notre pays. Si nous autorisions son entrée dans ces conditions, nous créerions donc un dangereux précédent, car nous ne pourrions plus refuser la même autorisation à beaucoup d'autres requérants qui sont dans une situation semblable. Quant à Mlle Resa Stein, nous ne pouvons pas l'autoriser à entrer en Suisse vu que le canton intéressé s'oppose à sa venue.

Nous regrettons donc de ne pas pouvoir donner une suite favorable à la demande que vous nous avez présentée le 12 février 1942 en faveur de ces deux personnes.

Veuillez agréer, Mademoiselle, l'assurance de notre considération distinguée.

Police fédérale des étrangers
BUREAU DES EMIGRANTS

Am 3. August 1942 lehnten die Schweizer Behörden die Einreise von Schwester Bendicta und Rosa Stein ab. Beide Schwestern befanden sich zu diesem Zeitpunkt schon im Polizeilichen Durchgangslager Amersfoort.

Dokumente zur Woche vom 2. bis 9. August 1942

Mutter Antonia Engelmann in Echt über die Verhaftung von Schwester Benedicta und Rosa Stein am 2. August 1942

Schwester Benedicta kam am 31. Dezember 1938 in unseren Karmel. Ihre Schwester Frl. Rosa ging Anfang 1939 nach Belgien, wo sie mit einer Dame eine Art Ordensgründung vornehmen wollte nach dem 3. Orden vom Karmel. Die Dame war aber anscheinend eine Betrügerin. Frl. Rosa suchte, von ihr loszukommen und es gelang ihr auch, im Juli 1939 an unserer Pforte ein Plätzchen zu finden.
Da Schwester Benedicta sehr besorgt um ihre Zukunft war und durch Frl. Rosa stets auf dem Laufenden gehalten wurde betr. aller jüdischen Fragen, gab sie selbst bei den Behörden alles an, was sie für ihre Sicherheit als notwendig erachtete.
Zu Beginn 1942 mußten beide Schwestern in Maastricht bei den Deutschen erscheinen, darauf beim Joodsen Raad, der ihnen sehr freundlich zusprach und eine Vorladung in Amsterdam einige Wochen später für gewiß hielt.
Wirklich mußten beide Schwestern im März 42 für mehrere Tage nach Amsterdam bei der SS und beim Joodsen Raad erscheinen. Wohnung und Kost fanden sie bei guten Schwestern, die sich an ihnen erbauten.
Ende Juli 42 erhielten beide ein ganz kleines Brieflein vom Bischöflichen Ordinariat, daß sie in Ruhe und Frieden hier bleiben und über ihre Zukunft ohne Sorge sein könnten. (Die holl. Bischöfe hatten sonntags zuvor ein Schreiben über die Judenfrage verlesen lassen und man war sehr in Sorge über die Folgen. Die angedrohte Strafe war aber zurückgenommen.)
Wir waren deshalb auch sehr erstaunt über die Ereignisse Anfang August. Alles kam so: Sonntag, 2. August, waren wir alle im Chore vor ausgesetztem Allerheiligsten, als kurz nach 5 Uhr abends die Oberin ins Sprechzimmer gerufen wurde. Schwester Benedicta hatte eben die Betrachtungspunkte vorgelesen. Da ich damals Priorin war, ging ich sofort zur Winde um nachzufragen, wer mich

Im Echter Karmel am 6. März 1987: Ordenfrauen beten an dem Platz, an dem Schwester Benedicta kurz vor ihrer Verhaftung die Betrachtungspunkte in der Kommunität vorgelesen hatte. Eine der brennenden Kerzen ist ein Geschenk des Kölner Karmels. Die andere Kerze ist eine Stiftung der Pfarrei Christi Auferstehung in Köln-Melaten. In diesem Pfarrgebiet befand sich der durch den Krieg zerstörte Karmel, von dem aus Schwester Benedicta am 31. Dezember 1938 in den Karmel nach Echt gegangen war.

sprechen wolle. Als ich hörte, es seien zwei deutsche Offiziere, die wegen Schwester Benedicta und Frl. Rosa zu verhandeln hätten, dachte ich, es sei wegen der Einreiseerlaubnis in die Schweiz, die die beiden Schwestern schon längere Zeit erwarteten. Sie hatten nämlich beide Aufnahme in zwei nahe beieinanderliegenden Klöstern im Kanton Freiburg erlangt und von der Seite der Schweiz war die Einreiseerlaubnis bereits gegeben worden. So dachte ich, die beiden können ohne mich fertig werden und ich rief Schwester Benedicta aus dem Chor nach dem Sprechzimmer, in dessen äußerem Teil Rosa bereits anwesend war. Von außen, am Chorfenster stehend, sagte ich noch der Gemeinde: „Schwestern, bitte beten, ich glaube, die Gestapo ist da!“ Danach stellte ich mich vor der Türe des Sprechzimmers auf, um den Verlauf des Gespräches abzuwarten. Ich erschrak natürlich, als ich merkte, daß es sich um viel Ernsteres handelte. Es war ja wirklich die SS! Der eine der beiden, der Wortführer, forderte Schwester Benedicta auf, in 5 Minuten das Kloster zu verlassen. Sie antwortete: „ Das geht nicht, wir haben strenge Klausur.“ – „Machen Sie dies hier weg (er meinte das Gitter) und kommen Sie hier heraus!“ – „Das müssen Sie mir erst hier vormachen.“ – „Rufen Sie die Oberin!“

Weil ich ja alles selbst gehört hatte, ging ich auf einem kleinen Umweg zum Sprechzimmer und Schwester Benedicta in den Chor. Sie kniete ehrerbietig nieder vor dem Allerheiligsten Sakrament und verließ dann den Chor mit den Worten: „Bitte, beten, Schwestern!“ Einige folgten ihr in die Zelle, wo sie in der Eile einiges packten, während Schwester Benedicta die Lederschuhe anzog. Inzwischen sprach ich mit dem SS-Mann. Er sagte: „Sind Sie die Oberin?“ – „Ja.“ – „Schwester Stein muß das Kloster in 5 Minuten verlassen!“ – „Das ist unmöglich.“ – „Dann in 10 Minuten. Wir haben keine Zeit!“ – „Wir haben Schritte getan, daß die beiden Schwestern in Klöstern in der Schweiz aufgenommen werden können und warten nur noch auf die Einreiseerlaubnis von deutscher Seite. Von der Schweiz aus ist bereits alles geordnet.“ – „Das kann alles später geschehen, jetzt muß Schwester Stein heraus. Sie kann sich umkleiden oder auch mitgehen, wie sie ist. Geben Sie ihr eine Decke mit, einen Becher, einen Löffel und Mundvorrat für 3 Tage.“ – Da protestierte ich nochmals. Der SS-Mann antwortete: „Sie können sich überlegen, welche Rückwirkungen es auf Ihr Haus

Bovenstestraat 48 in Echt: Durch diese Tür wurden Schwester Bendicta und Rosa Stein am 2. August 1942 um 5 Uhr nachmittags abgeführt.

haben kann und was Ihnen bevorsteht, wenn Sie sich weigern, die Schwester Stein herauszulassen." Ich dachte, es sei alles wohl nur ein Schreckschuß und sagte: „Lassen Sie uns wenigstens eine Stunde Zeit." – „ Das geht nicht. Wir haben keine Zeit!" – Als ich einsah, daß ich nichts erreichen konnte, sagte ich nur noch: „Wenn wir der Gewalt weichen müssen, dann in Gottes Namen." – Ich verließ das Sprechzimmer und ging nach oben in die Zelle von Schwester Benedicta. Diese sagte gleich: „Bitte, sofort an den Schweizer Konsul in Den Haag schreiben wegen der Reiseerlaubnis." (Wir waren bereits einige Zeit mit dem Konsul in Verbindung.) So sehr war Schwester Benedicta noch jetzt überzeugt von der Möglichkeit, in den Karmel nach Le Pâquier übersiedeln zu können.

Von der Zelle ging ich zur Klausurtür, wo Frl. Rosa kniete, um den Abschiedssegen zu empfangen. Eine bekannte Dame stand ihr liebevoll bei. Bald kam auch Schwester Benedicta hinzu. Die Schwestern liefen hin und her, um aus der Küche noch einen kleinen Imbiß zu holen. Aber nur einige Bissen konnte die gute Schwester Benedicta nehmen. Die Zeit war lang vorbei.

Als die beiden aus der Klausur waren, hörte ich noch, daß Schwester Benedicta zu dem Wortführer von ihren Reiseplänen sprach. Den 2. Offizier habe ich nicht sprechen hören. Als die Herren im Sprechzimmer warteten, verhielten sie sich ganz still. Wir waren auch so ruhig als möglich geblieben, so schmerzlich der beiderseitige Abschied auch war.

Natürlich stand die ganze Straße voller Menschen, und wer Teilnahme zeigen wollte, kam übel an.

An einem gewissen Straßeneck wartete das Überfallauto, das schon mehrere Opfer geholt hatte, unter anderem 2 Pensionärinnen vom Institut Koningsbosch. Man sagte, in Roermond sei 1. Haltestelle gewesen. Dann gings bis Amersfoort, wo 2 Std. Aufenthalt war und Schwester Benedicta Gewehrkolben zu fühlen bekam. Dann weiter nach Drente. 5 Tage später, am 1. Herz-Jesu-Freitag im August, soll die Fahrt nach dem Osten gewesen sein.

Durch 3 kleine Briefchen, die Schwester Benedicta auf verschiedenen Wegen befördern ließ, teilte sie kurz mit, was sie noch gerne mitgenommen hätte: Brevier und dergl. 2 Männer von Echt gingen schwer beladen am Mittwoch, 5. August, ins Kamp von Westerbork, wo sie 1 ½ Stunde mit den beiden Schwestern sprechen durften. Diese hatten keine Klage, alles sei zu ertragen. Bald würden sie auch hl. Messe haben, da Trappistenpatres von der Abtei Tegelen (richtig: Tilburg) mit ihnen führen. Später kam Bericht, die beiden Patres seien erschossen. Von den übrigen sieben, die gemeinsam ein kleines Trüppchen bildeten – Ruth Kantorowicz, Alice Reis, 3 Trappistinnen aus Koningsoord und den zwei Kindern aus Koningsbosch hörte man nie wieder.

Maria Delsing
Polizeiprotokoll vom 25. Juli 1945
über die Verhaftung von Schwester Benedicta und Rosa Stein

Am 2. August 1942 wurde ich telefonisch angerufen von Cuypers, wohnhaft an der Bovenstestraat zu Echt, der mir mitteilte, daß ich, wenn ich Schwester Benedicta und Rosa, beide Geschwister, noch sehen möchte, in die Bovenstestraat kommen sollte, da beide von den Deutschen abgeführt würden.
Darauf bin ich denn auch sofort dorthingegangen und habe gesehen, daß die mir wohlbekannten Edith und Rosa Stein, beide Schwestern beim Echter Karmel, von zwei uniformierten Deutschen weggeführt wurden. Als ich, um mich zu verabschieden, noch kurz zu ihnen gehen wollte, wurde ich von einem der Deutschen angeschnauzt mit den Worten: „Müssen Sie auch mit?“ Hiernach haben die beiden Schwestern mir zum Abschied noch die Hände gedrückt, wonach ich nichts mehr von ihnen gehört oder gesehen habe.

Schwester Benedicta und Rosa Stein
Brief vom 4. August 1942 aus dem Lager Westerbork
an die Priorin des Karmels in Echt

Drente-Westerbork, Baracke 36, 4.8.1942

Liebe Mutter und Schwestern,
heute nacht sind wir von der Durchgangsstation A. aufgebrochen und früh hier

gelandet. Hier sind wir sehr freundlich empfangen worden. *Man will alles tun,* damit wir frei kommen oder mindestens hier bleiben dürfen. * Es sind alle Katholiken zusammen und hier im Schlafsaal alle Klosterfrauen (2 Trappistinnen, 1 Dominikanerin; Ruth, Alice, Dr. Meirowsky u.a. Auch die zwei Trappistenpatres von T. sind bei uns). Es wird auf alle Fälle nötig sein, daß Ihr unseren Personalausweis schickt, unsere Stammkarten und Brotkarten. Wir haben bisher ganz von der Mildtätigkeit der anderen gelebt. Wir hoffen, daß Ihr die Adresse des Konsuls gefunden und Euch mit ihm in Verbindung gesetzt habt. Wir haben Vielen Nachricht an Euch aufgetragen. Auch die beiden lieben Kinder von Koningsbosch sind bei uns. Wir sind ganz ruhig und fröhlich. Natürlich bisher keine Messe und Kommunion; kommt vielleicht später. Nun kommen wir ein bißchen dazu zu erfahren, wie man rein von innen her leben kann. Innigste Grüße an alle. Wir schreiben wohl bald wieder.
In Corde Jesu Eure B.
Wenn Ihr schreibt, dann bitte nicht erwähnen, daß Ihr dies bekommen habt.
(Am Rand geschrieben)
*5.8. ist nicht mehr möglich.

Herzlichste Grüße allen, es tut uns sehr leid, Mutter Ottilia nicht mehr gesehen zu haben. In der kurzen Zeit haben wir viel erlebt, man lebt miteinander und hilft sich gegenseitig überall. Geschlafen haben wir noch wenig, aber gute Luft und viele Fahrten gehabt. Sophie viele Grüße, auch Maria und allen, sie waren so aufgeregt, wir gar nicht.
In Corde Jesu finden wir uns alle in Dankbarkeit. Rosa

(Schwester Benedicta legte diesem Brief den folgenden Zettel bei.)
Karmelitinnenkloster Echt
Bovenstestraat 48
Schwester Teresia Benedicta a Cruce (Edith Stein),
Rosa Stein,
Schweizer Konsulat Amsterdam C, Heerengracht 545,
möge sorgen, daß wir möglichst bald über die Grenze kommen. Für Reisegeld wird unser Kloster sorgen.

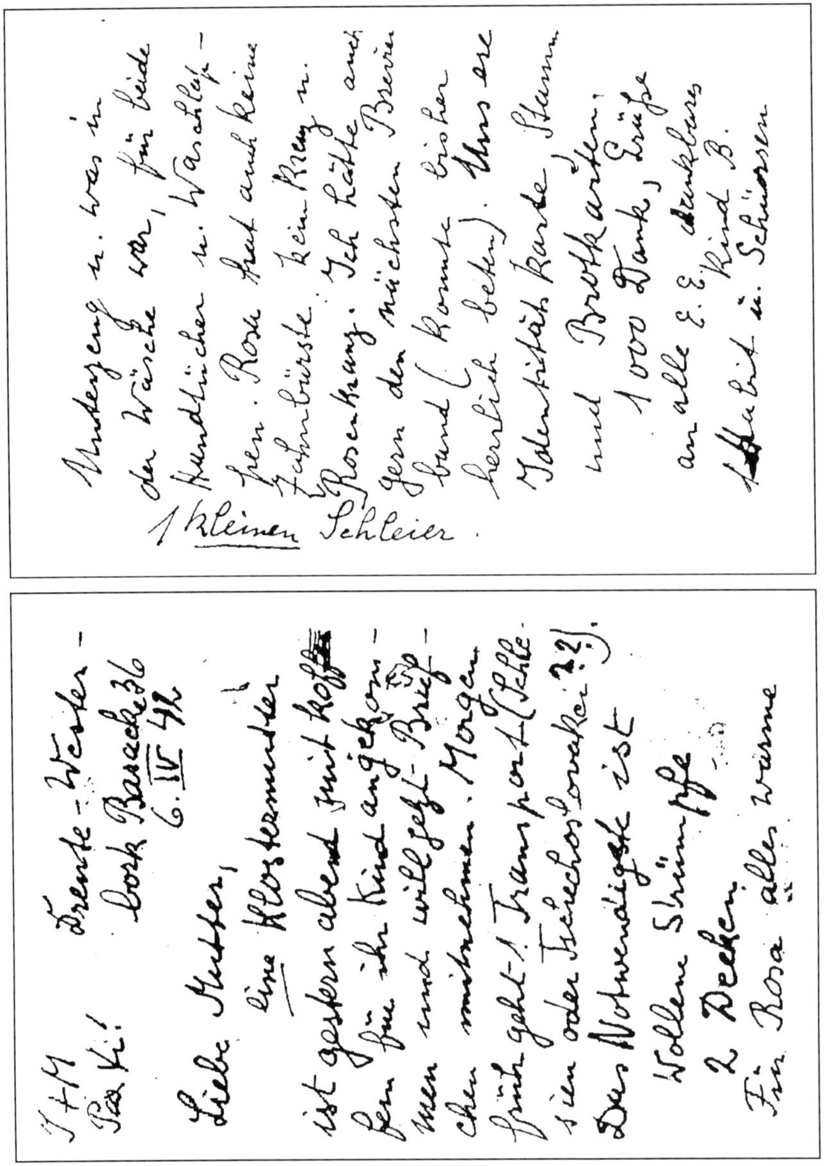

J + M
Pax Xi!

Drente-Westerbork Baracke 36
6. VIII. 42

Liebe Mutter,

eine Klostermutter ist gestern abend mit Koffer für ihr Kind angekommen und will jetzt Briefchen mitnehmen. Morgen früh geht 1 Transport (Schlesien oder Tschechoslowakei ??).

Das Notwendigste ist: Wollene Strümpfe, 2 Decken. Für Rosa alles warme Unterzeug u. was in der Wäsche war, für beide Handtücher u. Waschlappen. Rosa hat auch keine Zahnbürste, kein Kreuz u. Rosenkranz. Ich hätte auch gern den nächsten Brevierband (konnte bisher herrlich beten). Unsere Identitätskarten, Stammkarten und Brotkarten.

1000 Dank, Grüße an alle E. E. dankbares Kind B.

Habit u. Schürzen. 1 kleinen Schleier.

Brief von Schwester Benedicta aus dem Lager Westerbork.

Schwester Benedicta
Brief vom 5. August 1942 aus dem Lager Westerbork
an die Priorin des Karmels in Echt

5.8.

Meine Lieben,
eine R.K. Schwester von A. will heute mit dem Konsul sprechen. Hier ist jedes Gesuch für katholische Volljuden seit gestern untersagt. Von außen kann noch etwas versucht werden, aber mit äußerst wenig Aussicht. Es besteht die Absicht, am Freitag einen Transport abgehen zu lassen. Könnt Ihr wohl nach Venlo, Kaldenkerkeweg 185, an Mère Claire um unser Manuskript schreiben, falls sie es noch nicht geschickt hat. Wir vertrauen auf Euer Gebet. Es sind hier so viele Menschen, die etwas Trost brauchen, und sie erwarten ihn von den Schwestern.
In Corde Jesu Eure dankbare B.

Schwester Benedicta
Brief vom 6. August 1942 aus dem Lager Westerbork
an die Priorin des Karmels in Echt

J.+M. Drente-Westerbork, Baracke 36, 6.IV.42
Pax X

Liebe Mutter,
eine Klostermutter ist gestern abend mit Koffern für ihr Kind angekommen und will jetzt Briefchen mitnehmen. Morgen früh geht ein Transport (Schlesien oder Tschechoslowakei??).
Das Notwendigste ist: wollene Strümpfe, 2 Decken. Für Rosa alles warme Unterzeug u. was in der Wäsche war, für beide Handtücher u. Waschlappen. Rosa hat auch keine Zahnbürste, kein Kreuz u. Rosenkranz. Ich hätte auch gern den nächsten Brevierband (konnte bisher herrlich beten). Unsere Identitätskarte, Stamm- und Brotkarten.
1000 Dank, Grüße an alle, E.E. dankbares Kind B.
1 Habit und Schürzen
1 *kleinen* Schleier

Richard Stern
Bericht vom 22. 5. 1987 über eine Begegnung mit Schwester Benedicta am 4. August 1942 im Lager Westerbork

Ich war damals noch junger Jude (32) und Angestellter beim Judenrat im Deportationslager Westerbork. Meine Arbeit war, die neuangekommenen Häftlinge zu registrieren, vor allem auch ihre mitgebrachten bzw. zurückgelassenen Habseligkeiten. Aber das ist ein Kapitel für sich.
Da erschienen eines Tages, es dunkelte schon, Nonnen mit dem gelben Judenstern auf der schwarzen Kutte. Wir waren schon manches gewöhnt. Es gab im Lager eine Reihe von getauften Juden, darunter auch zwei evangelische Pfarrer. Wir wußten in dem Augenblick nicht, daß es sich um einen Racheakt des Sicherheitsdienstes handelte, die Antwort auf die mutige Rede des Bischofs (und späteren Kardinals) Johannes de Jong, der öffentlich die Judenverfolgung mit scharfen Worten verurteilt hatte.
Da stand eine schwarze Gestalt vor mir. Im Halbdunkel der Baracke glaubte ich in ihren Papieren meinen Namen „Stern“ zu lesen. Sie korrigierte mich: Stein. Sie war für mich eine völlig Unbekannte. Ich war in Deutschland Jurist gewesen und mit philosophisch-religiösen Problemen hatte ich mich nie beschäftigt. Irgendwie beeindruckte die schwarze Unbekannte mich. Zum Ärger meiner Kollegen, denn der aufsichtführende SD-Mann erlaubte nur wenige Minuten pro Opfer, begann ich doch ein kurzes Gespräch. Es war einer der wenigen Vorfälle, die ich unmittelbar danach aufgezeichnet habe und ich kann darum alles wörtlich wiedergeben.
Ich hatte damals schon Verbindungen mit der Illegalität und fragte, warum es denn nicht möglich gewesen war, in der großen katholischen Welt unterzutauchen. Mir war bekannt, daß Juden hier und da in Klöstern Unterschlupf gefunden hatten. Sie antwortete: “Wir waren als Juden registriert und die Gestapo hatte gedroht, in allen Klöstern Razzien zu halten, wenn wir uns verstecken würden.“ Das klingt beinahe wie ein Opfergang. Erst durch den Film erfuhr ich nun, daß sie bis zum letzten Augenblick versucht hatte, mit ihrer Schwester in die Schweiz zu entkommen. Aber in dem Augenblick, in dem sie das Lastauto bestieg, um über das

Konzentrationslager Amersfort nach Westerbork gebracht zu werden, muß sie begriffen haben, daß sie die Endstation ihrer Flucht erreicht hatte. Sie strahlte eine geradezu ergreifende Ruhe und Würdigkeit aus.
Und dies waren ihre letzten Worte: „Wir fügen uns wieder zu den Brüdern und Schwestern unseres Volkes in der Stunde ihrer Not, und vielleicht können wir ihnen helfen." Wieder derselbe Zwiespalt: Die „Rückkehr zu unserem Volk" kann bedeuten, daß sie den Irrtum ihrer Taufe eingesehen hat. Das „vielleicht können wir anderen noch helfen" kann dagegen auf die Hoffnung deuten, im Angesicht des Todes noch Schicksalsgenossen bekehren und dadurch „erlösen" zu können...
War die Verhaftung im Kloster, war die Reise nach Auschwitz, war der Tod in der Gaskammer ein Opfergang? War sie eine Märtyrerin? Man schiebt diese unglückliche, in sich gespaltene Frau als eine Art Entschuldigung vor sich her. Ich glaube, daß sie im tiefsten Inneren ehrlich gegen sich selbst war, aber den Irrweg aus dem Zwiespalt nicht finden konnte. Jahrelang hatte sie in Deutschland vor vollen Sälen verkündet, daß durch den Selbstfluch die Juden ihr Schicksal verschuldet hätten. Auch heute hört man wieder, in Auschwitz haben die Juden gebüßt für ihre Sünden. Und trotz allem glaube ich, hoffe ich, daß Edith Stein in der Gaskammer ihren Irrtum erkannt hat. Rund um sie herum erklang aus hunderten Kehlen das Glaubensbekenntnis der Juden, das sie so oft im Elternhaus gehört und bestimmt nicht vergessen hatte: „Schma Israel, der Ewige ist unser Gott, der Ewige ist einzig". Edith Stein starb als Jüdin und darum sollen wir ihrer auch im Jiskor gedenken und im Kaddisch: "Wejitgadal wejitkadasch..."

Julius Markan
Bericht über Begegnungen mit Schwester Benedicta im Lager Westerbork

Unter den am 5. August eingelieferten Gefangenen fiel Schwester Benedicta auf durch ihre große Ruhe und Gelassenheit. Der Jammer im Lager und die Aufregung bei den Neueingetroffenen waren unbeschreiblich. Schwester Benedicta ging unter den Frauen umher, tröstend, helfend, beruhigend wie ein Engel.

Wallfahrt nach Westerbork am 6. März 1987. An der Stelle, wo vorher die Baracke 36 stand, berichtet Piet van Kempen (rechts), einer der Boten von Echt von seinem Besuch im Lager Westerbork am 6. August 1942.
Weihbischof Dr. Klaus Dick (links), Msgr. Wolfram Krusenotto (Mitte).

Viele Mütter, fast dem Wahnsinn nahe, hatten sich schon tagelang nicht um ihre Kinder gekümmert und brüteten in dumpfer Verzweiflung vor sich hin. Schwester Benedicta nahm sich sofort der armen Kleinen an, wusch und kämmte sie, sorgte für Nahrung und Pflege. Solange sie im Lager weilte, entwickelte sie mit Waschen und Putzen eine rege Liebestätigkeit, so daß alle darüber staunten.
Auf meine Frage: „Was werden Sie jetzt tun?" antwortete sie: „Bis jetzt habe ich gebetet und gearbeitet, von nun an werde ich arbeiten und beten."

Piet O. van Kempen
Bericht über den Besuch im Lager Westerbork am 6. August 1942

Nach verschiedentlichem Umsteigen kamen wir etwa um 5.00 Uhr nachmittags am Bahnhof Hooghalen an. Wir trafen dort zwei Herren aus Venlo, die wir unterwegs beim Umsteigen verschiedentlich gesehen hatten. Auch sie mußten zum „Judenlager" in Westerbork. Genau wie wir waren sie Boten, diesmal der Ursulinen aus Venlo, um Sachen einer gewissen Dr. Ruth Kantorowicz zu bringen. Am Bahnhof erzählte man uns, daß das Lager etwa fünf Kilometer entfernt von Hooghalen läge. Die einzige Verbindung zum Lager waren Lastwagen, die Sand dort hinbrachten. Einer der Chauffeure nahm uns und das Gepäck mit. Ein paar Meter vor der hohen Stacheldrahtumzäunung, die das ganze Lager umgab, hielt der Wagen. Wir meldeten uns bei der holländischen Polizei, die in einem Holzpavillon außerhalb des Lagers untergebracht war. Sie lasen einige Male das Telegramm, das wir von der Priorin mitbekommen hatten. Wir boten ihnen Zigarren und Zigaretten an, setzten ihnen die Lage auseinander und kamen in ein freundliches Gespräch. Anfänglich sträubten sich die Polizisten. Wir wußten nicht, ob sie N.S.B.er (Mitglieder der nationalsozialistischen Bewegung Hollands) waren, oder ob sie gezwungenermaßen ihre Pflicht erfüllten. Einer der Polizisten ging nach unserer Auseinandersetzung weg, um, wie ich vermutete, in dem Pavillon mit dem Lagerkommandanten zu telefonieren.
Ein jüdischer Junge wurde herbeigrufen, der eine Art Ordonnanzdienst versah. Der Junge wurde mit dem Telegramm ins Lager geschickt. Die niederländischen Polizisten erweckten bei uns den Eindruck, als ob sie vor den SS-Leuten Angst

hätten. Sie waren – oder taten sie nur so? – verwundert, als sie hörten, daß wir im Lager Schwestern besuchen wollten. „Es gibt doch keine Schwestern hier im Lager," sagten sie. Aber als sie sich erkundigt hatten, glaubten sie uns.
Voller Spannung warteten wir. Im Lager war es ruhig. In der Stacheldrahtumzäunung hatten auf Wachttürmen Maschinengewehr-Schützen Posten bezogen. Zusammen mit den Polizisten warteten wir und eine kleine Gruppe Menschen außerhalb des kleinen hölzernen Gebäudes. Der jüdische Junge war in der Lagerbaracke verschwunden. Die Sachen standen unmittelbar neben uns auf dem Boden. Ein Brief Mutter Antonias für Schwester Benedicta steckte in unserer Tasche. Wir sollten versuchen, diesen Brief Schwester Benedicta insgeheim zuzustecken. Wir rauchten noch eine Zigarette. Dann kam der kleine jüdische Junge mit zwei Schwestern zurück. Ich kannte Schwester Benedicta nicht, auch Rosa Stein hatte ich noch nie gesehen. Beide Schwestern trugen den gelben Judenstern. Der schwarze Schleier war über die Haube zurückgeschlagen. Durch das Lagertor kamen sie bis zum hölzernen Pavillon der niederländischen Polizei. Wir stellten uns vor und drückten einander die Hand. Eine Begegnung, die traurig und froh zugleich war. Wir berichteten von dem Telegramm und den Sachen, die wir mitgebracht hatten.
„Hat Mutter auch ein Habit mitgegeben?" war eine der ersten Fragen, die Schwester Benedicta stellte. Beide waren dankbar für die Grüße und das Gebet ihrer Mitschwestern im Karmel von Echt. Unter den Augen der Polizei konnten wir Schwester Benedicta den Brief der Mutter Priorin übergeben. Sie steckte den Brief sofort in ihr Habit. Voller Interesse hörte Schwester Benedicta das Neueste aus dem Kloster und von dem Widerhall, den ihre brutale Entführung bei den Bewohnern von Echt hervorgerufen hatte. Wir konnten ganz frei mit ihr sprechen; das Gespräch war sehr ungezwungen. Rosa Stein war ziemlich still. Sie sagte nicht viel. Natürlich interessierte uns – genauso wie Mutter Antonia – was mit ihnen geschehen war, seit sie am Sonntagnachmittag in Echt verhaftet worden waren. Schwester Benedicta erzählte uns darüber das Folgende:
Nach der hastigen Abreise aus dem Kloster am Sonntagnachmittag brachten die zwei SS-Offiziere (ihre Namen sind unbekannt geblieben) Schwester Benedicta und Rosa zu einem Überfallwagen, der in der Nähe des Klosters bereitstand.

Darin saßen schon einige Personen. Von Echt ging die Fahrt zur Ortskommandantur nach Roermond. Am gleichen Abend fuhren zwei Überfallwagen mit unbekanntem Ziel aus Roermond weg. In dem einen saßen 13 Personen und in dem anderen 14. Weil der Fahrer sich irgendwo verirrte – Schwester Benedicta, die diese Gegend nicht kannte, wußte nicht, wo dies geschah – kamen die Häftlinge erst gegen 3.00 Uhr nachts in Amersfoort an. Die Bewachung durch deutsche SS-Soldaten war bis zu diesem Zeitpunkt freundlich. Im Lager von Amersfoort wurde die Behandlung durch die Bewacher sofort rücksichtslos und roh. Man stieß die Häftlinge mit Gewehrkolben in den Rücken und trieb sie in die Schlafsäle. Die nichtkatholischen Juden bekamen etwas zu essen. Nach einer „Nachtruhe" von wenigen Stunden in übereinander angeordneten Betten ging der Judentransport am folgenden Morgen in aller Frühe per Güterzug nach Hooghalen. Vom Bahnhof zu Fuß ins Lager Westerbork. Im Lager hatte Schwester Benedicta verschiedene Bekannte, ja selbst Familienmitglieder getroffen. Durch Vermittlung des Jüdischen Rates durfte man telegrafieren. „Der Jüdische Rat war uns gegenüber sehr entgegenkommend, vor allem gegenüber den katholischen Juden," sagte Schwester Benedicta.

Auf Anordnung der deutschen Autoritäten wurden die katholischen Juden im Lager von den anderen getrennt. Sie saßen, auch Schwester Benedicta und Rosa Stein, in einer besonderen Baracke, links vom Haupteingang des Lagers. Weiter konnte der Jüdische Rat nichts mehr für sie tun.

Während des Erzählens rauchten wir beide Zigaretten. Um die Spannung etwas zu verringern, boten wir auch Schwester Benedicta lachend eine Zigarette an. Auch sie lachte darüber und erzählte uns, daß sie früher in ihrer Studentenzeit wohl Zigaretten geraucht und auch getanzt habe.

Schwester Benedicta war vollkommen ruhig und beherrscht. Es war kein Zeichen von Angst über die unsichere Zukunft bei ihr zu spüren. Ruhig und in ihr Schicksal ergeben hatte sie ihr Leben in die sichere Hand Gottes gelegt. In ihren hellen Augen glänzte die Glut der heiligen Karmelitin, die mit leiser Stimme erzählte, aber über ihre persönlichen Erlebnisse schwieg. Auch Rosa Stein sagte, daß es ihr gut ginge. Sie fand viel Hilfe im Vorbild ihrer Schwester Edith. Dem Karmel in Echt sollten wir vor allem sagen, daß sie ihr Ordenskleid noch trüge und daß alle

Ordensleute – es waren ihrer zehn – wenn es einigermaßen ginge, ihr heiliges Kleid behalten wollten. Schwester Benedicta sagte uns auch, daß die Häftlinge froh wären über die Anwesenheit katholischer Schwestern und Patres im Lager. Von der Stelle aus, wo wir standen, sahen wir zwei Trappistinnen – so wie Schwester Benedicta es uns sagte – und einige Patres, alle mit dem Davidsstern. Sie liefen vor der Baracke hin und her. Im Lager waren die Ordensleute eine große Stütze für alle Häftlinge, die alles, aber auch alles, entbehren mußten. Schwester Benedicta half, wo sie helfen konnte. Mütter, die mit ihren Kindern auf Tranport geschickt wurden, waren ratlos.
Schwester Benedictas Freude war es, durch ihre tröstenden Worte und durch ihr Gebet helfen zu können. Wiederholt sagte sie uns, daß die Ehrwürdige Mutter sich über sie und ihre Schwester Rosa keine Sorge zu machen brauchte. Sie könnten den ganzen Tag beten. Nur dreimal würde das Gebet durch das Essen unterbrochen. Sie klagte weder über das Essen noch über die Behandlung durch die Lagerwächter und die Soldaten. Ihr tiefer Glaube und ihre absolute Hingabe an Gottes Willen umgab Schwester Benedicta mit einer Sphäre himmlischen Lebens. Es lag eine glückliche Fröhlichkeit in ihrer ernsten Ruhe. Wie lange sie noch im Lager Westerbork bleiben würde, wußte sie nicht. Es werde noch auf einen Judentransport aus Amsterdam gewartet, so erzählte man sich im Lager. Auch wurde erzählt, daß die Häftlinge noch in der gleichen Nacht oder am folgenden Tag – 7. August – in Marsch nach Schlesien, ihrem Heimatland, gesetzt würden. Im Lager hatte Schwester Benedicta gehört, daß die Deportierten in den Bergwerken Schlesiens arbeiten sollten. Sie sagte, daß sie die Arbeit in den Bergwerken kenne. Auch wenn sie weg müßten, sollte ihr Gebet – welche Arbeit sie auch immer bekommen würde – immer die erste Stelle einnehmen. Ihr Leiden wollte sie aufopfern für die Bekehrung der Ungläubigen, der Juden, für die verblendeten Verfolger und für alle, die Gott aus ihrem Herzen verloren hätten. Auf ein Zeichen der SS-Bewacher mußte die Unterhaltung, die geraume Zeit gedauert hatte, abgebrochen werden. Wir gaben Schwester Benedicta und Rosa Stein die Hand. Zusammen liefen sie zu dem hohen Gittertor des Lagers. Keine Klage war in dem Gespräch über ihre Lippen gekommen. Still, starkmütig und voller Vertrauen gingen sie den Weg, auf dem sie ihr Kreuz erwartete, als ob sie

in ihre Klosterzelle gingen um zu beten. Noch einmal schaute Schwester Benedicta zurück und senkte ihr Haupt zu einem Gruß. Das breite hohe Gittertor aus Tannenbalken, mit viel Stacheldraht durchflochten, öffnete sich. Hinter den beiden Schwestern wurde der Stacheldrahtzaun sofort geschlossen. Schwester Benedicta a Cruce und Rosa Stein gingen zusammen durch die Tür der hölzernen Baracke.

Pierre Cuypers
Bericht über den Besuch im Lager Westerbork am 6. August 1942

Um 5 Uhr in Hooghalen angekommen. Wir trafen dort zwei Herren aus Venlo, die von den Ursulinen zu Dr. Ruth Kantorowicz geschickt worden waren. Das Lager liegt 5 km entfernt. Wir hatten Glück, wir konnten mit einem Lastwagen, der Sand zum Lager brachte, mitfahren.
Vor dem Lager, das aus Baracken bestand, stand ein kleines Gebäude, wo wir uns bei der niederländischen Polizei melden mußten. Das Telegramm wurde abgegeben, wir präsentierten Zigarren und Zigaretten, und schon bald entspann sich ein freundliches Gespräch. Es schien, daß die Polizisten ihre Arbeit mit Widerwillen taten. Auf unsere Bitten schickten sie einen kleinen jüdischen Jungen mit dem Telegramm zur Baracke, wo Schwester Benedicta und Fräulein Rosa waren. Nach einigen Augenblicken der Spannung öffnete sich der hohe Stacheldrahtzaun, und wir sahen aus der Ferne schon den braunen Habit und den schwarzen Schleier von Schwester Benedicta, die von ihrer Schwester begleitet wurde. Das Wiedersehen war traurig und froh zugleich. Wir drückten einander die Hand, und wegen der Freude, Menschen aus Echt zu sehen, blieben die ersten Worte etwas stecken. Das Eis war dennoch rasch gebrochen und wir übergaben alles, was der Karmel uns mitgegeben hatte. Vor allem Schwester Benedicta war froh und dankbar für die Grüße und das Gebet ihrer Mitschwestern. Alle schriftlichen Grüße, auch das Briefchen von Mutter Priorin, hat Schwester Benedicta durch die Mitwirkung der niederländischen Polizei verschlossen in die Hände bekommen. Sie erzählte unmittelbar, daß sie sehr viele Bekannte und sogar Angehörige im Lager angetroffen habe.

Die Reise war wie folgt verlaufen: von Echt mit dem Überfallwagen zur Ortskommandantur in Roermond. Abends fuhr man mit zwei Überfallwagen von dort wieder weg; ein Wagen mit 13 Personen, der andere mit 14. Die Fahrt ging über Amersfoort, doch da sich der Fahrer im Weg verirrte, kam man erst nachts um 3 Uhr an. Von Echt bis Amersfoort waren die deutschen Soldaten (SS) sehr freundlich zu den Gefangenen gewesen. Im Lager von Amersfoort wurde die Behandlung hartherzig und brutal. Man stieß ihnen mit Gewehrkolben in den Rücken und mit Fluchen wurden sie ohne Essen in die Schlafsäle getrieben. Dank anderer nichtkatholischer Juden bekamen sie doch etwas, um den Hunger zu stillen, und nach einer kurzen Nachtruhe in übereinandergelegenen Betten ging der Transport in aller Frühe weiter nach Hooghalen und von dort zum Lager. Durch Vermittlung des „Joodsen Raad“ konnte man telegrafieren. Der „Raad“ ist sehr gut, vor allem im Hinblick auf die katholischen Juden. Im Auftrag der deutschen Behörden sind die katholischen Juden im Lager von den anderen getrennt. Der Rat kann nichts für sie tun. Sie sitzen in einer besonderen Baracke beisammen.

Schwester Benedicta erzählte dies alles ruhig und beherrscht. In ihren Augen glänzte die Glut einer heiligen Karmelitin. Mit sanften Worten und stiller Ergebenheit erzählte sie alle diese Widerwärtigkeiten, doch schwieg sie über ihre persönlichen Erfahrungen. Besonders müßten wir im Karmel berichten, daß sie den Habit des Ordens noch trüge und daß alle Ordensleute – es seien ihrer zehn – wenn es einigermaßen möglich wäre, ihr heiliges Kleid anbehalten wollten. Weiter erzählte sie, daß die Menschen im Lager froh wären, daß auch katholische Schwestern und Patres da seien. Sie bildeten im Lager die einzige Stütze für alle diese Menschen, die von allem entblößt waren.

Schwester Benedicta freute sich, durch ihr tröstendes Wort und Gebet helfen zu können. Ihr tiefer Glaube umgab sie mit einer Atmosphäre himmlischen Lebens. Wiederholt versicherte sie, daß die ehrwürdige Mutter über sie und ihre Schwester ruhig sein kann. Sie konnten den ganzen Tag beten, was nur dreimal zum Essen unterbrochen wurde. Weder über die Kost noch über die Behandlung durch die Soldaten hatte sie sich zu beklagen. Wie lange sie noch im Lager bleiben müssen, war ihr unbekannt. Es wurde erzählt, daß sie diesen Tag (den 7. August, einem

Freitag) vielleicht auch nach Schlesien, ihrer Heimat, abfahren würde, aber Gewißheit hatte sie noch nicht. Auch Fräulein Rosa ging es gut. Sie hatte viel Mut für die Zukunft. Die zwei Mädchen aus Koningsbosch sind auch sehr fromm und voll Vertrauen. Auch sie finden, wie so viele andere, eine kräftige Stütze in dem Vorbild, das Schwester Benedicta gibt. Wenn sie fortgehen sollte, würde ihr Gebet, welche Arbeit sie auch zu verrichten hätte, sicher den ersten Platz einnehmen. Schwester Benedicta hat einen Brief geschrieben. Sie weiß nicht, ob er angekommen ist.

H. Wielek
Artikel am 9. Juni 1962 über seinen Aufenthalt im Lager Westerbork im August 1942

„Judendurchgangslager Westerbork im August 1942: Wiederum werden viele Menschen erwartet. Menschen? Es sind bloß Juden und lange werden sie nicht hierbleiben. Arbeitseinsatz, nicht wahr? „Zum Osten" werden sie abtransportiert. Dort werden sie schwer arbeiten müssen, aber trotz allem können sie dort ein ziemlich angenehmes Leben führen im Osten... stand nicht in „De Telegraaf" eine Art Reklameartikel mit vielen schönen Worten über die Erziehungstaktik der Deutschen...?
Es war ein drückend heißer Sonntag. Wir erhielten Kunde von Gerüchten, daß eine „ganz aparte Gruppe" kommen würde. „Ärzte", sagte jemand. „Advokaten", behauptete ein anderer und plötzlich sind wieder neue Westerbork-Bewohner da: eine verhältnismäßig kleine Gruppe SSler kreischen und sind zynisch aufgebracht. Alte Frauen und Männer heißt es jetzt. Hilfe wird erwünscht und ist nötig. Also zu dem langen widrigen „Empfangssaal". Aber was sehe ich hier? Einige Nonnen mit einem Stern „sichtbar festgenäht auf der linken Seite in Brusthöhe des Kleidungsstückes". Sie stehen leise sprechend beisammen. „Ja, man hat uns in der vergangenen Nacht von unseren Betten weggeholt. Wir wissen nicht weshalb. Aber es mußte so sein", sagt eine dieser Nonnen. Und eine andere, stark und ruhig: „Warum auch nicht?" und sie lächelt. Diese Verordnung war, wie ich später vernahm, die Antwort der Deutschen an die katholische Kirche der

Niederlande, die nämlich öffentlich protestiert hatte gegen die gewaltsame Verschleppung der Juden. Gegen die Kirche selber konnte man nicht vorgehen. Wohl aber gegen die katholisch Getauften. Die „gründlichen" Deutschen waren ja im Besitz der Listen dieser Kategorie getaufter Juden. Man verhaftete sie überall und brachte sie ins Lager Westerbork: zu diesen gehörten auch die Nonnen aus dem Karmelitinnenkloster von Echt. Nach einigen Tagen ging die Reise weiter. Arbeitseinsatz im Osten. Niemals hat man von diesen Nonnen mehr gehört.
Aber **eine** Frau, die mir sofort auffiel und die ich – trotz der vielen schauderhaften „Episoden", deren Zeuge ich war – niemals vergessen konnte, diese Frau mit ihrem Lächeln, das keine Maske, doch wärmendes Licht war, ist die, die durch den Vatikan – vielleicht einmal heiliggesprochen wird.
(Es folgt eine Beschreibung ihres Lebens.)
Als ich dieser Frau im Lager Westerbork begegnete, wußte ich nichts von ihrer Lebensgeschichte. Wohl wußte ich unmittelbar: Dies ist ein wirklich großer Mensch. Im Hexenkessel Westerbork lebte sie die paar Tage, ging sie, redete sie, betete sie, wie...wie eine Heilige. Ja, das war es. Dies war das Bild dieser älteren Frau, die noch so jung zu sein schien, die so ganz und gar **wahr** war. „Bitte," so bat sie mich, „bitte schreiben Sie nach Echt, daß man uns noch Rosenkränze schickt".
Und ich kann mich noch erinnern, wie grotesk mir diese Situation erschien: der „Jüdische Rat" schreibt aus dem „Judenlager" Westerbork an ein Kloster und stellt eine solche Bitte...
Hierüber sprach ich mit Schwester Benedicta und sie hat geantwortet: „Die Welt besteht aus Gegensätzen. Manchmal ist es gut, daß sie bestehen. Ein Mildern derselben kann Verwischen bedeuten, und das ist nicht gut. Letzten Endes wird nichts von diesen „Kontrasten" übrigbleiben. Nur die große Liebe wird bestehen bleiben. Wie könnte es auch anders sein?"
So sicher und so demütig sprach sie, daß der Zuhörer es auch annehmen mußte. Eine Unterredung mit ihr, das war eine Reise in eine andere Welt. In diesen Minuten gab es kein Westerbork mehr. Wie stand sie gegenüber dem jüdischen Leid? „Daß Menschen so sein können, habe ich nicht gewußt", sagte sie mir einmal, als ich ihr von einer SS-Schandtat erzählt hatte. „Und daß meine

Schwestern und Brüder so leiden müssen! Leider habe ich auch dies nicht gewußt in der Abgeschlossenheit meines Klosters. Stündlich bete ich für sie. Ob ER mein Gebet hört? Ihre Klage hört Gott gewiß."
Als es ganz sicher war, daß sie mit den anderen Getauften abtransportiert werden sollte, fragte ich sie, wen ich davon in Kenntnis setzen sollte. Wer vielleicht noch helfen könnte. Sollte vielleicht einer der Gendarmen, dem man Vertrauen schenken konnte, Utrecht anrufen? Wiederum lächelte sie. „Nein, nicht tun, bitte nicht tun." Weshalb eine Ausnahme für sie oder die Gruppe? War das nicht gerade Gerechtigkeit, daß sie keinen Nutzen ziehen konnten aus ihrer Taufe? Wenn sie das Los der anderen nicht würde teilen können, würde ihr Leben vernichtet sein. Jetzt aber nicht.
Und sie ging betend neben ihrer Schwester Rosa, die ebenfalls Nonne geworden war, zum Viehwagen. Und ich sah ihr Lächeln, ihre Kraft, ihre ungebrochene Festigkeit, die sie begleiteten nach Auschwitz.

Valentin Fouquet
Erklärung vom 25. Oktober 1953 über die Begegnung mit Schwester Benedicta auf dem Bahnhof Schifferstadt am 7. August 1942

Um die Mittagsstunde des 7. August 1942 wartete ich auf den D-Zug von Saarbrücken nach Ludwigshafen. Der Zug fuhr ein, vor mir hielt ein ihm angehängter Gefangenenwagen. Aus diesem Wagen sprach mich eine dunkelgekleidete Dame an, ob ich von Schifferstadt sei und ob ich vielleicht die Priesterfamilie Schwind kenne. Ich bejahte, daß mir die Familie von Dekan Konrad Schwind, meines Schulkameraden, gut bekannt sei. Sie bat mich dann, ich solle Grüße ausrichten von der Schwester Teresia Benedicta, sie wäre die Edith Stein und fahre gegen Osten.
Die Dame machte einen ruhigen, freundlichen Eindruck.
Diese Nachricht konnte ich schon kurze Zeit später an Frl. Schwind, die Schwester des Dekans und Nichte von Edith Steins Seelenrat Generalvikar Joseph Schwind, sowie Teilnehmerin ihrer Einkleidung im Karmel in Köln, weitergeben.

Pfarrer Ferdinand Meckes
Erklärung vom 3. April 1984 über eine Begegnung mit Schwester Benedicta im Bahnhof von Schifferstadt am 7. August 1942

Von Speyer kommend mußte ich in Schifferstadt auf den Anschluß nach Ludwigshafen warten, wo ich in der Pfarrei St. Bonifaz Kaplan war. Nur noch zwei Damen standen etwa 30 m von mir entfernt auf dem gleichen Bahnsteig, sonst war niemand zu sehen. Aus Richtung Neustadt fuhr auf dem äußersten Bahnsteig ein Güterzug ein – das Ausfahrtssignal stand auf „Halt". Es fiel mir auf, daß nach einigen Wagen ein Personenwagen mit Soldaten dabei war. Da in dem haltenden Wagen sich etwas regte, dachte ich an einen militärischen Viehtransport. Aus der mit Stacheldraht vergitterten Luke schauten mich 2 Augen – Menschenaugen – an und eine Männerstimme fragte: „Wo halten wir?" Meine Antwort: „In Schifferstadt." Im Wagen gab es eine Bewegung, und gleich darauf – spricht eine Frau: „Waren Sie nicht im Konvikt?" – „Doch, wer sind Sie?" Es kam die Antwort: „Ich bin Schw. Teresia Benedicta a Cruce – Edith Stein." „Ich kenne Sie", antwortete ich. Darauf bat sie: „Bestellen Sie doch Herrn Prälat Lauer und den Schwestern von St. Magdalena liebe Grüße. Warten Sie!" Ich wollte schnell nachsehen, wohin der Transport laufen sollte und näherte mich dem Wagen. 3 Soldaten waren aus dem Personenwagen gesprungen und einer schrie: „Was ist dahinten los?" Ich drehte mich um und ging etwas zur Mitte des Bahnsteigs, sah auch, daß der Zug Ausfahrt hatte und beobachtete auf Bahnsteig 1 den Fahrdienstleiter mit der roten Mütze – ein älterer Mann. Der Zug zog langsam an, die 3 Soldaten stiegen ein. Edith Stein rief: „Hallo, Achtung!" und ließ ein kleines Zettelchen herausfallen, vielleicht 1/2 von einem Taschenkalender groß. Es fiel flatternd herunter, am hohen Bahnsteig vorbei neben die Schiene. Ich stellte mich hart an die Kante des Bahnsteigs und hielt das Zettelchen im Auge; sollte es von den immer schneller vorbeirollenden Rädern weggetragen werden, daß ich es im Blick behalten konnte. Es blieb aber brav liegen. Ein langer Güterzug mit etwa 50 Wagen rollte vorüber, gefüllt mit armen Menschen.
Der Fahrdienstleiter schaute dem davonrollenden Zug nach und als der letzte Wagen zum Bahnhof draußen war, ging er in seine Amtsstube zurück. Die Luft

war „rein“, ich sprang in die Schienenanlage und hob den Zettel auf, stieg hoch und ging sofort auf die beiden Damen zu und sprach sie an: „Entschuldigen Sie bitte – Sie sind bestimmt Lehrerinnen, Sie waren sicherlich drunten in St. Magdalena?“ Sie schauten mich groß an und sagten: „Ja, warum?“ Ich gab zurück: „Dann kennen Sie Edith Stein, dort in dem Zug, wo Sie noch die Schlußlichter sehen, wird sie wegtransportiert. Dieses Zettelchen gab sie mir“ – und ich übergab das Zettelchen. Es war einmal gefaltet; sie öffneten und lasen: „Gruß, Edith Stein.“ Ich fügte noch hinzu: „Sie hat gesagt: Bestellen Sie liebe Grüße an Prälat Lauer und die Schwestern von St. Magdalena.“ Die 2 Damen sagten sehr überrascht. „Ach Gott, Edith Stein. Wir besorgen den Gruß“, und rannten über die Schienen davon. – So habe ich die Begegnung mit Edith Stein in Erinnerung – gesehen habe ich in der dunklen Luke nur ihre Augen und im Schimmer ihr Gesicht.

Dr. Ruth Kantorowicz

Dr. Ruth Kantorowicz

„Von mir ließen Sie sich widerstandslos an die Hand nehmen und in ein anderes Zimmer führen."

Schwester Benedicta im Brief vom 4. Oktober 1934 an Ruth Kantorowicz

Zwischen dem Brief aus dem Kölner Karmel und dem Aufenthalt der 15jährigen Edith Stein bei ihrer in Hamburg verheirateten Schwester Else Gordon liegen dreißig Jahre. Elses Mann war Arzt und daher rührte die Bekanntschaft mit Dr. med. Simon Kantorowicz (aus Posen stammend) und seiner Frau Hulda Hindel, geb. Friedheim. Ruth, das einzige Kind des Ehepaares, wurde am 7. Januar 1901 in Hamburg geboren. Zwischen beiden Familien bestand eine gute Verbindung, die Ruth veranlaßte, der Karmelitin ihren am 8. September 1934 vollzogenen Eintritt in die katholische Kirche mitzuteilen. Rasch kommt aus Köln der Antwortbrief: „Liebes Frl. Kantorowicz, über Ihren Brief mit der für mich überraschenden guten Botschaft habe ich mich sehr gefreut. Ich erinnere mich noch recht gut an die kleine Ruth, wie ich sie als dreijähriges Kind kennenlernte: ein scheues kleines Mädchen, das von niemandem außer den Eltern und der Tante etwas wissen wollte. Ihre gute Mutter war sehr erstaunt, daß Sie sich bei Gordons von mir widerstandlos an die Hand nehmen und in ein anderes Zimmer führen ließen. Durch meine Schwester (Else) und Ilse (Nichte) bin ich über Ihren äußeren Werdegang immer wieder unterrichtet worden und Sie wohl über den meinen. – Legen Sie alle Zukunftssorgen vertrauensvoll in Gottes Hand und lassen Sie sich von Ihm ganz wie ein Kind leiten. Dann sind Sie sicher, daß Sie den Weg nicht verfehlen können. Wie der Herr Sie in Seine Kirche geführt hat, so wird Er Sie auch auf den Platz darin führen, an dem Er Sie haben will."

Das sind Trostworte, die Ruth Kantorowicz gut gebrauchen kann, denn inzwischen hat sie die Auswirkungen der nationalsozialistischen Rassenpolitik in ihrem Berufsleben zu spüren bekommen. Am 12. August 1933 wurde sie als Nicht-Arierin aus dem Bibliotheksdienst der Stadt Hamburg entlassen. Die promovierte Volkswirtin findet von März 1934 bis März 1935 eine Beschäftigung in der Bleistiftfabrik Max Schüler in Hamburg, doch auch hier wird sie entlassen,

Ruth war die einzige Tochter von Dr. med. Simon Kantorowicz (aus Posen stammend) und Hulda Hindel, geb. Friedheim und wurde am 7. Januar 1901 in Hamburg geboren.

allerdings mit der Begründung, „daß wir die rein mechanischen Arbeiten in unserer Haack-Abteilung doch lieber durch jüngere Arbeitskräfte ausführen lassen wollen."

Eigentlich hätte Ruth Kantorowicz von ihrer Ausbildung und Begabung her eine akademische Aufgabe erfüllen können. Auf ihrem Abiturzeugnis vom 3. Februar 1921 des Staatlichen Lyzeums an der Hansestraße in Hamburg steht der handschriftliche Vermerk „Frl. Kantorowicz hat einen Abdruck der Reichsverfassung erhalten." Die Krisenjahre der Weimarer Republik bestimmen auch ihr berufliches Schicksal. Nach betriebswirtschaftlichen Praktika (1922-1924) im Finanzamt IV und der Zweigstelle der Deutschen Bank schreibt sie sich am 9. Oktober 1924 in die Rechts- und Staatswissenschaftliche Fakultät der Hamburgischen Universität ein. Am 23. März 1926 erhält sie vom Prüfungsamt für Volkswirte der Universität Kiel den Grad als Diplomvolkswirt. Die Friedrich-Wilhelms-Universität in Berlin verleiht ihr mit Datum vom 16. Juli 1930 den Dr. phil. mit Hinweis auf die Dissertationsarbeit „Die Wirklichkeitsnähe nationalökonomischer Theorie".

Nach einem nur viermonatigen Volontariat (1929/30) in der Handelsredaktion des Kasseler Tageblattes findet sie eine Beschäftigung im Sekretariat der Pädagogischen Akademie in Cottbus, die jedoch im März 1932 aufgelöst wird. Für sechs Monate kann Ruth Kantorowicz dann in der Verwaltung und Bibliothek der Pädagogischen Akademie Frankfurt a. M. arbeiten. Zum 1. Oktober 1932 beginnt sie in ihrer Heimatstadt Hamburg mit Sondergenehmigung aus Berlin die Ausbildung für den Dienst an volkstümlichen Büchereien. Es dauert aber kein ganzes Jahr, bis sie mit Hinweis auf den Ministererlaß vom 28. Juli 1933 als Jüdin ihre Stelle verliert.

Ruth Kantorowicz empfing das Sakrament der Taufe am 8. September 1934 in St. Elisabeth in Hamburg, vorbereitet durch P. Karl Joppen SJ. Nach ihrem Wohnungswechsel wurde sie am 7. November 1935 in St. Pantaleon in Köln gefirmt. Schwester Benedicta sorgte sich sehr um sie. In Briefen an Schwester

DEUTSCHE BANK

FILIALE HAMBURG

TELEGRAMM-ADRESSE:
DEUTSCHBANK HAMBURG

M/2

Antwort gefl. zu richten an
Personal-Abteilung

HAMBURG XI, 6. Februar 1924
Adolphsplatz 8.

Zeugnis.

Wir bescheinigen hiermit, dass Fräulein Ruth Kantorowicz aus Hamburg, vom 6. Februar 1923 bis zum 29. September 1923 und wieder vom 8. Oktober 1923 bis zum 6. Februar 1924 neben ihrem Studium zur vorübergehenden Aushilfe bei uns tätig war und in unserer Wechsel-Abteilung, Devisen-Abteilung und zuletzt in unserer Buchhaltung mit verschiedenen Arbeiten beschäftigt worden ist. Fräulein Kantorowicz hat ihre Obliegenheiten bei guter Führung, fleissig und zu unserer Zufriedenheit erledigt. Ihr Austritt erfolgte am 29. September 1923 auf eigenen Wunsch; heute stellt sie ihre Tätigkeit bei uns ein, weil wir infolge des stilleren Geschäftsganges zu einem Personalabbau genötigt sind.

DEUTSCHE BANK FILIALE HAMBURG

Wenn Briefe aus mehreren Einzelblättern bestehen, muss jede beschriebene Seite unterzeichnet sein

P. 1494 8 9 23

Die wirtschaftlichen Schwierigkeiten in der Zeit der Weimarer Republik wirkten sich auch auf die Beschäftigungsmöglichkeiten der jungen Akademikerinnen aus.

Staatlicher Prüfungsausschuß
für das Bibliothekswesen

Berlin NW7, den 12. August 1933
Unter den Linden 38

Tageb. P. Nr. 314/33

Da der Herr Minister durch Erlaß vom 28. Juli d.J. -UI Nr. 22 142, UII R- angeordnet hat, daß alle in der Ausbildung für den Bibliotheksdienst befindlichen nicht-arischen Praktikanten zu entlassen sind, ist Ihre Zulassung zur Ausbildung für den Dienst an volkstümlichen Büchereien damit aufgehoben. Ihre Praktikantenzeit an der Bücherhalle in Hamburg ist beendet.

Ihre Papiere wollen Sie sich vom Herrn Direktor der dortigen Bücherei aushändigen lassen.

Dr. Kruss

Fräulein Dr. Ruth Kantorowicz
Hamburg
(durch den Herrn Direktor der
Öffentlichen Bücherhalle)

A 1/b VII 32 : 1000

Entlassung aus der Ausbildung zum Bibliotheksdienst als „Nicht-Arierin“ am 12. August 1933.

Die Oberin im Dorstener Ursulinenkloster, Mater Petra Brüning, bedeutete für Schwester Benedicta eine wichtige Hilfe in der Sorge um Rosa Stein und Ruth Kantorowicz. Sie hatten sich kennengelernt, als Schwester Benedicta noch Dozentin in Münster war. Es existieren noch 25 an Mater Petra gerichtete Briefe aus der Zeit von 1934 bis 1942.

Petra Brüning, die Priorin des Ursulinenklosters in Dorsten und an Hedwig Düllberg, Marburg, bittet sie um Mithilfe, der eingeschüchterten und ängstlichen Ruth Lebensorientierung zu geben. Zur Arbeitslosigkeit seit 1935 kommt der Vermögenseinzug durch die Nationalsozialisten hinzu. Ruth wünscht sich, in einem Karmelkloster geistliche Heimat zu finden. Im September 1936 tritt sie bei den Karmelitinnen in Maastricht ein. Zehn Monate dauert der Klärungsprozess seitens der Schwestern mit dem für Ruth Kantorowicz schmerzlichen Ergebnis, daß der Konvent ihrem Eintritt nicht zustimmt. Die Karmelitinnen übernehmen aber für sie bis auf weiteres die Kosten für den Aufenthalt bei den Ursulinen in Venlo.

Als „Mädchen für alles" macht Ruth Kantorowicz sich im Hause der Ursulinen nützlich. Gleichzeitig führt sie eine Aufgabe fort, die sie schon seit 1935 mit Schwester Benedicta in besonderer Weise verbindet: sie überträgt in Maschinenschrift Tausende von Manuskriptblättern. Vertraut mit der Handschrift von Schwester Benedicta entschlüsselt sie die oft wenig übersichtlichen Gliederungen der Textes mit den Änderungen, Einschüben und Fußnoten. Noch am 5. August 1942 bittet Schwester Benedicta in dem kurzen Brief aus dem Lager Westerbork um Zusendung des Manuskriptes von Venlo an den Karmel in Echt. Ruth Kantorowicz ist es zu verdanken, daß viele Manuskripte von Edith Stein, die nur verstreut, beschädigt und unvollständig vorliegen, später wiederhergestellt werden können.

Als ängstliches kleines Mädchen von drei Jahren ließ Ruth sich voll Vertrauen an der Hand von Edith Stein in ein anderes Zimmer führen. Wer konnte damals ahnen, daß sie auf ihrem letzten Weg in die todbringende Gaskammer von Birkenau an der Seite von Edith Stein sein würde. Ihre Nähe wird sie gestärkt haben, mit ihr erfährt sie, was sie noch wenige Monate zuvor aus den Manuskriptbättern der „Kreuzeswissenschaft" abgetippt hat:

„Kein Menschenherz ist je in eine so dunkle Nacht eingegangen wie der Menschensohn in Gethsemani und Golgotha. In das unergündliche Geheimnis der Gottverlassenheit des sterbenden Gottmenschen vermag kein forschender

Geist einzudringen. Aber Jesus kann auserwählten Seelen etwas von dieser äußersten Bitterkeit zu kosten geben. Es sind seine treuesten Freunde, denen er es als letzte Probe ihrer Liebe zumutet. Wenn sie nicht davor zurückschrecken, sondern sich willig hineinziehen lassen in die Dunkle Nacht, dann wird sie ihnen zum Führer. Das ist die große Kreuzerfahrung: äußerste Verlassenheit und eben in dieser Verlassenheit die Vereinigung mit dem Gekreuzigten. Kreuz und Nacht sind der Weg zum himmlichen Licht: das ist die frohe Botschaft vom Kreuz."

Dokumente

Pater Heinrich Horster in Steyl am 23. April 1949 an die Priorin des Kölner Karmels über Leben und Verhaftung von Dr. Ruth Kantorowicz

Nachdem ich Ihr Büchlein „Edith Stein" mit großer Anteilnahme gelesen habe, fühle ich mich angetrieben, Ihnen meine Gedanken zu den beiden letzten Kapiteln zu schreiben, selbst unter der Voraussetzung, daß ich Ihnen keine neuen Erkenntnisse vermitteln kann. Ich habe nämlich den letzten schmerzlichen Abschnitt des Lebens der Schwester Benedicta aus nächster Nähe miterleben dürfen.
Seit 1940 war ich Beichtvater der in Ihrem Büchlein mehrfach erwähnten Frl. Ruth Kantorowicz. Sie werden wissen, daß Frl. Ruth versuchte, im Karmel Maastricht Aufnahme zu finden. Sie trat auch ein, aber bald mußte sie das Kloster verlassen, weil sie körperlich viel zu schwach war. Sie lebte dann in einem Damenheim, das die Ursulinen in Venlo in Verbindung mit ihrem Kloster betreuen. Die Schwestern im Karmel bezahlten diesen Aufenthalt.
Weil Frl. Ruth nun in den letzten Jahren sehr geängstigt war, hatte sie das Bedürfnis, sich bei mir auszusprechen, wenn ich jede Woche von Steyl nach Venlo kam, um bei den Ursulinenschwestern Beichte zu hören. Bei diesen Gelegenheiten erzählte dann Frl. Ruth ihren Lebensgang, erzählte auch, wie sie mit Frl. Dr. E. Stein befreundet sei, ihre Bekehrung usw.

Pater Heinrich Horster SVD betreute von Steyl aus das Ursulinenkloster in Venlo, wo Ruth Kantorowicz Unterkunft gefunden hatte. Seinem Bericht verdanken wir wichtige Einzelheiten zum Leben von Ruth Kantorowicz.

Die Gespräche waren für mich sehr anregend, weil auch Frl. Ruth an philosophischen Fragen stark interessiert war. Während einer dieser Unterhaltungen zeigte sie mir das Manuskript der Schwester Benedicta, „Der hl. Johannes vom Kreuz, Wissenschaft des Kreuzes". Ehrw. Schwester Benedicta hatte das handgeschriebene Manuskript der Frl. Ruth zum Abschreiben mit der Schreibmaschine gegeben. Sie behielt sich selber mit Erlaubnis der Schwester B. einen Durchschlag zurück. Diesen Durchschlag gab sie mir zum Lesen, von dem ich meinerseits mir eine Abschrift machte. Meine Abschrift umfaßt 65 Tippseiten und 5 Blatt Anmerkungen bis zu Nr. 140. Stillschweigend habe ich die Erlaubnis der Verfasserin vorausgesetzt, einmal, weil mich damals diese Schrift schon außerordentlich fesselte und auch, weil ich das sichere Gefühl hatte, daß an eine Veröffentlichung vorerst gar nicht zu denken sei.
Wie ich aus dem Schriftchen ersehen habe, hat Schwester Benedicta doch dieses ihr letztes Werk fertiggestellt, und ich werde mir bei der erstbesten Gelegenheit ein Exemplar beschaffen. Sollten Sie aber aus irgendeinem Grunde mein Manuskript gerne einsehen wollen, will ich es Ihnen natürlich gerne zur Verfügung stellen.
Darf ich Ihnen jetzt von den letzten Tagen der Frl. Ruth erzählen und dann zugleich einige Parallelen zu Schwester Benedicta ziehen? Ich möchte dann auch auf einige Unklarheiten und Unrichtigkeiten in Ihrem letzten Kapitel hinweisen.
Frl. Ruth war begreiflicher Weise auch sehr verängstigt. Ich habe selten einen Menschen gesehen, der soviel Angst gehabt hat wie Frl. Ruth. Sie wollte den Judenstern nicht tragen und ging deswegen gar nicht aus. Sie bewohnte im Kloster der Ursulinen ein abgelegenes Turmzimmer. Auch sie mußte lange Fragebogen ausfüllen. Zuletzt zeigte sie mir einen Fragebogen, der schon eine kleine Broschüre formte in der Größe dieses Schreibmaschinenbogens und 24 Seiten umfaßte. Darin mußten alle Vermögenswerte angegeben werden: bewegliches und unbewegliches Eigentum, Aktien, Wertgegenstände, Urheberrechte. Offenbar wollte sich die Gestapo durch dieses Schriftstück alle Rechte auf das Eigentum der Juden sichern.
Von der Vorladung der Schwester Benedicta bei der Gestapo in Maastricht hörte ich später von der Würdigen Mutter in Echt. Ich besuchte sie später nach 1945, weil ich hoffte, etwas über das Verbleiben der Frl. Ruth erfahren zu können.

Bei dieser Gelegenheit erzählte mir Würdige Mutter u.a., daß Schwester Benedicta beim Betreten des Büros der Gestapo in Maastricht gegrüßt habe mit: „Gelobt sei Jesus Christus!" Die Leute hätten sie nur angeschaut und wären selbstverständlich die Antwort schuldig geblieben. Würdige Mutter führte das an, um zu zeigen, daß in Schwester Benedicta ein bedingungsloser Bekennermut gewesen sei. Nach unseren Begriffen vielleicht unklug, aber sie wurde offenbar dazu getrieben, weil sie fühlte, es geht hier um mehr als um bloße Politik, es geht hier um den uralten Kampf zwischen Luzifer und Jesus.

Es ist mir noch gut in Erinnerung, wie am Sonntag, 26. Juli 1942, das Hirtenschreiben der holländischen Bischöfe verlesen wurde, in dem die Übergriffe der deutschen Regierung gegen die Juden verurteilt wurden. Ich weiß noch gut, daß wir das Empfinden hatten, daß dieses Schreiben eine Unklugheit sei, aber die Bischöfe sind ja oft von höheren Gesichtspunkten geleitet.

Die Verhaftung der katholischen Juden am Sonntag darauf, am 2. August 1942, hat uns alle geängstigt. Ich glaube, es war am Tag darauf, also am Montag, 3. August, da stand in den Zeitungen eine Erklärung des Amtsleiters der N.S.D.A.P. Schmidt etwa folgenden Inhaltes: Wenn die holländischen Bischöfe sich so für die Juden einsetzen, dann müssen wir annehmen, daß die katholischen Juden die schlimmsten sind. Deswegen haben wir uns entschlossen, zuerst die katholischen Juden zu verhaften. Das ist geschehen.

Aus dieser Erklärung des Amtsleiters Schmidt kann man wohl ableiten, daß die Schwestern und Ordensleute wirklich in testimonium fidei gestorben sind. Denn ihre Verhaftung ist ein Racheakt gegen das Hirtenschreiben der Bischöfe. Die Bischöfe und die Kirche sollten getroffen werden in der Verhaftung der jüdischen katholischen Ordensleute.

Für die zeitliche Aufeinanderfolge der Geschehnisse in den folgenden Tagen sind meines Erachtens die Berichte der beiden Männer aus Echt und der Frl. Meirowsky maßgebend, während die Zeitangaben in dem Brief des Herrn Dr. Lenig ungenau sind.

Am Sonntag, 2. August 1942, wurden zunächst in ganz Holland die katholischen Juden zusammengeholt, die aus dem Süden Hollands nach Roermond gebracht, während die aus dem Norden sogleich nach dem Lager Amersfoort gebracht wurden.

Pensionat und Kloster der Ursulinen in Venlo. Hier wurde Ruth am 2. August 1942 morgens um 7 Uhr verhaftet und abgeführt.

Frl. Alice Reis schon morgens früh um 5 Uhr,
Frl. Ruth Kantorowicz morgens um 7 Uhr in Venlo,
Sonntagvormittag Frl. Meirowsky und die Trappisten sofort nach Amersfoort,
Sonntagnachmittag 5 Uhr Schwester Benedicta und ihre leibliche Schwester.
Die Verhaftung der Frl. Ruth war noch sehr tragisch. Sie hatte an diesem Morgen noch nicht kommuniziert. Die Kommunität der Schwestern pflegt des Sonntags in der Frühe nur zu kommunizieren. Um 9 Uhr ist dann das Hochamt, weil nur eine hl. Messe ist. Man konnte Frl. Ruth gar nicht so schnell finden. Nur in aller Eile konnten die Schwestern etwas Wäsche zusammenpacken. Ich glaube, auch ohne Frühstück mußte sie aus dem Hause. Die Révérende Mère M. Imelda verhandelte noch mit den SS-Soldaten, sie suchte einzuwenden, es seien doch keine echten Juden mehr, sie sei doch getauft. Darauf sagte der SS-Soldat: „Über einen Ochsen können Sie soviel Weihwasser gießen, wie Sie wollen, es wird darum doch keine Kuh."
Als Frl. Ruth aus dem Hause ging, war sie ganz gefaßt. Die Pfortenschwester verabschiedete sich mit Tränen in den Augen und mit den Worten: „Alles für Jesus, nicht wahr, Frl. Ruth?" Frl. Ruth antwortete: „Ja, alles für Jesus!" Draußen stand ein verdeckter Lastwagen. Es waren schon Leute drin. Und die Schwestern sahen noch, wie die Leute von drinnen der Frl. Ruth eine helfende Hand reichten.
Sonntag abends ging es in zwei Überfallwagen von der Ortskommandantur Roermond nach dem Lager in Amersfoort. Die Fahrt dauerte bis Montag früh um 3 Uhr.
Gewöhnlich dauert diese Fahrt etwa 3-4 Stunden. Auf beiliegender Skizze habe ich Ihnen aufgezeichnet, wie die Fahrt wahrscheinlich gegangen ist. Denn die Autofahrer werden sicher den guten Autoweg über Nijmegen, Arnhem, dann den großen Autoweg über Utrecht, Den Haag genommen haben. Ich kenne den Weg und bin selber schon an dem berüchtigten Camp in Amersfoort vorbeigekommen. Der Fahrer muß die Autostraße zwischen Arnhem-Utrecht verlassen und da haben die Fahrer offenbar nicht den Weg gefunden, denn es mußte in jenen Jahren ja alles verdunkelt werden.
Montag früh bis Dienstag früh oder besser Dienstag abend sind die katholischen Juden dann im Camp Amersfoort verblieben. Was sie alles dort erlebt haben,

schildert der Brief des Dr. Lenig. Nur ist das Datum dort nicht zutreffend. Im Lager Amersfoort waren die Gefangenen erst am 3. August.
Wahrscheinlich am Dienstagabend sind dann die katholischen Juden im Zug von Amersfoort nach Hooghalen gebracht worden. Ich erinnere mich noch, daß die Männer, die von Venlo aus der Frl. Ruth die Sachen brachten und dann die Männer von Echt trafen, bei der Rückkehr erzählten, der Transport von Amersfoort nach Westerbork sei nachts angekommen. Auf der Skizze habe ich Ihnen die Reiseroute angezeichnet. Sie ging über Appeldoorn, Zwolle, Meppel, Hoogeveen, dann die Strecke nach Assen. Westerbork liegt seitlich von der Station Hooghalen. Der Zug habe vor Hooghalen gehalten und dann sei der Transport durch die Heide zum Camp gegangen.
Von Mittwoch früh, 5. August bis in der Nacht vom 6. zum 7. sind dann die katholischen Juden im Camp Westerbork gewesen.
Am Mittwoch, 5. August, nachmittags bekamen die Schwestern in Venlo das Telegramm vom Joodsen Raad. Ich war gerade zum Beichthören in Venlo und habe mir daheim sogleich das Telegramm und das Datum notiert! Wie ich später von den Boten hörte, haben die Schwestern in Echt dasselbe Telegramm bekommen.

> Stuur onmiddelijk per bode voor Ruth Kantorowicz naar vreemdelingencamp Westerbork bij Hooghalen warme kleren, dekens, medicamente.

Die Schwestern setzten sich sofort mit dem Joodsen Raad in Venlo in Verbindung mit dem Herrn Cohen. Der stellte seine eigenen vorbereiteten Sachen der Frl. Ruth zur Verfügung, einen Schlafsack und ein Kästchen mit Medikamenten.
Am Donnerstag, 6. August, fuhren Herr Schlütter und Herr Philipsen mit Koffern nach Hooghalen. Es ist eine umständliche Fahrt, sie waren erst um 5 Uhr in Hooghalen. Dort trafen sie mit den Männern aus Echt zusammen. Beifügen möchte ich diesem Bericht noch, daß die Männer von nachmittags etwa 1/2 6 bis 7 Uhr im Camp gewesen sind.
Die holländische Polizeiwache vor dem Lager war höchst verwundert, daß man Schwestern im Camp besuchen wollte. Sie sagten. „Es sind doch keine Schwestern hier im Camp." Erst als sie sich erkundigten, bestätigte es sich.

In einer besonderen Baracke in der Nähe des Einganges zum Camp konnten die Schwestern dann den Besuch empfangen. Die Schwestern erhielten die Erlaubnis von ihren Wohnbaracken zu der „Besuchsbaracke“ zu gehen. Herr Schlütter und Herr Philipsen erzählten auch, daß es ergreifend gewesen wäre, die Schwestern zu sehen. Sie wären aber alle recht tapfer gewesen. Zwischen Weinen und Lächeln hätten sie alles erzählt. Auch die Provinzialoberin der Schwestern der Göttlichen Vorsehung wäre dort gewesen, um eine jüdische Schwester aus ihrer Kongregation zu besuchen. Die Schwester wäre der Oberin um den Hals gefallen und hätte laut gerufen: „Moeder, Moeder, wat bin ich blij, dat ik U zie.“
Vom Camp aus gingen die Männer nach Hooghalen zurück, sie schliefen in einem Gasthaus. Am folgenden Morgen hörten sie, daß in der vergangenen Nacht, von Donnerstag auf Freitag, vom 6. zum 7. August, ein Transport aus dem Lager zum Osten gegangen sei. Bei diesem sollen die katholischen Juden gewesen sein.
Die Männer sagten, daß etwa 10-15 Ordensleute und im ganzen 1.200 katholische Juden im Lager gewesen seien. In der Nacht seien 1.000 wegtransportiert worden.
Bemerken möchte ich noch, daß Sie auf Seite 143 nicht richtig schreiben: „Ein Telegramm aus dem Lager Amersfoort.“ Von Amersfoort ist kein Telgramm geschickt worden. Das Telegramm ist am 5.8. aus dem Lager Westerbork geschickt worden.
Zu den drei kleinen Brieflein der Schwester Benedicta möchte ich folgende Gedanken äußern: Schwester Benedicta wird von früh an, wo sie im Camp Amersfoort war, bis zur Ankunft der beiden Männer aus Echt alles versucht haben, um Nachricht zu senden. Nachdem aber die Männer aus Echt dagewesen, hatte sie keinen Grund und keine Zeit, noch Briefe zu schreiben. Sie hatte keine Zeit mehr zwischen abends 7 Uhr, wo die Männer das Lager verließen, bis sie im Laufe der Nacht verladen wurde. Sie hatte eigentlich auch keinen Grund, weil sie ja mündlich alles den Herren ausrichten konnte. Ich möchte auch annehmen, daß die Schwestern die Sachen in den Koffern erhalten haben. Aus anderen Büchern über die Verschickung der Juden ist bekannt, daß die SS den Juden eine gewisse Bagage ließen. Erst in Auschwitz wurde ihnen alles abgenommen.
So möchte ich meinen, daß Brieflein 1 und 3 (Seite 146 und 147) einem Besucher oder einem entlassenen Häftling mitgegeben ist. Brieflein 2 ist in Camp Wester-

bork geschrieben, aber vor der Ankunft der Männer aus Echt, jemandem anderen mitgegeben, der auch zu Besuch dort hinkam – der „Klostermutter".
Gewiß nehmen Sie mir meine offen geäußerte Meinung nicht übel. Ich freue mich schon auf die eigentliche Biographie, denn ich glaube, daß ehrw. Schwester Benedicta nach ihrem Tode noch eine Mission zu erfüllen hat. Die Heiligen beginnen ja nach ihrem Tode erst richtig zu wirken.

Ruth Kantorowicz
Telegramm am 5. August 1942 aus dem Lager Westerbork an die Ursulinen in Venlo

Schickt bitte sofort durch Boten für Ruth Kantorowicz zum Vreemdelingencamp Westerbork bei Hooghalen warme Kleidung, Decken, Medikamente.

Alois Schlütter
Bericht über den Besuch im Lager Westerbork am 6. August 1942

Donnerstag, den 6. August 42, fuhren Herr Philipsen und ich mit Koffern beladen nach dem Juden-Camp Hooghalen. Unterwegs, nachdem wir einige Male umgestiegen waren, fielen mir zwei Herren und eine Ordensschwester auf, die immer wieder unsere Reisebegleiter waren. An der Endstation sahen wir uns nun wieder. Die Schwester bemühte sich eigens um ein Verkehrsmittel. Die zwei Herren aus Echt und wir beide hatten durch Nachfragen den Sandauto-Verkehr zwischen Westerbork und Camp Hooghalen auskundschaftet. Der Führer des Wagens sagte mir schon, daß wir die Koffer nicht durchbrächten, falls uns die SS-Streife entdecken würde. So fuhren wir nun bangen Herzens bis zum Camp.
Der Wagen hielt unmittelbar an einer Art Pavillon. Von dem Glashaus aus hatte man in alle Richtungen freie Aussicht. In diesem war die holländische Polizeiwachtstube. Der Fahrer hatte uns verraten, wir sollten auf dem schnellsten Weg versuchen, dahineinzukommen, dann seien wir unserer Sache sicher. Es klappte

auch alles so, wie es für uns klappen mußte. Die Polizei war sichtlich erstaunt, von uns zu erfahren, daß Ordensleute im Camp seien, die wir sprechen möchten. Ein kleiner jüdischer Junge, der so eine Art Ordonnanz war, wurde von draußen hereingerufen und der klärte die Angelegenheit. Er wußte sogar in welcher Baracke (ich glaube, es war Baracke 7) diese untergebracht waren. Dieser Junge wurde nun von der Polizei dorthin geschickt, die und die Person nach hier zu holen. Inzwischen war nämlich die Ordensschwester mit einem PKW bis hier gekommen. Wir erfuhren, daß es die Mutter Oberin sei (ich glaube, Josefsschwestern Roermond), aus deren Kommunität auch eine Schwester hier im Camp war. Der Junge kam nun mit all denen an. Fräulein Ruth entdeckte mich schon von weitem und winkte freudig. Alle trugen den Stern. Wir versuchten mit Frl. Ruth allein zusammenzukommen und die Polizei wies uns ein Plätzchen hinter dem Pavillon an, wo wir ihr auch alles persönlich überreichen konnten. Soviel ich weiß, haben auch alle anderen ihre Pakete persönlich in Empfang genommen. Fräulein Ruth schilderte uns kurz die Behandlung, die sie bis dahin erdulden mußten. Nach der Verhaftung seien sie alle in Amersfoort eingeliefert worden. Von hier wurden sie nachts per Güterzug nach Hooghalen transportiert. Alle wurden gezwungen, auf freiem Feld auszusteigen, und durch Land, Wald und Heide wurden sie so zum Camp getrieben. Hier wurden die Katholiken von den anderen getrennt. So war Fräulein Ruth schon an sich froh, mit Ordensleuten zusammen zu sein. Sie ständen morgens zeitig auf und würden gemeinsam das Morgengebet beten. Es waren ja auch Trappistenpatres und Brüder bei ihnen, leibliche Brüder, es waren drei oder vier Mann. Diese kamen auch in ihrer Tracht und Judenstern zu uns Besuchern. Ob auch Besucher für diese unter uns waren, kann ich nicht mit Sicherheit sagen.
Fräulein Ruth äußerte noch ihre Hoffnung, daß ihnen bald gestattet würde, jeden Morgen eine hl. Messe feiern können. Nachdem die SS-Streife durch einen schrillen Pfiff kundtat, daß die Häftlinge wieder zurück müßten in ihre Baracke, rief Fräulein Ruth die Karmelitin zu uns und stellte uns kurz vor. Es war erbaulich für mich, wie ruhig und gesammelt diese Schwester war.
Als ich mein Mitgefühl ausdrückte, sagte die tapfere Schwester: „Was auch kommen mag, ich bin auf alles gefaßt. Auch hier ist das liebe Jesuskind unter

uns!" Mit einem kräftigen Händedruck wünschte sie mir und denen, die mit mir waren von Herzen Gottes Segen. Als ich meine Dienste anbot, sagte sie, um sie brauchten wir uns nicht zu sorgen, sie ständen in Gottes Hand. Nun verabschiedeten wir uns auch von alle den andern, wobei mir die Kehle zugeschnürt war. Sie gingen geschlossen weg zu ihrer Baracke. Alle winkten nochmals zurück, Schwester Benedicta aber ging gesammelt ihres Weges.
Nun konnten wir an dem Mittag nicht zurück bis Venlo, und haben dann vorgezogen, in Hooghalen zu übernachten. Am anderen Morgen zeitig machten wir uns auf die Beine. An dem kleinen Bahnhof sah ich zwei Herren mit dem Judenstern. Ich sagte zu Herrn Philipsen: „Die werde ich doch mal ansprechen." Nun meinte Herr Philipsen, es sei doch zu gefährlich. Man durfte sich ja nicht offiziell mit einem Juden unterhalten. Ich tat es dennoch. Auf meine Frage, ob sie auch aus dem Camp Hooghalen seien, bejahten sie es, und als ich mich erkundigte, ob sie Baracke 7 kennten, wollten sie wissen, daß in dieser Nacht alle Katholiken und Ordensleute verfrachtet worden seien, wahrscheinlich zum Osten.

Jean Philipsen
Brief vom 29. Oktober 1949 an die Priorin des Echter Karmels über den Besuch im Lager Westerbork

In „De Linie" vom 14. Oktober fand ich einen Artikel über Fräulein Stein, eine heilige Teresia, wie ich es so sagen möchte. Dr. Ruth Kantorowicz, die in dem Kloster der Ursulinen wohnte, hat Unterzeichneter mit Herrn Schlütter im August 1942 besucht und ihr Gepäck gebracht in Begleitung von Baronin van Voorst tot Voorst aus Meerssen. Trotz der scharfen Kontrolle der SS haben wir sie (Edith Stein) doch noch gesprochen. Ich kann sie nur eine Heilige nennen. Sie hatte ein liebes Wort für alle ihre Mitgefangenen. Sie war fröhlich und gut gelaunt. Die weiteren herzzerreißenden Szenen, die wir dort gesehen haben, kann ich Ihnen nicht beschreiben, aber Sie können sich da wohl hineindenken.
An demselben Abend haben wir in Beilen, einem kleinem Örtchen, logiert, um sie am Morgen noch einmal zu besuchen. Das hatten wir ihr versprochen. Aber

jammerschade, sie sind in derselben Nacht noch weggebracht worden. Wohin, das wußten wir nicht. Wir meinten nach Schlesien oder Sibirien? Das konnten wir nicht herausbekommen. In diesem Lager waren Geistliche und Schwestern aus verschiedenen Orden, alle mit einem Stern. Ich fand es traurig, aber wir konnten weiter nicht helfen. Selbst war ich wieder froh, als wir wieder zu Hause waren und ich stand sehr unter dem Eindruck, von dem, was ich da gesehen hatte. Aber nochmals teile ich Ihnen mit, daß sie sehr lieb war zu ihren Mitgefangenen.
Das Einzige, was wir tun konnten, war beten und wir wiederholten stets wieder in unseren Gedanken: „Herr, dein Wille geschehe!“

Alice Reis

Alice Reis

„Muß ich auch wandern in finsterer Schlucht, ich fürchte kein Unheil; denn du bist bei mir.“
Psalm 23,4

Im Taufbuch der Abtei Beuron steht für das Jahr 1930 als 6. Eintragung:
Alice Maria Reis, ledig, Fürsorgeschwester in Darmstadt,
Geboren am 17. September 1903 in Berlin,
Eltern: † Martin Reis (Kaufmann), Franziska, geb. Kaufmann, beide jüdisch,
Ort und Tag der Konversion: Beuron, 27. Dezember 1930,
Zeugen: Mathilde Maria Wißler, Dr. med., Mannheim,
Edith Stein, Dr. phil., Speyer.
Priester: P. Gotthard Klocker OSB.

Viel wissen wir nicht von Alice Reis, von ihren Eltern, ihrer Jugend in Berlin. Das erste uns vorliegende Dokument bezieht sich 1927 auf eine fünfmonatige Tätigkeit als Sekretärin und Lernschwester in einer chirugisch-orthopädischen Klinik in Erfurt. Danach wird Alice in den Städt. Krankenanstalten von Mannheim Krankenpflegeschülerin. Im September 1928 besteht sie mit der Note „sehr gut“ das staatliche Examen. Vom März 1929 bis Dezember 1931 arbeitet sie beim hauptamtlichen Vertrauensarzt der Allgemeinen Ortskrankenkasse in Darmstadt. Dort kommt sie in Kontakt mit Kaplan Alfred Schüler, der ihre Hinwendung zum katholischen Glauben begleitet, aber auch den Nervenzusammenbruch nach der aufgelösten Verlobung mit einem jungen Mannheimer Kaufmann miterlebt.

Alice Reis sucht eine neue Lebensorientierung und wünscht sich die Aufnahme in einen Orden. Sie nimmt Beziehungen zu den Schwestern vom Guten Hirten in den Niederlanden auf, wo sie als Postulantin eintritt. Ein schweres Asthmaleiden hindert den weiteren Verbleib in der Kongregation. Die Schwestern kümmern sich jedoch fürsorglich um ihr Schicksal, zumal die Verfolgung der Juden immer offensichtlicher wird. Alice leidet unter den gescheiterten Lebensplänen, im Gebet sucht sie Trost und Stütze. Die Verhaftung löst große Fassungslosigkeit bei

Alice Reis, wahrscheinlich in der Darmstädter Zeit

ihr aus. In dieser Not macht sie bei der Einlieferung in das Lager Amersfoort die Entdeckung, daß von nun an ihre Taufpatin bei ihr ist.
In ihren tiefsten Ängsten erfährt sie nun die Zuwendung von Schwester Benedicta. Wir dürfen fest davon überzeugt sein, daß diese sie in der Bitterkeit der gemeinsamen Passionswoche zu dem Du Gottes führt, so wie die Verse von Psalm 23 es verheißen.

Dokumente

Änny Schüler schreibt am 1. September 1968 über die Erinnerungen ihres Bruders Prof. Alfred Schüler an Alice Reis

Alice Reis war Sekretärin bei der Allgemeinen Ortskrankenkasse Darmstadt. Sie kam zu meinem Bruder, der damals Kaplan in St. Ludwig zu Darmstadt war, zwischen 1928 und 1930. Sie wünschte Unterricht und wurde auf die Taufe vorbereitet. Sie wünschte die Taufe in Beuron zu empfangen. Sicher auf Anregung von Edith Stein; hat aber den Namen von Edith Stein niemals erwähnt. Am 27. 12. 1930 wurde sie in Beuron getauft. Taufpatin war Edith Stein.
Alice Reis war verlobt und versprochen mit einem reichen Mannheimer Juden, Sohn eines großen Kaufhauses. Als die Eltern des Bräutigams von der Konversion hörten, stellten sie ihren Sohn vor die Wahl: Frau oder Erbe! Der Sohn wollte die Enterbung nicht auf sich nehmen und löste die Verbindung mit Alice Reis.
Für Alice Reis löste dies einen schweren Schock aus. Sie lag lange als Patientin im Marienhospital zu Darmstadt, wo mein Bruder sie des öfteren besuchte. Es tauchten Klostergedanken auf. Mein Bruder riet ab, vermutete zuerst als Grund die große Enttäuschung. Sie kam aber vom Thema nicht ab, und der Klosterwunsch stellte sich als ein tiefes Gottsuchen heraus.
Nach Jahren hörte mein Bruder von ihrem Eintritt in Günterstal bei den Liobaschwestern. Er schrieb dorthin, erfuhr aber nichts Näheres. Auf eine spätere Anfrage in Günterstal erfuhr mein Bruder, daß sie in ein holländisches Kloster eingetreten sei.

ALLGEMEINE ORTSKRANKENKASSE DARMSTADT-STADT

Geschäftsstelle: Blumenthalstraße 7 · Fernsprecher Nr. 386 und 387

Postscheckkonto Nr. 102 93 Frankfurt a. M. · Bankkonten: Bank der Arbeiter, Angestellten u. Beamten A.-G. · Darmstädter u. Nationalbank
Darmstädter Volksbank · Deutsche Bank und Disconto-Gesellschaft · Städtische Sparkasse Darmstadt · Reichsbank-Girokonto

An
Schwester Alice R e i s

Freiburg-Günterstal /i.Br.

Riedbergstrasse 5

Ihre Zeichen	Ihre Nachricht v.	Unsere Zeichen	Tag
....	....	....	28.12.31.

Betreff: Z E U G N I S !

Schwester Alice Reis, geb. am 17.9.03. zu Berlin, war vom 11. März 1929 bis 31. Dezember 1931 bei unserer Kasse als Krankenschwester in der vertrauensärztlichen Abteilung tätig.

Ihre Dienstobliegenheiten bestanden in der büromässigen und fürsorgerischen Arbeit für die vertrauensärztliche Abteilung und hat sie sich während ihrer Tätigkeit in diesen Zweigen der Krankenversicherung auf das Beste bewährt. Im Verkehr mit dem Publikum als Sprechstundenhilfe hat Schwester Alice Reis mit Takt und Verständnis dieser nicht geradezu leichten Arbeit vorgestanden. Weiterhin war sie als Gesundheitsfürsorgerin in der Krankenkontrolle sowie in der Heilmittelabgabe tätig.

Ihr Austritt erfolgt auf eigenen Wunsch wegen Übersiedlung nach Freiburg i.Br.

Der Vorstand
der Allgemeinen Ortskrankenkasse
Darmstadt.
Stark

O. 5000. 6. 11. 31.

Zeugnis für Alice Reis als Krankenschwester in der vertrauensärztlichen Abteilung der Allgemeinen Krankenkasse Darmstadt-Stadt.

Zum ersten Mal hörte mein Bruder wieder etwas von Alice Reis über den Karmel in Köln, wo eine seiner Studentinnen eingetreten war. Schwester Renata Teresa von Jesus gab zwei Anschriften, die wir anschreiben sollten: Die Schwestern vom Guten Hirten in Zoeterwoude und in Almelo. Beide Antwortbriefe sind im Archiv des Kölner Karmels.

Schwester Bonaventura in Almelo
Brief vom 15. Dezember 1967 an Änny Schüler in Darmstadt über Leben und Verhaftung von Alice Reis

Ihr freundliches Schreiben habe ich mit großer Aufmerksamkeit gelesen. Gern erzähle ich Ihnen etwas von unserer unvergeßlichen Schwester Alice.
Sie war bei uns in Leiderdorp im Noviziat, ich erinnere mich noch an Schwester Benedikta. Nach ihrem Austritt kam sie in unser Haus zu Bloemendaal bei Haarlem. Dies ist ein Beobachtungshaus, und früher hatten wir dort auch noch ein Kinderheim. Schwester Alice war dort als Krankenschwester. Die Situation wurde für Juden sehr brenzlich, und darum schien es vorsichtiger zu sein, daß Schwester Alice von der Küste wegging. Übrigens wurde unser Haus zu Bloemendael im Dezember 1940 von der Besatzung gefordert. Einen Monat eher – am 9. November 1940 – kam Schwester Alice nach Almelo. Schwester Magdalena, die damals in Nijmegen studierte, nahm sie von N. aus mit. (Diese Schwester war auch beim „großen Abschied" mit dabei und hat diesen tragischen Tag nie vergesssen.)
In Almelo arbeitete Schwester Alice auch auf der Krankenstation im Kinderhaus. Sie wurde auch beauftragt, Besorgungen zu machen, Mädchen zu begleiten, und außerdem hatte sie einige Abende Dienst bei unsern berufstätigen Mädchen, eine separate Abteilung, die später als Haus für berufstätige Mädchen (ein home auf der Ootmarsumsestraat) „auswuchs".
Man kann nicht sagen, daß Schwester Alice sich glücklich fühlte. Immer wieder holte sie frühere Fotos vom Heuberg usw. zum Vorschein. Es war eigenartig, wenn man lieb zu ihr war, fühlte sie sich „unheimlich". So wollte sie absolut nicht haben, daß jemand im Haus von ihrem Geburtstag (17. September 1903) sprach,

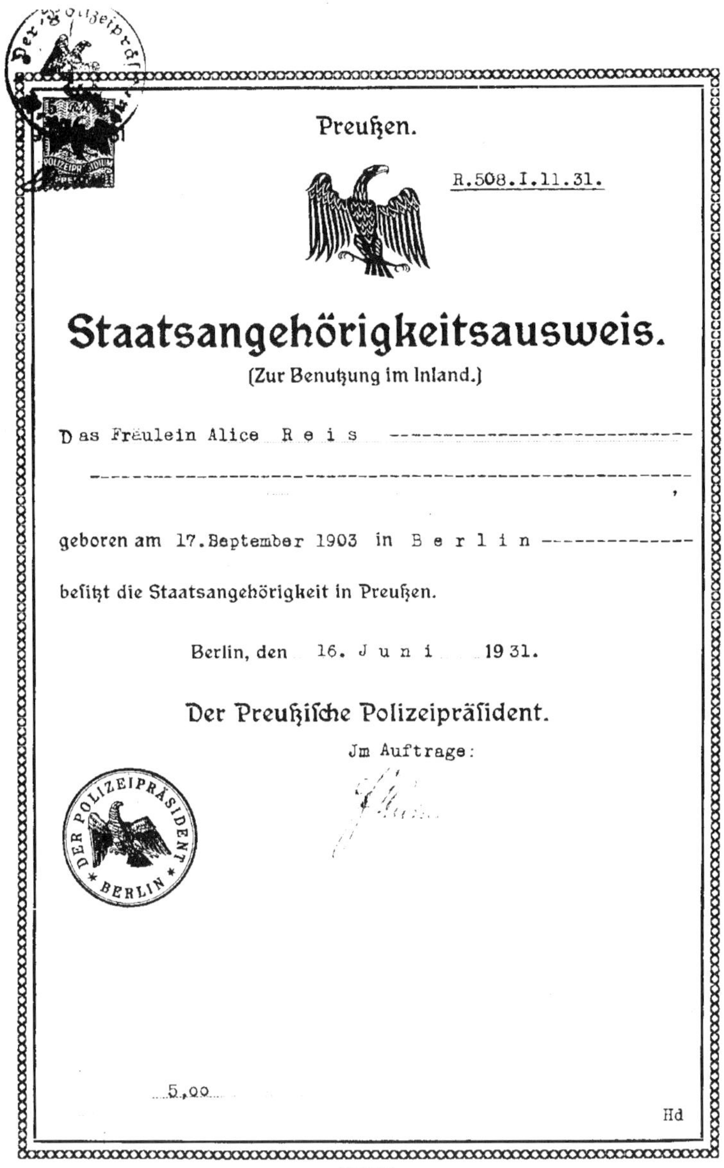

Preußen.

R.508.I.11.31.

Staatsangehörigkeitsausweis.

(Zur Benutzung im Inland.)

Das Fräulein Alice Reis

geboren am 17.September 1903 in Berlin

besitzt die Staatsangehörigkeit in Preußen.

Berlin, den 16. Juni 1931.

Der Preußische Polizeipräsident.

Jm Auftrage:

DER POLIZEIPRÄSIDENT BERLIN

5,00

Hd

Urkunde über die preußische Staatsangehörigkeit von Alice Reis.

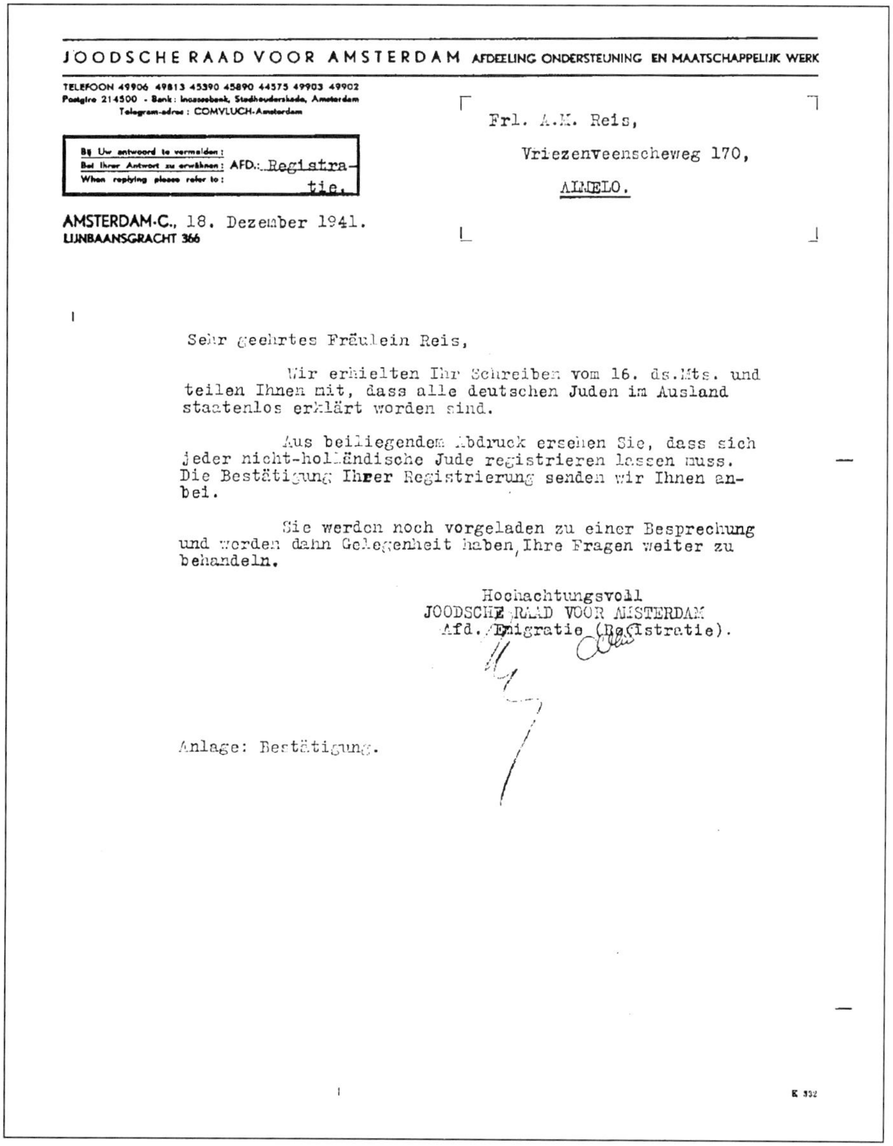

JOODSCHE RAAD VOOR AMSTERDAM AFDEELING ONDERSTEUNING EN MAATSCHAPPELIJK WERK

TELEFOON 49906 49813 45390 45890 44575 49903 49902
Postgiro 214500 - Bank: Incassobank, Stadhouderskade, Amsterdam
Telegram-adres: COMVLUCH-Amsterdam

Bij Uw antwoord te vermelden:
Bei Ihrer Antwort zu erwähnen: AFD.: Registratie.
When replying please refer to:

AMSTERDAM-C., 18. Dezember 1941.
LIJNBAANSGRACHT 366

Frl. A.M. Reis,
Vriezenveenscheweg 170,
ALMELO.

Sehr geehrtes Fräulein Reis,

Wir erhielten Ihr Schreiben vom 16. ds.Mts. und teilen Ihnen mit, dass alle deutschen Juden im Ausland staatenlos erklärt worden sind.

Aus beiliegendem Abdruck ersehen Sie, dass sich jeder nicht-holländische Jude registrieren lassen muss. Die Bestätigung Ihrer Registrierung senden wir Ihnen anbei.

Sie werden noch vorgeladen zu einer Besprechung und werden dann Gelegenheit haben, Ihre Fragen weiter zu behandeln.

Hochachtungsvoll
JOODSCHE RAAD VOOR AMSTERDAM
Afd. Emigratie (Registratie).

Anlage: Bestätigung.

K 332

Mitteilung durch den Joodsche Raad, daß alle deutschen Juden im Ausland für staatenlos erklärt worden sind.

selbst unseren Mädchen erlaubte sie nicht, „Sie lebe hoch" zu singen. Wohl war sie voll und ganz in ihrem Beruf als Krankenschwester. Als wir einmal niemand auf der Krankenstation hatten, „betete" sie geradezu um Kranke.
Im Jahre 1942 mußte sie den Stern tragen. In diesem Jahre wurde die Oberin des Hauses (die längst verstorbene Schwester M. Agatha) nach Arnheim und nach Zwolle zur SS gerufen und schließlich zum Gauleiter, der in Almelo wohnte und als Henker verschrien war. Im letzten Falle galt es Schwester Alice. In den anderen Fällen handelte es sich um Anklagen gegen die Leitung des Hauses, die deutschfeindlich genannt wurde. Es waren damals nur deutsche Schwestern hier. Der Gauleiter versprach den beiden Schwestern (Schwester Magdalena begleitete jedesmal die Oberin), daß Schwester Alice keine Gefahr drohe. Sie dürfe bleiben. Noch keine Woche später – am 2. August 1942 – erschien in der Frühe um 5 Uhr ein Auto der SS. Schwester Oberin, die inzwischen verstorbene Schwester Assistentin und Schwester M. Magdalena wurden ins Sprechzimmer gerufen und man hat zwei volle Stunden hin und her gesprochen – wegen Schwester Alice. Wir sollten sie herausgeben und weigerten uns. Schwester Alice war leidend, Asthma. Es half nicht. Um 7 Uhr mußte Schwester Magdalena zu Schwester Alice gehen und ihr das Entsetzliche mitteilen. Ganz gegen ihre Gewohnheit lag Schwester Alice noch zu Bett. Gewöhnlich stand sie früh auf. Sie war sehr fromm und betete jeden Tag das Marienoffizium. Auch sonntags war sie schon eine halbe Stunde vor der Messe in der Kapelle. An diesem Sonntag nicht.
Als sie hörte, daß sie „gefordert" wurde, schrie sie voll Entsetzen auf: „Nein, nein, nein!" Sie warf sich gegen die Wand und schrie stets wieder „Nein!"
Schwester M. Magdalena hatte es recht schwer, sie zu überzeugen, daß dem Hause, den 180 Mädchen und allen Ordensfrauen große Gefahr drohe, wenn sie sich widersetzte.
Schwester Alice war übrigens vorbereitet auf diese Stunde, denn Mutter Oberin hatte vor der Zeit Stiefel und gröbere Kleidung anschaffen müssen im Falle der „Forderung" bzw. Auslieferung. Schwester Alice hatte dies bei sich.
Schließlich ergab sie sich in ihr Schicksal und ging – ganz gebrochen – am Arm der Schwester Magdalena mit nach unten. Oben auf dem Gang vor der Krankenstation fiel sie ihr um den Hals und bat um Verzeihung, weil sie oft unleidlich

gewesen war. Ganz schrecklich muß dieser Augenblick gewesen sein, besonders weil Schwester Magdalena drängen mußte. Die Zeit verstrich so schnell.
Im Nu nahm die SS (drei Herren) Schwester Alice in Empfang, sie mußte ins Auto und wenige Augenblicke später war alles vorbei. (Schwester Magdalena mußte wie gewöhnlich das Hochamt spielen, sie konnte es beinahe nicht, was zu begreifen ist.)
Am Montag, dem 3. August (Anmerkung: Es muß Mittwoch, der 5. oder Donnerstag der 6. August gewesen sein), rief Schwester Alice vom Lager Westerbork an und erzählte, daß sie im Lager ihre Patin Schwester Benedicta a Cruce (Edith Stein) getroffen habe. Das war für uns eine große Erleichterung. Dr. Edith Stein war hier als Gelehrte von Tagungen (in Deutschland) bekannt, und man durfte wohl darauf rechnen, daß Schwester Alice nicht mehr einsam war. Sie erwähnte auch, daß im Lager fürchterliche unhygienische Zustände herrschten und sie bat um Verband, Spritzen, Medikamente usw. Wir schickten direkt eine Vertrauensperson nach Westerbork. Wir hatten auch Lebensmittel usw. mitgegeben. Die Leitung des Lagers nahm alles in Empfang, aber Schwester Alice war schon auf Transport. So etwas sagte man aber erst hinterher. Sie hat also nichts von unserer Sendung empfangen, auch den Brief nicht.
Viele Jahre hat man Bücher und Kleidung von Schwester Alice hier aufgehoben – in der Hoffnung, daß sie gerettet zurückkommen würde. Wir haben nie etwas vernommen. Unser Kontakt mit dem Karmel in Echt hatte in dieser Hinsicht keinen Erfolg.

Schwester vom Guten Hirten in Zoeterwoude über das Leben und die Verhaftung von Alice Reis

Alice Maria Reis, geboren in Berlin, am 17. September 1903. Die Eltern jüdischer Abkunft sind gestorben, Näheres unbekannt.
Alice kam im Jahre 1934, zwei Jahre nach ihrer Konversion nach Holland durch Vermittlung unserer Schwestern vom Guten Hirten in Rastatt, um als Postulantin im Provinzialhaus in Leiderdorp einzutreten. Kurze Zeit nach ihrer Einkleidung wurde sie jedoch entlassen, teils wegen ihrer schwachen Gesundheit (sie hatte ein

Schwester Agatha Wichert, 1942 Oberin des Hauses der Schwestern vom Guten Hirten in Almelo, wo Alice Reis seit November 1940 wohnte.

schweres chronisches Asthmaleiden), teils, da sie für unsere Berufstätigkeit nicht geeignet schien. Wegen der Zeitverhältnisse war damals eine Rückkehr nach Deutschland unerwünscht und so blieb sie als Laienhilfe in unserem Beobachtungsheim in Bloemendaal.
Nach der Besetzung Hollands mußte sie jedoch als Nicht-Arische auch dieses Haus verlassen, welches an der Küste lag, und wo kein Nicht-Arier verbleiben durfte. Nach kurzem Aufenhalt in Velp kam Alice dann nach Nijmegen nach Hl. Landstiftung (Ort) und bat dann hier um Aufnahme. Am 9. November kam sie zu uns und half bei den kranken Kindern und besorgte Ausgänge, begleitete Kinder usw.
Während des kurzen Aufenthaltes in Nijmegen lernte sie die Priorin des dortigen Karmels kennen, mit welcher sie dann in Briefwechsel blieb und wo sie im Frühjahr um Aufnahme bat, welche ihr aber wegen der schwächlichen Gesundheit und da sie keine Mitgift einbringen konnte, nicht gewährt wurde. Alice litt sehr unter den schweren Zeitverhältnissen und man kann sich daher ihre gewisse Unruhe erklären. Ob sie nach der Absage von Nijmegen oder auch schon früher um Aufnahme in den Karmel zu Echt gebeten hat, ist uns unbekannt. Immerhin war es eine tiefreligiöse Seele, die uns durch ihren Gebetsgeist sehr erbaute. Man merkte, daß sie begabt war und eine gute Ausbildung genossen hatte.
Am Sonntag nach der Verlesung des Hirtenbriefes wegen der Judenverfolgung, am 2. August 1942, wurde Alice Reis dann morgens um 5 Uhr von der Polizei abgeholt. Aller Protest unsererseits bei verschiedenen Instanzen und der Hinweis auf ihre schwache Gesundheit waren erfolglos.
Wie wir aus einem Brief von Dr. med. F. M. Levisohn aus Doorwerth erfuhren, waren die am 2. August 1942 entführten Juden zuerst in Amersfoort untergebracht, von wo sie am Montag, den 3. August, zum Kamp in Westerbork transportiert wurden. Von dort erreichte uns am 6. August ein kleines Briefchen (wir hatten einige Freimarken mitgegeben), worin sie mitteilte, daß im dortigen Lager u.a. fünf Ordensschwestern seien, darunter ihre Patin Schwester Benedicta aus Echt und zwei Trappistinnen aus Tilburg. Sie bat sodann, doch sofort einige warme Kleidungsstücke zu schicken, Verbandsachen usw., es fehle an allem.
Am gleichen Abend kam dann ein Telegramm, worum sie um die gleichen Sachen

Aus diesem Haus wurde Alice Reis am 2. August 1942 um 5 Uhr morgens verhaftet und abgeführt.

bat, welche wir noch am Abend als Eilgut absandten. Da Alice mitteilte, sie würden weitertransportiert, suchten wir am nächsten Morgen noch jemand zu finden, der persönlich nach Westerbork bzw. Assen reisen wolle, um die Sachen dorthin zu bringen. Unser Hochw. Herr Dechant stellte sich sodann telefonisch mit dem Hochw. Pfarrer von Assen in Verbindung, mußte aber leider von diesem erfahren, daß die lieben Schwestern am gleichen Morgen in der Frühe um 3 1/2 Uhr mit mehreren anderen weiter transportiert worden seien nach dem Osten. Da nach dem Gedenkzettel von Ihrer teueren Schwester Benedicta dieselbe jedoch schon am 6. August (Anmerkung: Es handelte sich um den 7. August) im Bahnwagen gesehen wurde, läßt sich nicht sagen, ob die lieben Schwestern schon früher oder aber getrennt weitertransportiert worden sind.
Nachher haben wir leider nie mehr etwas erfahren und wir haben kaum Hoffnung, daß Alice bei ihrem starken Asthmaleiden noch lange gelebt hat. Immerhin hoffen wir, daß ihr starker Glaube und das hehre Beispiel der Ordensschwestern ihr geholfen haben, das schwere Schicksal in hl. Ergebung zu tragen, und nun sie dort den Lohn genießt für all die vielen Opfer, die ihr auf dem Lebensweg zuteil wurden.

Annemarie Goldschmidt
Elfriede Goldschmidt

Annemarie Goldschmidt (1938)

Elfriede Goldschmidt (1939)

„Wir halten guten Mut und halten mit den anderen zusammen."

Brief von Annemarie und Elfriede Goldschmidt aus dem Lager Westerbork

Zuversicht und Solidarität im gemeinsamen Schicksal sind die letzte Botschaft der beiden Geschwister Annemarie und Elfriede Goldschmidt aus dem Durchgangslager Westerbork. Wie Schwester Benedicta und Rosa Stein waren beide in die Niederlande gekommen, um der Verfolgung durch die Nazis zu entgehen. Am 25. März 1941 schreibt Annemarie an die befreundete Lotte Embacher in München: „Es ist beinahe 2 Jahre, daß wir weg sind. Wir hoffen nur, daß wir bald mit den Eltern vereinigt sind und daß alles jetzt gut klappt." Koningsbosch gehörte zur Gemeinde Echt und laut Meldung des Bürgermeisters vom 15. November 1940 an die Ortskommandatur in Roermond wohnten in Echt fünf Juden: 1. Goldschmidt, Annemarie, 2. Goldschmidt, Elfriede, 3. Stein, Edith, 4.Stein, Rosa, 5. Marx, Ernst.

Die Nachrichten aus dem Lager Westerbork geben Zeugnis davon, daß die Geschwister Stein und Goldschmidt auch schon vor der Verhaftung Kontakt zueinander hatten. Schwester Benedicta schreibt am 4. August 1942 aus Westerbork: „Auch die beiden lieben Kinder von Koningsbosch sind hier." Annemarie bittet in ihrem Brief vom 6. August die Oberin von Koningsbosch Grüße an die Karmelitinnen in Echt von dem Frl. Stein auszurichten, womit zweifellos Rosa gemeint ist. Der vom Karmelkloster Echt nach Westerbork gesandte Bote Pierre Cuypers erwähnt in seinem Bericht, daß Schwester Benedicta die Frömmigkeit und Zuversicht der beiden Mädchen aus Koningsbosch lobt.

Überraschenderweise ist es gelungen, einiges aus der Lebensgeschichte der Geschwister zu erfahren, obgleich sich die Spur der Familie Goldschmidt ins Unbekannte verliert. Bevor die Eltern in München (wahrscheinlich 1941) verhaftet und von den Nazis in Milbertshofen interniert wurden, übergaben sie Karl und Lotte Embacher einige Familienfotos, in der Hoffnung, daß das mit Annemarie

Bernhard Goldschmidt

Magda Goldschmidt, geb. Herzfelder (?)

und Elfriede Goldschmidt befreundete Ehepaar diese eines Tages an die zurückgekehrten Mädchen aushändigen könne. Dazu ist es nie gekommen.

Annemarie wurde am 31. Januar 1922 in München geboren, ihre Schwester Elfriede kam am 4. August 1923 auf die Welt. Da die Mädchen stets gleich gekleidet waren, wurden sie zumeist für Zwillinge gehalten. Von Annemarie wissen wir, daß sie die Schule der Englischen Fräulein in München-Nymphenburg besuchte und sich der München-Neuhauser Heliandgruppe anschloß. Beide Schwestern wurden aus „rassischen Gründen“ vom weiteren Besuch der Schule ausgeschlossen. Wahrscheinlich haben die Eltern Goldschmidt, wie viele jüdische Familien, ihre Kinder ins sichere Ausland in die Niederlande geschickt. Dort sind Annemarie und Elfriede im Sommer 1939 zunächst in Eersel in einem Kinderheim aufgenommen worden, wo sich schon zahlreiche jüdische Jungen und Mädchen aus Deutschland und Österreich befanden. Die meisten von ihnen sind später in KZs umgekommen. Nach etwa einem halben Jahr wechseln Annemarie und Elfriede in das von Schwestern geführte Mädchenheim in Koningsbosch, wo sie mit Begeisterung die Haushaltungsschule besuchen. Als diese von den Nazis aufgelöst wird, helfen sie den Schwestern bei der Betreuung der Kinder.

In ihren Briefen bitten sie die Freunde in München, die alleingebliebenen Eltern zu besuchen. Das Heimweh wird groß gewesen sein, denn bis zu ihrer Verhaftung am 2. August 1942 sind sie vier Jahre von ihnen getrennt. Ob die Eltern vor ihren Töchtern den Tod gefunden haben, ist nicht mehr auszumachen. Es konnten auch keine überlebenden Verwandten ausfindig gemacht werden, die uns mehr Auskunft über die Familie Goldschmidt geben und auch sagen, warum Annemarie und Elfriede getauft wurden noch bevor die Eltern selbst den Schritt in die katholische Kirche taten. Bernhard Goldschmidt und Magda, geb. Herzfelder (?) sollen bei Pater Rupert Mayer SJ Konvertitenunterricht genommen haben; ob es noch zur Taufe gekommen ist, wissen wir nicht.

Mutter mit den kleinen Mädchen

Annemarie und Elfriede

Annemarie und Elfriede

Mutter, Weihnachten,
mit den Fotos ihrer Töchter.

Die Schwestern in Koningsbosch haben die beiden Mädchen sehr gern, Annemarie wird von ihnen Annemie gerufen, Elfriede heißt jetzt Evi. Die Schwestern sind fassungslos als „ihre Kinder" am Nachmittag des 2. August 1942 von der Gestapo abgeholt werden. Da die Festnahme gegen 4 Uhr stattfindet, liegt die Vermutung nahe, daß das Polizeiauto von Koningsbosch zum nahegelegenen Karmel in Echt gefahren ist, wo Schwester Benedicta und Rosa Stein möglicherweise zusteigen mußten.

Das letzte Lebenszeichen von Annemarie und Elfriede ist eine Postkarte, die vom Transport nach Auschwitz auf ungekärte Weise ihren Weg nach München gefunden hat: „Wir sind wieder im Reich mit vielen Menschen zusammen."

Eine andere Postkarte, am 31. August 1942 von Ilse Brüll geschrieben, einer Freundin der Geschwister Goldschmidt aus der Zeit in Eersel, wurde von einem Transport an die Schwestern des Kinderheimes gerichtet: „Ik bin op weg naar Annemie en Evi"(Ich bin auf dem Weg zu Annemie und Evi). Was Ilse nicht wußte, dieser Weg endete in der Gaskammer von Auschwitz-Birkenau.

Dokumente

Schwester Hieronyma
Brief vom 19. Januar 1995 über die Verhaftung von Annemarie und Elfriede Goldschmidt am 2. August 1942 in Koningsbosch

Ich kam am Sonntagabend, 2. August 1942, von meinem Kloster nach Koningsbosch, um dort an den Exerzitien teilzunehmen. Die Schwestern befanden sich in großer Aufregung, denn wenige Stunden zuvor waren Elfriede und Annemarie Goldschmidt weggeholt worden. Es muß gegen 4 Uhr gewesen sein, als die Gestapo mit den beiden Mädchen unser Haus verließ. Die Schwestern hatten nach Auswegen gesucht, man hatte um Aufschub gebeten, man könne sie nicht finden usw. An ein Verstecken oder „Onderduiken" war nicht zu denken. Die

Deutsche jüdische Jungen und Mädchen im Kinderheim in s'Hertogenbosch, Niederlande.
In der zweiten Reihe: Annemarie und Elfriede mit hellen Mänteln und dunklen Kappen.

Annemarie und Elfriede (oben links) inmitten der Jungen und Mädchen in Eersel, September 1939. Erste Reihe Mitte: Inge und Ilse Brüll.

Im Kloster der Schwestern vom Kostbaren Blut in Koningsbosch wurden Annemarie und Elfriede am 2. August 1942 nachmittags gegen 4 Uhr verhaftet und abgeführt.

Soldaten forderten sie heraus. Annemarie und Elfriede begriffen noch nicht ganz, was diese Reise bedeutete. Sie hofften, doch wieder zurückkehren zu können, als sie mit ihrem Gepäck unter vielen Tränen Abschied nahmen.
Darauf teilte unsere Frau Oberin den anderen Schwestern das Vorgefallene mit. Große Niedergeschlagenheit und Entrüstung herrschte auch bei ihnen. Kurze Zeit später gingen alle zur Kapelle, um „ihre Kinder" dem Herrn anzubefehlen.
Am folgenden Tag wurde bekannt, daß zu ungefähr gleicher Zeit auch Schwester Benedicta (Edith Stein) und ihre Schwester Rosa weggeführt wurden.
Später wurden noch einmal Kleider, Decken und andere Dinge weggebracht. Wir wissen jetzt aber nicht mehr durch wen und ob es geschah auf Grund der Telegramme.

Annemarie und Elfriede Goldschmidt
Telegramm vom 5. August 1942 an das Kloster Koningsbosch

Bringt sofort Decken, warme Kleider, Stiefel von Annemarie und Elfriede Goldschmidt geb. 31.1.22 und 4.8.23 ins Fremdenlager Westerbork bei Hooghaelen Ost Drente.

Telegramm vom 6. August 1942 an das Kloster Koningsbosch

Sendet per Eilboten für uns warme Kleider und Decken mit Riemen

Annemarie und Elfriede Goldschmidt
Brief vom 6. August 1942 aus dem Lager Westerbork
an die Schwestern im Kloster Koningsbosch

Liebe Würdige Mutter und alle lieben Schwestern
Inzwischen haben Sie, so hoffen wir, von uns gehört aus verschiedenen Ecken, besondern natürlich von Herrn H. Wenn er noch nicht da ist, wartet er noch auf die Papiere seiner Frau. Wir haben es außergewöhnlich gut und haben über nichts zu klagen. Wir behalten guten Mut. Wahrscheinlich gehen wir Freitagmorgen

weg, aber das kann sich noch allzeit verändern. Wir bekamen Gelegenheit, um nach warmen Sachen zu telegrafieren, und das haben wir auch 2x getan, und wir hoffen, daß Sie den Zweck begriffen haben.
Wir sind mit einer ganzen Gruppe. Wenn wir nur beieinander bleiben. Grüßen Sie bitte ganz herzlich die Schwestern K(armelitinnen) in Echt von dem Fräulein Stein. Es geht ihnen sehr gut.
Man sagt, daß die Behandlung auch weiter gut sein soll und wir behalten guten Mut. Wir stärken uns gegenseitig. Fahren Sie fort, für uns alle zu beten. Wir senden so schnell wie möglich Bericht. Seien Sie bitte nicht besorgt.
Wenn Sie von uns etwas hören, grüßen Sie bitte auch unsere Familie.
Herzliche Grüße an die Mädchen.
(An Ihrer alle Gebete.)
Noch einmal herzlichen Dank an alle, besonders Sie liebe Würdige Mutter und Mutter Oberin, Schwester Assistentin, Schwester Felicia und Schwester Jacqueline.
Ihre dankbare Annemie

Liebe Ehrw. Mutter und alle Schwestern!
Ich hoffe es geht Ihnen gut. Annemie hat schon so viel erzählt. Wir halten guten Mut und halten mit den andern gut zusammen. Wir wissen ja, daß alle gut für uns beten. Machen Sie sich nicht zuviel Sorgen um uns. Wir sind unter guter Obhut. Nun nochmals für alles vielen Dank und viele Grüße an alle von der Küche bis zum Speicher. Wir haben hier liebe Bekannte getroffen. Viele Grüße und beten Sie für uns.
Ihre dankbare Evi

Schwester Aloysia

(Luise Löwenfels)

Schwester Aloysia Löwenfels
(vor ihrem Klostereintritt)

„Ohne den geringsten Anflug von Bitterkeit sprach sie über ihr leiderfülltes Leben.“

Pfarrer Richard Keuyk über eine Begegnung mit Luise Löwenfels

Auf dem Schwesternfriedhof der Armen Dienstmägde Jesu Christi in Geleen lesen wir auf einem Stein den Namen von Schwester Aloysia Löwenfels. Ein schnelles Nachrechnen der Lebensdaten ergibt, daß Schwester Aloysia nur 27 Jahre alt geworden ist. Als Sterbeort ist Auschwitz angegeben, als Todestag der 9. August 1942. Das ist auch der Tag des Todes von Edith Stein.

Vor dem Tag der Verhaftung am 2. August 1942 werden sie sich kaum gekannt haben. Am Abend dieses Sonntags begegneten sie sich im Lager Amersfoort und haben dann die Woche der Passion bis zum 9. August miteinander durchlitten.

Von Schwester Aloysia haben wir keine schriftliche Nachricht mehr aus Westerbork. Bekannt ist nur der Telefonanruf, mit dem sie um Zusendung von Decken, Kleidern und Brotkarten bittet. Huup Op de Kamp ist nach Westerbork gereist und konnte sie noch sprechen. Mehr wissen wir nicht von ihr aus diesen Tagen. Wir können nur ahnen, daß sie sich besonders der Kinder im Lager und auf dem Transport nach Auschwitz angenommen hat, denn sie war Kindergärtnerin.

Wer ihren Lebensweg zurückverfolgt bis nach Trabelsdorf (Bayern), wo sie am 5. Juli 1915 als neuntes und jüngstes Kind von Salomon und Sophie Löwenfels (geb. Prölsdörfer) geboren wurde, ist betroffen von der Härte ihres Schicksals. Als Zehnjährige verliert sie ihren Vater. Wie die Familie nun wirtschaftlich durchkommt, wissen wir nicht. Bekannt ist, daß Luise sich schon sehr früh zur katholischen Kirche hingezogen fühlt. Eine Schulkamerdin weiß zu berichten, daß Luise gern die Maiandachten in der katholischen Pfarrkirche im 2 km entfernten Priesendorf besuchte. Die Familie ist über die Neigungen von Luise erzürnt und macht ihr Vorwürfe.

Klassenfoto aus der Volksschule in Trabelsdorf (1913/14?)
Erste Reihe von unten: Zweiter von rechts ist ein Bruder von Luise.
Vierte Reihe: Dritte von rechts Luise Löwenfels, fünfte ihre Schwester.

Zur Ausbildung besucht Luise Löwenfels das Kindergärtnerinnen-Seminar in Nördlingen; die erste Stelle findet sie in Frankfurt in einer jüdischen Klinik. Sonntags fährt sie mit jungen Mädchen nach Schwalbach in ein Haus der Armen Dienstmägde Jesu Christi, die auch unter dem Namen Dernbacher Schwestern bekannt sind. Die Oberin dort bringt sie in Verbindung mit Richard Keuyk, von 1929 bis 1937 Kaplan an St. Bonifatius in Frankfurt-Süd. Er ist wohl der erste Priester, dem Luise sich anvertraut und mitteilt, daß sie katholisch werden möchte. Ab Mai/Juni 1935 befindet sich Luise Löwenfels dann in Recklinghausen (Westfalen), wo sie das Kind (die Kinder?) der jüdischen Familie Aron betreut. Die katholische Pauluskirche und auch das Paulusstift, in dem die Schwestern der Göttlichen Vorsehung den Pfarrkindergarten leiten und von dort aus auch in der Gemeinde mithelfen, liegen in großer Nähe zu ihrer Arbeitsstelle. Vielleicht sind es die offenkundige Hinwendung zur katholischen Kirche und die Kontakte mit den Schwestern, daß sie ihre Stelle verliert. Schwester Veronis, die in der Gemeinde auch den Konvertitenunterricht leitet, nimmt sich ihrer an. Fürsorglich vermittelt sie Luise an Familie Eppmann und deren beide Töchter Hedwig und Mathilde.

Inzwischen werden auch in Recklinghausen die Verfolgungen der jüdischen Mitbürger immer spürbarer. Herr Eppmann bittet seine Schwester, die als Ordensfrau in Eltville tätig ist, um Rat. Schwester Cortonensis ist Dernbacher Schwester. Zunächst kommt Luise Löwenfels nach Mönchengladbach-Hehn, in das Kloster „Sancta Maria“ der Dernbacher Schwestern. Der in Recklinghausen begonnene Konvertitenunterricht wird weitergeführt und am Fest der hl. Katharina von Alexandrien, einer Märtyrerin der Frühen Kirche, am 25. November 1935, empfängt sie in der Klosterkirche aus der Hand von Pater Mauritius OFM das Sakrament der Taufe. Sie erhält den Namen Maria Aloysia. In Hehn bleibt sie etwa ¾ Jahr und kehrt nach Recklinghausen zurück

Inzwischen hat Schwester Cortonensis bewirkt, daß Luise Löwenfels in ein Kloster der Dernbacher Schwestern nach Lutterade-Geleen in den Niederlanden kommen kann. Die dortige Provinzoberin, Schwester Immaculata, war zuvor viele

Einkleidung und Firmung von Luise Löwenfels am 17. September 1938
durch Bischof W. Lemmens von Roermond. Sie erhielt den Namen Schwester Maria Aloysia.
(Auf dem Bild links in der Mitte.)

Jahre Oberin in Hehn gewesen; sie ist gerne bereit, Luise aufzunehmen. Herr Eppmann und seine Tochter Hedwig bringen in freundschaftlicher Verbundenheit Luise im April 1936 nach Geleen. Am 8. Dezember 1937 tritt Luise 22jährig in die Kongregation der Armen Dienstmägde Jesu Christi ein. In der niederländischen Sprache hat sie schon solche Fortschritte gemacht, daß sie im Februar 1938 das Examen als Lehrerin im Maschinenschreiben und im April als Lehrerin der Stenographie besteht.

Am 17. September 1938 ist das Fest ihrer Einkleidung und der Empfang des Firmsakramentes durch Bischof W. Lemmens von Roermond. Ihre Freundin Hedwig Eppman ist als einziger Gast anwesend. Die Familie Löwenfels nimmt nicht teil daran, sie ist schon in die USA ausgereist. Am 12. September 1940 kann Schwester Aloysia ihre ersten Gelübde ablegen.

Vier Monate zuvor, am 10. Mai 1940, haben die Deutschen die Niederlande besetzt und bald zeichnen sich die Repressalien gegen die jüdischen Mitbürger ab. Die Oberin wird gezwungen, Schwester Aloysia aus dem Kindergarten herauszunehmen und sie nur noch mit häuslichen Arbeiten innnerhalb des Klosters zu beschäftigen. Von den Behörden nach Amsterdam beordert, wird Schwester Aloysia verpflichtet, von nun an in der Öffentlichkeit den Davidsstern zu tragen. Zu einer Mitschwester sagt sie in Vorahnung ihrer Passion: „Jetzt werden sie mich bald holen, ich weiß es."

Am 2. August 1942 ist der Tag da. Schon in aller Frühe wird sie von der Gestapo in Geleen verhaftet. Schwester Immaculata, die sich seit Jahren bemüht hatte, Schwester Aloysia zu schützen, muß zusehen, wie sie zum Überfallwagen geführt wird.

Geistlicher Rat Richard Keuyk war von 1929 bis 1937 Kaplan an St. Bonifatius in Frankfurt-Süd, wo er Luise in schwieriger Zeit half.

Pfarrer Richard Keuyk aus Oberhöchstadt
Brief vom 30. Mai 1947 an die Dernbacher Schwestern über Luise Löwenfels

Ich lernte Luise Löwenfels kennen, als ich Kaplan an der St. Bonifatius-Kirche in Frankfurt a. M.-Süd war. Die erste Begegnung mit ihr wird mir unvergeßlich bleiben. Ihre Persönlichkeit machte auf mich den stärksten Eindruck. Mit einer bewunderungswürdigen Seelenruhe berichtete sie mir zwei Stunden lang über ihr äußeres und ihr inneres Leben. Da saß ein Menschenkind vor mir, von dem ich den Eindruck gewinnen mußte, daß es, um mit den Eingangsworten des Epheserbriefes zu sprechen, von Gott in Jesus Christus auserwählt und durch Jesus Christus zu seinem Kinde vorherbestimmt war. Und nicht allein auserwählt und vorherbestimmt, es schien mir auch, als ob, um mit Paulus weiter zu sprechen, der Reichtum der göttlichen Gnade samt aller Weisheit und Einsicht auf dieses edle jüdische Mädchen ausgegossen war. Ohne den geringsten Anflug von Bitterkeit sprach sie zu mir über ihr leiderfülltes Leben, über das, was ihr bereits genommen war und über das, was sie noch verlieren sollte. Und sie öffnete dabei ihre kleine Handtasche und breitete vor meinen Augen die letzten Dinge aus, die ihr außer dem, was sie am Leibe trug, zu eigen geblieben waren. Darunter fand sich ein kostbarer Rosenkranz aus Jerusalem, den ihr die Äbtissin von St. Walburg in Eichstätt geschenkt hatte. Sie legte mir auch Briefe vor, die einer ihrer Brüder ihr geschrieben hatte, in denen sie in geradezu erschütternder Weise beschworen wurde, dem jüdischen Gesetz nicht untreu zu werden. Trotz des Schmerzes, den sie ihrer Mutter und ihren Brüdern bereitete, war sie fest entschlossen, zur katholischen Kirche überzutreten. „Ich werde katholisch," sagt sie zu mir in aller Demut und Gelassenheit, „auch wenn ich um meines Glaubens willen Deutschland verlassen und nach England oder nach Amerika gehen müßte."
Nach dieser ersten Begegnung kam sie wiederholt zu meinen Vorträgen, die ich damals über Kardinal Newman und seine religiöse Welt hielt. So oft sie mir mit ihren jüdischen Kindern, denen sie eine treue Pflegerin war, auf der Straße

Mathilde Eppmann wurde in Recklinghausen Luise zur Freundin.

Schwester Veronis Rüdel gab Luise im Paulusstift in Recklinghausen Konvertitenunterricht.

begegnete, lächelte sie auf eine Weise, die Gewinn und Verlust, Freude und Schmerz in seltsamer Mischung offenbarte. Vom elterlichen Haus wie eine Abtrünnige betrachtet, von der Äbtissin in St. Walburg in Eichstätt aus Angst vor den Nürnberger Judengesetzen nicht angenommen, hatte sie, als sie nach Frankfurt kam, für immer den Boden ihrer süddeutschen Heimat verlassen. In äußerster Armut, aber aufrecht und starkmütig, ging sie auch aus Frankfurt wieder weg, als die Haltung gegen die Juden auch dort immer drohender wurde. Ihr weiterer Weg war in Wahrheit eine via mirabilis: Aufnahme in die Kirche, Aufnahme in die Genossenschaft der Armen Dienstmägde Jesu Christi, Ablegung der hl. Gelübde, Dienst an den Brüdern und Schwestern Jesu Christi und dann Wegführung von der deutschen Staatspolizei und schließlich ihr Opfertod in Auschwitz. Ich nehme an, daß Schwester Aloysia in ihrem Tode die gleiche Haltung bewahrt hat, die sie in den Tagen auszeichnete, da ich sie kennenlernte. Ich nehme an, daß sie in der Kraft ihres heiligen Glaubens, in der Kraft des heiligen Sakramentes der Firmung, dessen Empfang sie mit heiliger Opferfreude erfüllte, das Opfer ihres jungen hoffnungsvollen Lebens gebracht und als glorreiche Märtyrerin in die Ewigkeit eingegangen ist. Darum beglückwünsche ich die Genossenschaft der Armen Dienstmägde Jesu Christi zu dem Opfertod ihrer Schwester Maria Aloysia. Ich glaube, wir brauchen nicht um ihre Seelenruhe zu beten, ich glaube vielmehr, daß wir sie anrufen dürfen.

Mathilde Eppmann aus Recklinghausen
Bericht vom 25. Juli 1981 über Luise Löwenfels

Als ich Luise Löwenfels in der Mitte der 30er Jahre in meinem Elternhaus kennenlernte, war sie bei der jüdischen Familie Aron in Recklinghausen auf der Paulusstraße zur Betreuung der Kinder (vielleicht auch nur eines einzigen Kindes) beschäftigt. Die Wohnung der Familie Aron lag in der Nähe der katholischen Paulus-Kirche und des Paulus-Stiftes. Hier lernte Luise die Ordensschwester Veronis kennen und faßte großes Zutrauen zu ihr. In Luise Löwenfels lebte eine tiefe Neigung zum katholischen Glauben. Es kam schließlich zur Konversion. Ich kann aber nicht sagen, wann und wo sie getauft worden ist. – Sie verlor ihre

Luise Löwenfels

Stellung in der Familie Aron und suchte Zuflucht bei den Schwestern im Paulus-Stift. Die Schwestern wandten sich um Hilfe für das junge Mädchen an meine Eltern, weil das Paulus-Stift schon damals unter Beobachtung der Gestapo stand. Luise Löwenfels wurde Gast in meinem Elternhaus und freundete sich mit meiner Schwester Hedwig an. Bei der wachsenden Judenverfolgung durch den Nationalsozialismus war mein Vater in Sorge für die junge Jüdin und auch seine eigene Familie. – Er wandte sich um Rat an seine eigene Schwester, die Ordensfrau Schwester M. Cortonensis im Krankenhaus in Eltville am Rhein. Dort wurde ihm mitgeteilt, daß das Kloster der Armen Dienstmägde Christi in Lutterade in Holland bereit sei, Luise aufzunehmen.
Mein Vater und meine Schwester brachten Luise über die Grenze nach Lutterade. Meine Schwester blieb in brieflicher Verbindung mit Luise. Sie erfuhr, wie dieser junge Mensch immer mehr hineinwuchs in das religiöse Leben des katholischen Glaubens und sich schließlich zum Ordensstand entschloß. Zum Tag ihrer Einkleidung am 17. 9. 1938 fuhr meine Schwester nach Lutterade und war als einziger Gast bei ihr. Sie erzählte uns bei ihrer Heimkehr, daß Luise, jetzt Schwester Aloysia, sehr froh und glücklich gewesen sei.
1942 erhielt meine Schwester von einer anderen Ordensfrau in Lutterade einen Brief, der ihr berichtete, daß Schwester Aloysia 1942 eines Tages in den frühen Morgenstunden von der deutschen Gestapo geholt worden sei. Im Ordensgewand wäre sie weggeführt worden.

Klosterchronik Geleen
Bericht über die Verhaftung von Schwester Aloysia am 2. August 1942

Am Sonntagmorgen, dem 2. August 1942, schellte es gegen halb sieben an der Klosterpforte. Zwei SS-Leute und der örtliche Schutzmann X. wollten herein. Die Pförtnerin ließ sie in das Sprechzimmer und warnte die Provinzoberin Schwester Immaculata. Als diese in das Sprechzimmer kam, fragte einer der SS-Leute, ob in diesem Haus eine Luise Löwenfels wohne und wenn ja, dann müsse sie sofort geholt werden. Als nun Schwester Immaculata mit Schwester Aloysia (L. Löwenfels) und der Pförtnerin zurückkam, fragte der SS-Mann Schwester Aloysia: „Sind

Provinzhaus der Armen Dienstmägde Jesus Christi in Lutterade / Geleen. Hier wurde Schwester Aloysia am 2. August 1942 gegen 6.30 Uhr morgens verhaftet und abgeführt.

Sie Luise Löwenfels?“ Und als sie dies bejahte, sagte er: „ Dann müssen wir Sie sofort mitnehmen.“
Schwester Aloysia hörte die Mitteilung gelassen an. Schwester Immaculata war ganz außer sich und weinte. Sie erbat sich für Schwester Aloysia eine kurze Zeit, um das Notwendigste zu holen. Die wurde ihr zugestanden. Die zwei SS-Leute blieben nun im Sprechzimmer zurück und überließen die Verantwortung ihrem niederländischen Schutzmann X.
Weil es kurz vor der Frühmesse geschah und schon ein Priester zur Stelle war, benutzte M. Immaculata die Gelegenheit, erst schnell zur Kapelle zu gehen. Dort empfing Schwester Aloysia zum letztenmal die heilige Kommunion. Der Schutzmann war feinfühlig hinten in der Kapelle stehengeblieben bis Schwester Aloysia zurückkam. Dann wurde in aller Eile das Notwendigste eingepackt: zwei Habite, zwei Paar Schuhe, Proviant und einige meist unentbehrliche Sachen, alles unter Aufsicht des Schutzmanns, der aber sehr rücksichtsvoll war. Inzwischen hatte die Messe angefangen und nur wenige in der Kapelle hatten eine Ahnung, was draußen vor sich ging.
Als nämlich M. Immaculata mit Schwester Aloysia und dem Schutzmann in das Sprechzimmer zurückkehrte, standen die SS-Leute schon bereit, um sie mitzunehmen. Ruhig und gelassen folgte sie ihnen nach draußen, derweilen sie eine Träne wegwischte. Es war Schwester Immaculata und der Pförtnerin verboten, sie zum Überfallwagen zu begleiten. Sie mußten an der Klosterpforte Abschied nehmen. Noch beiderseits ein warmer Händedruck, dann verschwand Schwester Aloysia im Überfallwagen. Niemand wußte, wohin es ging. Dies alles hat sich in einer Viertelstunde abgespielt.
Nach der Frühmesse erzählte die Novizenmeisterin Hildegundis am Kaffeetisch, daß Schwester Aloysia von der Gestpo mitgenommen worden sei. Sie (die Novizenmeisterin) wäre in das Sprechzimmer gegangen und hätte dort mit dem SS-Wortführer einen heftigen Wortwechsel gehabt. Sie: „Die Schwester bleibt hier! Nein, nein, wir geben die Schwester nicht her!“ Und er drohend: „Nein, die Schwester geht mit und wenn Sie nun nicht schweigen, werden Sie und Ihr Haus es spüren!“ Die Novizenmeisterin war ganz verwirrt und konnte es nicht fassen. Der holländische Schutzmann war inzwischen wieder fortgeschickt worden.

Weinend erklärte er, daß man ihn frühmorgens aus dem Bett geholt und dann gezwungen habe mitzugehen.
Am nächsten Tag kam aus Westerbork eine telefonische Nachricht, daß man zwei wollene Decken, Kleider und die Brotkarten von Schwester Aloysia schicken müßte. Huub Op de Kamp reiste mit den erbetenen Sachen zum Lager Westerbork und hatte Glück, Schwester Aloysia noch sprechen und trösten zu dürfen.
Das war das letzte Lebenszeichen ...!

Gedenkstein auf dem Schwesternfriedhof in Geleen.

J. M. J.

†

Snelt toe, Gij Heiligen Gods, Gij Engelen des Heren en ontvangt de ziel Uwer dienares

ZUSTER M. ALOYSIA

(LUISE LÖWENFELS)

en geleid haar ten Paradijze!

Zr. Aloysia werd geboren 5 Juli 1915 te Trabelsdorf, ingekleed in de Congregatie van de Arme Dienstmaagden van Jezus Christus 17 September 1938 en legde de H. Geloften af 12 September 1940.

Zr. Aloysia was een diep godsdienstige Zuster. Van Joodse afkomst was zij met volle overtuiging, na veel strijd, overgegaan naar de Kath. Kerk. Kort daarna wijdde zij zich geheel en al als a. D. v. J. Chr. aan de dienst de Heren, waar zij door haar vurige ijver allen tot voorbeeld strekte. Maar de goede God had nog een hogere roeping voor haar.

Op 2 Aug. 1942 werd zij door de Duitse bezettingsmacht weggevoerd. Zij zag de martelaarskroon in 't verschiet, en vol moed betrad zij na een innig afscheid van haar Overste en medezusters de lijdensweg, die haar naar het hemels Vaderland voerde, waar zij is binnengegaan ter eeuwige bruilofd met haar Goddelijke Bruidegom. Moge zij daar onze voorspreekster zijn.
Mijn Jezus Barmhartigheid!

Gedenkzettel an Schwester Aloysia

Schwester Mirjam
(Else Michaelis)

Schwester Mirjam Michaelis

„Jetzt leidet das Alte Testament für das Neue."

Schwester Mirjam bei ihrer Verhaftung

Am 28. Mai 1928 schreibt die 39jährige Berlinerin Else Michaelis an die Generaloberin Schwester Clara ein Bittgesuch um Aufnahme in die Kongregation der Josefsschwestern in Trier. Sie weiß, daß sie das Aufnahmealter längst überschritten hat. Gerne wäre sie gleich nach ihrer Taufe, die sie am 19. April 1919 in der Pfarrkirche Ss. Corpus Christi empfangen hatte, in ein Kloster eingetreten, doch die weit um sich greifende Arbeitslosigkeit in der Zeit der Weimarer Republik läßt sie ihren Wunsch zurückstellen, „denn ich wollte," so schreibt sie an Schwester Clara, „in den Jahren des Abbaus und der Stellenlosigkeit, den Schritt nicht tun, da ich den Ordensstand nicht als Versorgung ansehe."

Das Bewerbungsschreiben von Else Michaelis enthält auch einen kurzen Lebenslauf: „Ich bin am 31. März 1889 als Tochter des Schirmfabrikanten Adolf Michaelis, jüdischer Konfession, in Berlin geboren. Mit meinem 6. Lebensjahr verlor ich bereits meine Mutter, mit 16 Jahren auch meinen Vater. Da ich nun Vollwaise war, schickte mich mein Vormund in eine Haushaltungsschule. Nach derselben bekleidete ich einige Stellen als Kinderfräulein und zur Gesellschaft älterer Damen. Mein Wunsch war damals immer, mich im kaufmännischen Beruf zu betätigen. Nach einigen Jahren fügte der liebe Gott auch, daß ich mich in Abendkursen für diesen Beruf vorbereiten konnte, in dem ich nun 13 Jahre tätig bin."

In späteren Gesprächen mit Else Michaelis erfährt dann die Generaloberin von ihrem Weg zum katholischen Glauben. Bei einem Krankenhausaufenthalt in Berlin-Nordend lernt Else Michaelis die Katharinenschwestern kennen. Bald nach der Entlassung zieht sie in das Heim der Schwestern, das sich im Pfarrhaus der Gemeinde Ss. Corpus Christi befindet. Neben ihrer Bürotätigkeit beschäftigt sie sich gern in der Pfarrgemeinde. Sie wird Mitglied im Kaufmännischen Verein Lydia und übernimmt später den Vorsitz. Die zehn Jahre, die sie in dieser Gemeinde verbrachte, zählt sie zu den glücklichsten ihres Lebens.

TAUFURKUNDE
Testimonium Baptismi

Auszug aus dem Taufbuch der katholischen Pfarrei
Excerpta e libro baptismali catholicae paroeciae

Ss.Corpus Christi in Berlin

Seite 59 Jahrgang 1919 Nr. 25
pagina annus

Elisabeth M i c h a e l i s
Vor- und Familienname - Nomen et cognomen

geboren am 31.März 1889 in Berlin
natus (-a) die

getauft am 19.April 1919 in Ss.Corpus Christi, Berlin
baptizatus (-a) die Kirche/Kapelle, Ort - Ecclesia/oratorium, locus

Adolf Lazarus Michaelis, jüd., Schirmfabrikant - Rosalia Hirschfeld, jüd.
Vor- und Familienname, Religion, Beruf der Eltern - Parentum nomen et cognomen, religio, conditio

Berlin, Prinzenstr.98
Wohnort der Eltern zur Zeit der Taufe - Parentum habitatio tempore baptismi

Frl.Adelheid Hoheisel - Frl.Hedwig Tschirner
Vor- und Familienname, Religion, Wohnort der Paten oder der nichtkatholischen Zeugen
Patrinorum (vel testium acath.) nomen et cognomen, religio, habitatio
- - -

Caplan Butz
Name des Taufenden - Baptizantis nomen

gefirmt am - - in - -
confirmatus (-a) die Kirche und Ort - Ecclesia et locus

Eine Ehe wurde geschlossen am - -
Matrimonium contraxit die

in - -
Kirche / Kapelle, Ort - Ecclesia / oratorium, locus

mit - -
Vor- und Familienname des Bräutigams bzw. der Braut - Nomen et cognomen sponsi vel sponsae

Andere Anmerkungen: - -
Aliae adnotationes:

Der Auszug aus dem Taufbuch stimmt mit dem Original überein.
Excerpta e libro baptismali concordant cum originali.

O 1o55 Berlin ,den 14.Nov. 1992
die

LS [Stempel: Pfarramt der kath. Ss. Corpus-Christi-Kirche]

Pfarrer (Parochus)/Vic. subst.

Abschrift der Urkunde über die Taufe von Else Michaelis am 19. April 1919 in der Pfarrkirche Ss. Corpus Christi in Berlin

Warum sie nicht bei den Katharinenschwestern eintritt, ist nicht bekannt. Ihre Wahl fällt auf die Kongregation der Josefsschwestern, die im Xaveriusstift tätig sind und deren Mutterhaus sich in Trier befindet. Am 6. September 1928 wird Else Michaelis in Trier als Aspirantin aufgenommen. Bei der Einkleidung, ein Jahr später, am 3. September 1929, erhält sie den Namen Mirjam. Von 1932 bis Herbst 1935 arbeitet sie an der Pforte des Gertrudenstiftes in Saarlouis, einem Erziehungsheim für Mädchen. Das Gertrudenstift wird 1935 von den Nazis beschlagnahmt und Schwester Mirjam kommt nach Berlin ins Xaveriusstift, wo sie in der Buchhaltung tätig ist.

Die Ausschreitungen gegen die Juden in Berlin nehmen zu. Die Geschwister von Schwester Mirjam, die sich nach der Taufe zunächst von ihr abgewandt hatten, finden wieder zu ihr. Doch die Gemeinsamkeit dauert nicht lange. Schwester Mirjams Bruder wird von der Geheimen Staatspolizei gefangengenommen. Die Schikanen, die er in der Haft erleidet, führen ihn dazu, sofort nach seiner Entlassung nach England zu fliehen. Ihre Schwester hält dem Druck nicht mehr stand und beendet ihr Leben durch Gas. Schwester Mirjam leidet sehr unter dem Verlust ihrer Geschwister, sie spürt immer mehr, wie auch ihre Person bedroht ist. Die Generaloberin, Mutter Teresia, will Schwester Mirjam in Sicherheit bringen und versetzt sie 1939 noch vor Ausbruch der Krieges in das Haus Maria Magdalena in Rotterdam-Overschie. Am 10. Mai 1940 besetzen die deutschen Truppen die Niederlande und das Leben von Schwester Mirjam wird aufs neue bedroht. Als die Gestapo verlangt, daß alle Juden das niederländische Küstengebiet zu verlassen haben, verläßt Schwester Mirjam von einem Tag auf den anderen ihren Zufluchtsort. Ihre damalige Oberin, Schwester Hieronyma, weilte gerade zu Exerzitien im Haus der Franziskanerinnen in Marienwaard, als ihr die Hiobsbotschaft telefonisch übermittelt wird. Kurz entschlossen bieten die Franziskanerinnen Schwester Mirjam ihr Haus als neuen Unterschlupf an. Dort übernimmt sie die Betreuung der älteren Damen und Herren des Altenstiftes. Damals war es noch nicht üblich, Schwestern einer anderen Gemeinschaft in die hausinterne klösterliche Gemeinschaft zu integrieren. Schwester Mirjam lebt also für sich und freut sich um so mehr, wenn ihre Mitschwestern aus den Häusern der

Schwester Mirjam als junge Schwester der Kongregation der Schwestern des hl. Josef, Trier.

Josefsschwestern in Overschie und Amsterdam sie im Laufe der beiden nächsten Jahre besuchen.

Die Generaloberin der Josefsschwestern, Mutter Teresia, hatte sich schon einen Plan für den Besuch der Häuser der Kongregation in den Niederlanden gemacht, den sie einer Eingebung folgend jedoch ändert. Sie besucht zuerst am 18. Juli 1942 Schwester Mirjam in Marienwaard. Hier hört sie von den Vorladungen durch die Gestapo. Noch im April 1942 hatte Schwester Mirjam bei der Behörde 42 Dokumente unterzeichnen müssen, womit die Überweisung in ein Lager vorbereitet werden sollte.

Die Verhaftung am Sonntagmorgen des 2. August 1942 trifft Schwester Mirjam im Grunde nicht überraschend. In ihrem Herzen weiß sie längst, daß sie auf einen Passionsweg gerufen wird. Im Lastkraftwagen, auf dessen Ladefläche ihr die Hausoberin Mutter Maria hinaufhelfen muß, findet sie Schwester Aloysia Löwenfels vor.

Die Oberin von Marienwaard informiert sofort die Generaloberin Mutter Teresia, die sich noch in den Niederlanden befindet. Die Hausoberin von Overschie, Schwester Hieronyma, setzt alles daran, Schwester Mirjam im Lager Westerbork zu besuchen. Zusammen mit der Baronin van Voorst tot Voorst erreicht sie das Lager am Donnerstag, den 6. August. Das letzte Lebenszeichen von Schwester Mirjam ist ein Brief, den sie am 6. August an die Generaloberin schreibt. Mutter Teresia erreicht dieser Brief aber erst, nachdem Schwester Mirjam schon am Ende ihres Passionsweges angekommen ist.

Xaveriusstift in Berlin. Hier war Schwester Mirjam von 1935 bis 1939 in der Buchhaltung des Sozialdienstes katholischer Frauen tätig.

Aus Sicherheitsgründen wurde Schwester Mirjam 1939 in das Haus der Josefsschwestern nach Rotterdam-Overschie versetzt. Nach Besetzung der Niederlande durch die deutschen Truppen mußten Juden das Küstengebiet verlassen. Schwester Hieronyma Weinforth, die Oberin des Hauses, trug Sorge, daß Schwester Mirjam im Haus der Franziskanerinnen in Marienwaard bei Maastricht eine Bleibe fand.

Mutter Teresia Jungbluth, Generaloberin der Josefschwestern von 1931-1947, konnte anläßlich einer Visitation in den Niederlanden Schwester Mirjam noch am 18. Juli 1942 sprechen.

Generaloberin Mutter M. Teresia Jungbluth
Bericht vom 17. August 1942 über ihre Begegnung mit Schwester Mirjam am 18. Juli 1942 in Marienwaard

Mehr als einmal wiederholte Schwester Mirjam in der letzten Zeit das Wort: „Wenn der liebe Gott mir ein großes Leid senden will, schickt er mir vorher eine ganz große Freude, um mich dadurch für das Kommende zu stärken." So war es nun auch, als ich sie am 18. Juli abends mit meinem Besuch in Marienwaard überraschte. Bis Montagmittag hatten wir mehr als ein gemütliches Plauderstündchen. Ich hatte auch Gelegenheit, den Wirkungskreis von Schwester Mirjam kennenzulernen und mich zu überzeugen, daß sie in jeder Hinsicht wirklich gut aufgehoben und auch von den Damen und Herren, die sie betreute, mit Liebe und Hochachtung behandelt wurde. Schwester Mirjam war auf alles gefaßt und sah der Zukunft mit Mut und Ergebung in Gottes Willen entgegen. Seit sie im April in Eindhoven ihre Unterschrift zur Ausreise in ein Lager gegeben hatte, war alles still geblieben. Sie mußte dort allein 42 mal die verschiedensten Schriftstücke unterzeichnen. Wir trennten uns mit der leisen Hoffnung, daß ich auf der Rückreise kurz bei ihr vorsprechen würde.
In Amsterdam angekommen, erfuhr ich, daß die holländischen Bischöfe sich bei Seyß-Inquart für die Judenkonvertiten, die vor 1940 übergetreten waren, verwandt hatten und daß es ihnen tatsächlich gelungen war, für diese ein weiteres Verbleiben in Holland zu erreichen. Natürlich machte ich davon sofort Schwester Mirjam Mitteilung. Am Sonntag, dem 26. Juli, wurde durch ein Hirtenschreiben der höllandischen Bischöfe diese Nachricht allen Gläubigen bekanntgegeben unter Hinzufügung eines sehr scharfen Protestes gegen die Verfolgung und Ausweisung der Juden im allgemeinen. Die Folge diese öffentlichen Protestes war die Ausweisung aller Judenkonvertiten.
Am 2. August, um 8 ½ Uhr, gleich nach der heiligen Messe, erschienen vor dem Kloster in Marienwaard zwei bewaffnete holländische Polizisten in Begleitung eines deutschen SS-Mannes. Die Polizisten hüteten die Haustüre, während der SS-Mann sofort Schwester Mirjam verlangte, um sie mitzunehmen. Die Oberin suchte ihn zu beruhigen, aber es war nichts zu machen. Er wünschte, in Schwester

In Marienwaard bei Maastricht am 2. August 1942 morgens um 8.30 Uhr wurde Schwester Mirjam verhaftet und abgeführt.

Mirjams Zimmer zu kommen, damit diese dort unter seiner Aufsicht ihre Sachen packen konnte, um dann innerhalb einer halben Stunde das Haus zu verlassen. Als die Oberin zu Schwester Mirjam kam und ihr sagte: „Jetzt kommt das Kreuz," erwiderte sie ruhig und gefaßt: „Beten Sie, ich gehe jetzt leiden!" In aller Eile wurde das Notwendigste zusammengerafft und für drei Tage Proviant mitgegeben. Als die Oberin dem SS-Mann ob seiner Handlungsweise Vorstellungen machte, sagte dieser: „Ich kann nicht anders handeln," worauf ihm Schwester Mirjam antwortete: „Kommen Sie nur, es ist Gottes Wille!" Alle weinten, als Schwester Mirjam das Haus verließ. Sie selbst blieb ruhig und gefaßt. Der Rektor des Hauses spendete ihr noch einmal den Segen, und dann bestieg sie einen dunklen Viehwagen, der vor dem Hause stand, in dem sich eine andere Ordensschwester und eine Frau mit drei Kindern befand.

Am Abend des gleichen Tages teilte die Oberin telefonisch die Nachricht mit, und bat, doch gleich noch einmal hinzukommen, weil sie inzwischen gehört habe, Schwester Mirjam sei einstweilen noch in einem Lager in Roermond. Schwester Hieronyma reiste Montag früh gleich ab, fand aber Schwester Mirjam nicht mehr. Kaum war sie wieder zu Hause, kam ein telefonischer Anruf, man möge Schwester Mirjam umgehend durch Boten Weltkleider schicken nach Assen, ganz im Norden Hollands, wo sie sich in einem großen Lager befinde, Schwester Hieronyma war nicht davon abzubringen, auch diesen Weg für Schwester Mirjam noch selbst zu machen, um sie noch einmal zu sehen. Sie wurde begleitet von einer Baronin, die Schwester Mirjam in Marienwaard immer betreut hatte, und die schon mehr als einen Gang mit ihr und für sie gemacht hatte.

Donnerstag gegen Abend erreichten sie das Lager, und es gelang ihnen wirklich, Schwester Mirjam zu sprechen. Diese hat sich unsagbar gefreut. Nun konnte sie zum ersten Mal bitterlich weinen, seit Sonntag früh war sie noch nicht aus den Kleidern gewesen, sondern von einem Lager ins andere tranportiert worden. In einer Nacht waren sie zu 160 Männer, Frauen und Kinder in einem verschlossenen dunklen Raum, in dem einige Holzpritschen aufgestellt waren. Während der ganzen Nacht durchschritt ein SS-Mann mit der Waffe in schwerem Schritt den Raum, den niemand verlassen konnte. Der Kommandant des Lagers, ein Wehrmachtsangehöriger, rief den Pastor an, er möge doch wenigstens die

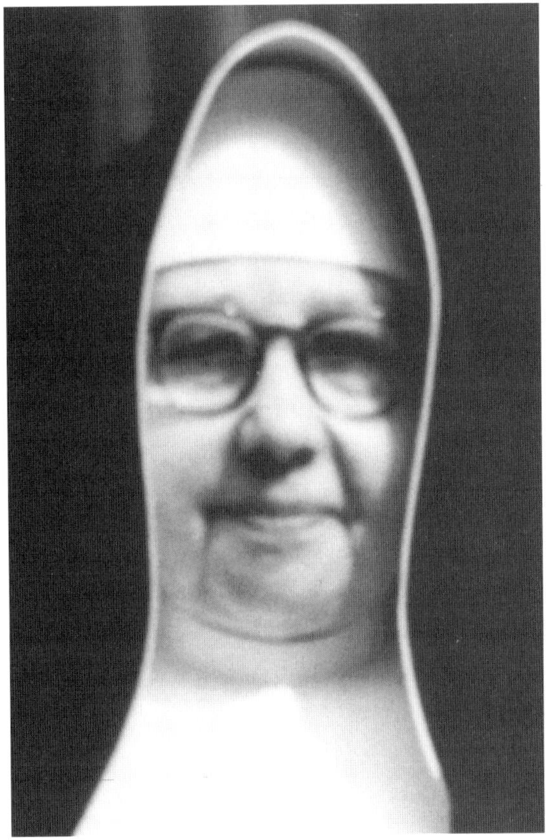

Schwester Hieronyma fuhr mit Baronin van Voorst tot Voorst zum Lager Westerbork und konnte Schwester Mirjam am Abend des 6. August sprechen.

Ordensleute aus dem Lager holen, was dieser aber unmöglich konnte, da sie dauernd von SS-Leuten bewacht wurden. Man sagte den Ordensleuten auch: „ Ihr wißt ja, daß Ihr Euer Los Euren Bischöfen zu verdanken habt“ worauf diese antworteten: „Wir danken Gott, daß wir solche Bischöfe haben und leiden gern für unsere heilige Kirche.“ Schwester Mirjam ist unter den Schwestern die älteste, deshalb haben diese sie gleich zu ihrer Mutter gemacht. Zwei Trappistinnen und drei Trappisten sind leibliche Geschwister, deren Eltern Juden waren, katholisch wurden und dann fünf Kinder dem lieben Gott schenkten. Nach einer halben Stunde mußten Schwester Hieronyma und die Baronin das Lager verlassen.
Für den nächsten Morgen 4 Uhr war der Weitertransport in einer 50stündigen Bahnfahrt wahrscheinlich nach Rußland zu Aufräumungsarbeiten angesagt. Am Tage vor meiner Abreise von Amsterdam bekam ich nachstehenden Brief von Schwester Mirjam, den sie noch heimlich zur Post geben konnte. Nach menschlichem Ermessen dürften es die letzten Nachrichten sein, die wir von unserer lieben Mitschwester erhalten haben. Ich glaube wohl, daß ich dem Worte des Rektors von Marienwaard, der Schwester Mirjam gut kannte und von ihr sagte: „Die Schwester hat sich hier geheiligt und wird sich weiter heiligen,“ zustimmen darf.
Wir wollen aber ihre letzte Bitte um Gebet nicht außer acht lassen, denn sie betet und opfert ja auch für uns und unsere Genossenschaft. So sagte sie noch beim Abschied von Schwester Hieronyma: „ Alles, was das Lagerleben an Leiden und Entbehrungen mit sich bringt, opfere ich auf für unsere Schwestern, damit doch keine sich unzufrieden zeigt, wenn ihr einmal etwas fehlt, was sie glaubt beanspruchen zu können.“
(Es folgt der Brief an Mutter Teresia. Siehe übernächstes Dokument)
Ich weiß, liebe Schwestern, daß Sie alle auf Nachrichten warten und ich hoffe, daß diese Zeilen Sie zum Gebet für die liebe Mitschwester und zur Treue in Ihrem Beruf aneifern werden.

Hausoberin Schwester Maria über die Verhaftung von Schwester Mirjam am 2. August 1942 in Marienwaard

Die Sonntagsmesse war gerade aus und alle Hausbewohner beim ersten Frühstück. Da wurde ich an die Pforte gerufen, wo ein Gestapomann Schwester Mirjam verlangte. Ich ging mit ihm auf die zweite Etage, wo die Schwester gerade den Kaffee verteilte. Ich legte ihr die Hand auf die Schulter und sagte: „Das Kreuz ist da!" Sie verstand sofort. Der Gestapomann hatte ein Bajonett in der Hand. Wir gingen auf ihr Zimmer, der Mann hinter uns her. Er zog ein Notizbuch heraus und verlas die Kleidungsstücke, die sie mitnehmen sollte. In dreiviertel Stunde werde sie abgeholt. Ich flog die Treppe herunter, um einen Handkorb, Decken, Besteck, etc. zu holen. Alle halfen. Schwester Mirjam wollte nicht frühstücken, sie blieb ruhig und gefaßt. Wie ein Lauffeuer verbreitete sich die Kunde ihrer Wegführung. Fast alle Damen und Herren und natürlich die Schwestern umstanden das arme Opferlamm. Der Gestapomann, übrigens ein Jüngelchen von höchstens 20 Jahren, wurde ganz verlegen. Herr Rektor ging mit Schwester Mirjam ins Sprechzimmer, wo er ihr die Generalabsolution erteilte. Der Gestapomann war sichtlich in Verlegenheit, als alle Hausbewohner sich so herzlich und weinend von Schwester Mirjam verabschiedeten. Ihre letzte Worte waren: „Jetzt leidet das Alte Testament für das Neue."
Der Wagen, der sie abholte, wurde gemeldet. Zwei holländische Polizisten kamen an die Pforte. In der großen Aufregung vergaßen sie sich und nahmen ihr, der ausgestoßenen Jüdin, das Handköfferchen ab. Vor dem Hause hielt ein Lastkraftwagen, mit Zelttuch abgeschlossen. Kein Trittbrett, kein Bänkchen um aufzusteigen. Ich half ihr, damit sie überhaupt hereinkommen konnte. „Sieh da, noch eine Schwester!" rief ich laut. In dem Wagen waren kleine schmale Bänke gestellt, worauf schon mehrere Personen saßen. Auf der ersten Bank saßen vier bis fünf Gestapomänner. Es wurde kein Wort gesprochen. Ich kann mich nur dieser Schwester und einer jungen Frau mit einem oder zwei kleinen Kindern erinnern. Ein letzter Händedruck und ein letzter Blick und der Wagen fuhr fort. Ein alter Herr aus unserem Hause machte der Gestapo Vorwürfe. Er erhielt die Antwort: „Wenn Sie nicht schweigen, nehmen wir Sie auch mit."

Der Weggang von Schwester Mirjam ist bisher der schwerste Tag meines Lebens geblieben. Unser Leid, unsere Trauer waren unaussprechlich groß. – Schwester Annetta und ich überlegten, ob wir durch persönliche Bitte Schwester Mirjam freibekommen könnten und machten uns auf den Weg nach Maastricht zur Gestapobehörde. Wir wurden überall abgewiesen und mußten unverrichteter Sache heimkehren. Wir telefonierten mit dem Bischof und fragten: „Können wir nichts tun?" Er sagte: „Es ist sehr traurig, Mutter, wir können nur beten."
So vergingen einige Tage. Da verlangte eine junge holländische Frau nach mir. Ich erkannte sie sogleich als die Frau, die mit Schwester Mirjam fortgebracht worden war. Ihr Mann, der mit kleinen Kindern hilflos zurückgeblieben war, hatte alles getan, sie, eine Halbjüdin, freizubekommen. Durch diese Frau erfuhren wir noch einiges über Schwester Mirjam. Sie erzählte: „Schwester Mirjam hat sich sehr mutig gezeigt und laut den Rosenkranz gebetet. Die SS-Leute haben sich über das gemeinsame Gebet lustig gemacht und dazwischen gerufen; hauptsächlich jüngere Leute, die älteren waren anständiger. Schwester Mirjam hat resolut alles gegessen, was man uns gab, z.B. eine dünne Kohlsuppe, die ich nicht anrühren konnte. Schwester Mirjam lag auf einer Pritsche, eine Person über der anderen. Sie hat ihre Kleider nicht ausgezogen. Schlafen konnte man nicht, weil die SS-Leute die Lagerstätten immer wieder mit großen Scheinwerfern beleuchteten. Sehr peinlich war der Gang zur Toilette, die keine Tür hatte und immer stand ein SS-Mann davor."

Schwester Mirjam
Brief vom 6.(?) August 1942 an Schwester Teresia
aus dem Lager Westerbork

Ehrwürdige, liebe gute Mutter Teresia!
In der Hoffnung, daß diese Zeilen Sie erreichen können, schreibe ich sie Ihnen. – Nun hat die gute Vaterhand Gottes mich und verschiedene Ordenspriester und -schwestern auch getroffen. Das lang Gebangte ist eingetroffen. Seit Sonntagmorgen in zwei verschiedenen Lagern gewesen. Nun müssen wir am Freitag weiter, wahrscheinlich *sehr weit* fort. – Ob wir uns noch einmal wiedersehn, weiß nur der liebe Gott. Und sein Wille geschehe, ist es auch noch so schwer. – Da es

so schnell gegangen ist, mußte ich natürlich so gehen. Es sind noch sechs Ordenschwestern, alle in *Tracht* und so bin ich doch froh, daß ich sie auch noch anhabe. Auch zwei Trappistenpatres, zwei Brüder, sind hier, auch in ihren Habiten. Bis jetzt hatten wir im Essen noch keine Not. Aber sonst natürlich, was so ein Lager mit sich bringt, so ungefähr 50 in einem Raum. Da haben wir viel unserem lieben Heiland zu schenken, nicht wahr? Unsere Opfer wollen wir bringen für unsere hl. katholische Kirche, für alle leidenden Menschen und nicht zuletzt für unsere geliebte Genossenschaft. Was war es doch für eine Fügung vom lieben Gott, daß wir uns noch mal sehen und sprechen konnten, nicht wahr? Gute Mutter Maria sorgte in aller Eile noch für das Notwendigste. Wieviel Dank bin ich ihr und Ihnen allen doch schuldig.

Ehrwürdige, liebe, gute Mutter, ich habe eine große Bitte. Seien Sie und alle, alle lieben Schwestern nicht traurig, leiden Sie alle nicht zu sehr um mich, nur beten, beten. Darauf bauen wir alle und wir wissen und spüren es, daß es geschieht. Hoffentlich können wir Schwestern zusammenbleiben. Ob wir später noch Gelegenheit zum Schreiben bekommen werden, weiß ich nicht. Auf jeden Fall, ehrwürdige, liebe, gute Mutter im Geiste, im Gebet und allen Leiden und Opfern bleiben wir alle innig vereint? Alles für alle.

Unserer guten Mutter Clara viel, viel ehrerbietige Grüße. Es tut mir so leid, daß ich Ihnen so viel Leid und Sorgen mache. Dem guten, hochwürdigen Herrn Prälat auch viel ergebene Grüße. Ich weiß, daß er weiter für mich betet. Auch für ehrwürdige, liebe, gute Schwester Marianne und alle dortigen Schwestern viel, viel herzl. Grüße. Und nun, ehrwürdige, liebe, gute Mutter Teresia Ihnen herzlichst Gott vergelt´s, was mir alles in und durch unsere geliebte Genossenschaft zuteil geworden ist und in welcher ich doch sehr glücklich war.– Wir wollen versuchen, alles mutig zu tragen. Wenn nur das Heimweh nicht zu sehr plagt, wenn ich an Sie alle denke, wird es mir immer schwer zumute. Immer im Gebet und in Dankbarkeit Ihrer gedenkend,

bin ich mit viel tausend ehrerbietigen, herzl. Grüßen in Treue Ihre

Schwester Mirjam v. hl. Joseph

Auf *keinen* Fall antworten, liebe Mutter.

Allen, allen lieben Schwestern viel, viel herzliche Grüße von mir. Bleiben wir alle *im Gebet vereint. – Hl. Messe keine.*

Dr. Lisamaria Meirowsky

Dr. Lisamaria Meirowsky
Ein Portraitfoto liegt nicht vor.

„Wir dürfen mit unseren Bischöfen zeugen für die Wahrheit.“

Brief von Lisamaria Meirowsky aus dem Lager Westerbork

Der Vater von Lisamaria, Prof. Emil Meirowsky (1876-1960), war ein bekannter Hautarzt in Köln. Nach Studium in Königsberg und Tätigkeit in Graudenz war er 1908 seinem Bruder nach Köln gefolgt, wo er eine Praxis mit Labor unterhielt und seine Ergebnisse regelmäßig veröffentlichte. Nachdem ihm 1933 die Lehrbefugnis entzogen wurde und 1938 das Berufsverbot erging, emigrierte er 1939 nach England, später in die USA. Lisamaria ging nicht mit ihren Eltern ins Ausland
Der Dominikanerpater Franziskus Stratmann, der die Tochter in Rom als Tertiarin eingekleidet hatte, plante die Gründung einer Schwesterngemeinschaft, die sich der Friedensbewegung, Völkerverständigung und Ökumene widmen sollte. Erst nach dem Krieg kann Pater Stratmann Familie Meirowsky vom Schicksal ihrer Tochter berichten. Der Vater, ein religiös nicht gebundener Mann, schreibt zurück: “Es ist für uns fast unmöglich, über diesen Schlag hinwegzukommen. Alle unsere Gedanken sind Tag und Nacht mit ihr beschäftigt, und alle unsere Sorgen und Kämpfe haben ihren Sinn verloren. Wir sind seelisch und körperlich zusammengebrochen, und leider ist für uns kein Trost gegeben. Es ist wirklich ein Wunder, welche Kraft ihr Glaube ihr gegeben hat. Ihr letzter Brief an Pater Frehe, ist ein erschütterndes Dokument ihrer inneren Vollendung und Reinheit.“ Die Mutter von Lisamaria fügt hinzu. „Unser Leben ist verändert nach diesem furchtbaren Schlag und hat Wert und Sinn verloren..Wir haben nicht den Wunsch, den Boden Deutschlands jemals wieder zu betreten.“

Über die Jugendjahre von Lisamaria Meirowsky konnte bis jetzt kaum etwas in Erfahrung gebracht werden. Sie wurde am 7. September 1904 in Graudenz geboren. In Köln besucht sie ein humanistisches Mädchen Gymnasium. Nach dem Abitur studiert sie 1923-1925 „Heilkunde“ in Bonn. Zwei Jahre verbringt sie in München und macht 1929 in Köln Examen. Wieder in München promoviert sie im April 1933 über ein dermatologisches Thema.

Pater Franziskus Stratmann, Dominikaner. Mit Lisamaria Meirowsky wollte er nach dem Krieg eine dominikanische Gemeinschaft „Pax Christi in regno Christi“ gründen mit dem Ziel, für den Frieden zu wirken und für die Wiedervereinigung der von Christus Getrennten.

Wie der Kontakt mit der katholischen Kirche zustande kommt, ist nicht bekannt. Bei dem Bonner Theologieprofessor Wilhelm Neuß erhält sie Konvertitenunterricht und empfängt am 15. Oktober 1944 in Bonn die Taufe. Aus welchem Grund sie nach Rom geht und ein zweites Mal promoviert, konnte bis jetzt nicht festgestellt werden. Nach Beendigung der Naziherrschaft hofft sie mit Pater Stratmann die großen geistlichen Pläne umsetzen zu können. Im Herbst 1938 gehen beide nach Utrecht, wo Prof. Schmutzer ein Hilfswerk zugunsten der deutschen in die Niederlande einströmenden Flüchtlinge gegründet hat. Der Einmarsch der deutschen Truppen am 10. Mai 1940 macht aber dann beide selbst zu Flüchtlingen. Pater Stratmann hält sich bis Kriegsende in einem belgischen Kloster versteckt, Lisamaria Meirowsky findet ab 14. August 1940 Zuflucht bei den Trappistinnen in Berkel-Enschot, wo sie im Pfortenhaus wohnt, den Dienst der Pförtnerin versieht und auch die Schwestern ärztlich betreut.

Auf geheimen Wegen erreichen Pater Stratmann immer wieder Briefe von Lisamaria Meirowsky. So nimmt er wahr, wie sie sich gerade im letzten Jahr intensiv auf den Tod vorbereitet. Im Anfang habe sie täglich fünf Minuten den Tod eingeübt, jetzt würde die Beschäftigung mit den „letzten Dingen“ täglich länger dauern. In einem kleinen Heftchen habe sie eine Reihe guter Gedanken und Gebete zusammengestellt.

Mit den fünf Geschwistern der Familie Löb, zwei Trappistinnen aus der Abtei Koningsoord und drei Trappisten aus der Abtei Koningshoeven wird sie in der Frühe des 2. August 1942 verhaftet. Mehrfach meldet sie sich aus dem Lager mit der Bitte um praktische Sachen für das Leben. Dennoch weiß sie, daß aus der Einübung in den Tod bald Wirklichkeit wird: ihr Brief, den sie am Fest der Verklärung Christ an ihren Beichtvater Pater Frehe schreibt, ist von diesen Ahnungen erfüllt.

Pater Stratmann erhält den letzten Brief von Lisamarie Meirowsky, den sie wahrscheinlich noch in Berkel-Enschot geschrieben hat, am 9. August, am Tage vor seinem dreißigjährigen Priesterjubiläum. Vielleicht war es der Augenblick ihrer Todesstunde.

Abtei Unserer Lieben Frau von Koningsoord, Berkel-Enschot, wo Lisamaria Meirowsky seit August 1940 den Pfortendienst versah.

Lisamaria Meirowsky hatte im Pfortenhaus gewohnt. In der Frühe des 2. August 1942 wurde sie zusammen mit den Trappistinnen Schwester Hedwige und Schwester Marie-Thérèse verhaftet und durch das Tor hindurch abgeführt.

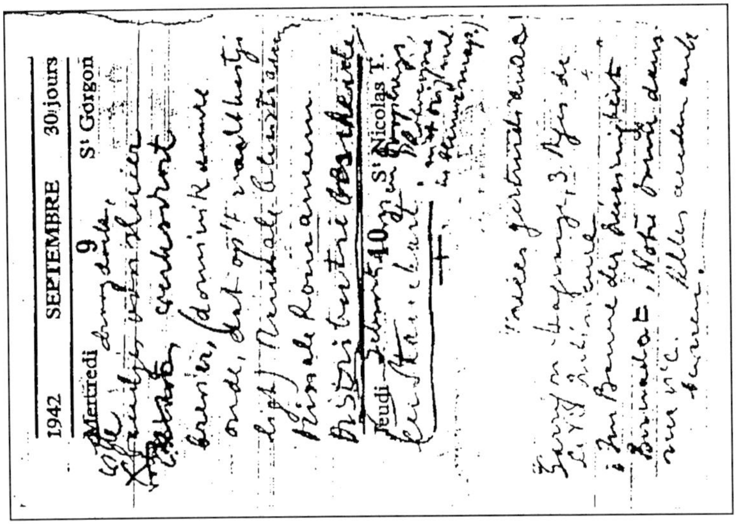

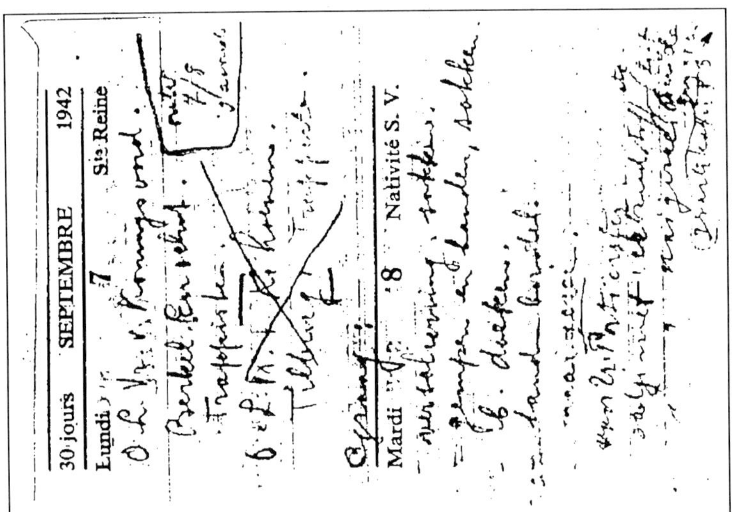

Diese Notizen schrieb Dr. Lisamaria Meirowsky aus dem Lager Westerbork. Wahrscheinlich eilig niedergeschrieben, um sie einem der Boten mitzugeben.

Dokumente

Dr. Lisamaria Meirowsky
Telegramm am 5. August 1942, 10.27 Uhr
an die Abtei Koningsoord, Berkel-Enschot bei Tilburg

Laßt umgehend durch Boten bringen für Schwester Lisamarie Meirowsky, geboren 7.9.04, schwarzen Rock mit Bluse, Arbeitsschürze, wollene Unterwäsche, Winterstrümpfe, Handtücher, Taschentücher, Nähzeug, Schreibzeug, Verbandmittel, Geld, Brevier, Photokopie der Geburtsurkunde, Taufurkunde, ärztliche Approbationsurkunde.
Emigrantenbüro Westerbork

Dr. Lisamaria Meirowsky
auf einem Blatt eines Taschenkalenders 1942

(von der Äbtissin an den Rand geschrieben: empfangen 7. 8., abends)

O.L. Vr. v. Koningsoord
Berkel-Enschot
Trappisten
O.L.Vr.v. K.hoeven
Tilburg Trappisten
(letzte Adresse durchgestrichen)
Bitte: – saubere Wäsche, Socken, – Haubenbänder und Bänder, Socken – Monatsbinden – Zahnbürste – Nähzeug – für Schwester Pförtnerin: Täschchen mit Verbandstoff etc. Täschchen mit Nähzeug (liegt in dem grauen und schwarzen Koffer) – Trockentücher, weiße Bänder für Schleier, Arbeitsschürze, Brevier (altes dominikanisches, das auf dem Nachtschränkchen liegt), Manuale Christianum, Missale Romanum. Distributionsbescheide und Stammkarte, Geburtsschein und Taufschein (Photokopie, nicht das Original, in der blauen Mappe).
Preces Gertrudianae. Garrigou-Lagrange, 3 Ages de la Vie intérieure. „Im Banne der Dreieinigkeit“. Bernadot, Notre Dame dans ma vie. Alles andere aufheben.

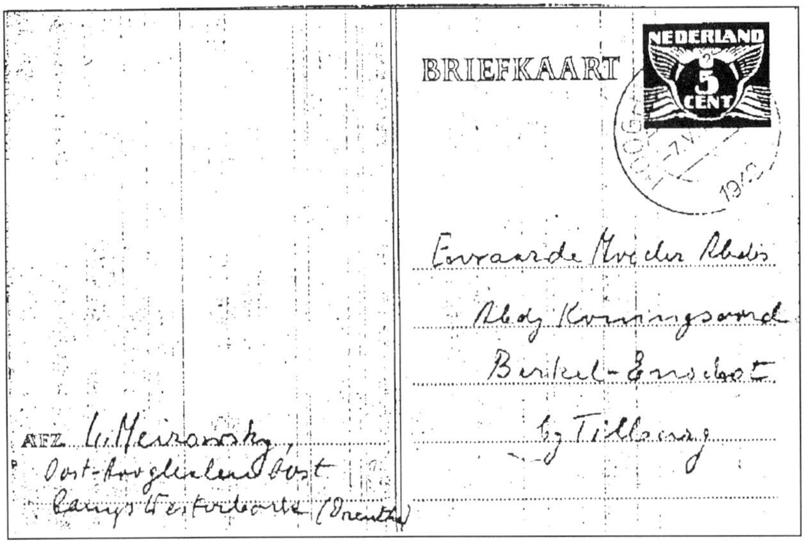

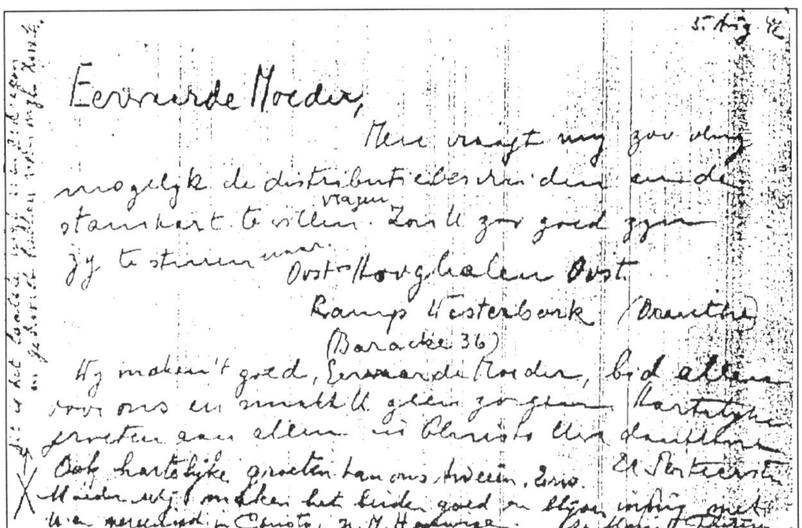

Postkarte an die Abtei in Koningsoord.

Postkarte vom 5. August 1942 aus dem Lager Westerbork an die Äbtissin der Abtei Koningsoord

am 7. August in Hooghalen abgestempelt

Ehrwürdige Mutter,
man verlangt von mir so schnell wie möglich, die Distributionsbescheide und die Stammbuchkarte. Seien Sie so gut, diese zu schicken nach:
Oost- Hooghalen Oost
Camp Westerbork (Drenthe)
(Baracke 36)
Uns geht es gut, Ehrwürdige Mutter, beten Sie alle für uns und machen Sie sich keine Sorgen. Herzliche Grüße an alle in Christo.
Ihre dankbare Schwester Pförtnerin.
(In anderer Handschrift)
Auch herzliche Grüße von uns beiden, Ehrw. Mutter, uns beiden geht es gut und bleiben innig mit Ihnen vereint in Christo.
Schw. M. Hedwige   Schw. Marie-Thérèse
An den Rand der Postkarte hat die Äbtissin geschrieben:
„Dies ist das Letzte, was wir bekommen und gehört haben von unseren Schwestern."

Dr. Lisamarie Meirowsky
Brief vom 6. August 1942 aus dem Lager Westerbork an Pater Frehe O.P.

Transfiguratio, 6. VIII. 1942

Sie wissen wohl, daß wir hier sind und die Verschickung nach Polen abwarten. Morgen vormittag geht es weiter. Mit mir sind zwei Trappistinnen und die zwei Patres und ein Laienbruder der Abtei. Sonntagvormittag sind wir alle früh geholt worden nach Amersfoort ins Camp. Und Dienstag, dem Fest unseres hl. Vaters Dominikus, nach Westerbork bei Hooghalen geschickt worden. Ich weiß, guter

Pater, daß Sie alles von Herzen mit mir erleben, mit uns allen. Auch Ihr geistliches Kind, Schwester Judith, ist hier, ebenso die Karmelitin aus Echt, die ich damals in Amsterdam traf. Eben darum will ich Ihnen einen letzten Gruß senden und Ihnen sagen, daß ich voll Vertrauen und ganz ergeben in Gottes heiligen Willen bin. Mehr noch: ich betrachte es als eine Gnade und Auserwählung, unter diesen Umständen weg zu müssen und so einzustehen für das Wort unserer Väter und Hirten in Christus.
Ist unser Leiden auch größer geworden, dann ist auch die Gnade doppelt so groß, und eine herrliche Krone ist uns bereitet im Himmel. Freuen Sie sich mit mir. Ich gehe mit Mut, Vertrauen und Freude – auch die Ordensschwestern, die mit mir sind – wir dürfen Zeugnis ablegen für Jesus und mit unseren Bischöfen zeugen für die Wahrheit. Wir gehen als Kinder unserer Mutter, der heiligen Kirche, unsere Leiden wollen wir vereinigen mit dem Leiden unseres Königs, Erlösers und Bräutigams, es aufopfern für die Bekehrung vieler, für die Juden, für die, die uns verfolgen,und so vor allem beitragen für den Frieden und das Reich Christi.
Falls ich es nicht überlebe, werden Sie wohl die Güte haben, später an meine geliebten Eltern und Brüder zu schreiben und ihnen zu sagen, daß das Opfer meines Lebens für sie ist. – Möge Gott ihnen das Licht des Glaubens geben und ewiges und zeitliches Glück, wenn es sein Wille ist. Übermitteln Sie ihnen allen meine Liebe und Dankbarkeit, und daß ich sie um Verzeihung bitte für alles Verkehrte und das Leid, das ich ihnen vielleicht antat. Erzählen Sie ihnen auch, daß die Schwestern meiner Mutter und die Zwillingsschwester meines Vaters voll Glauben und Vertrauen und Ergebung in die Lager von Polen gegangen sind. Grüßen Sie auch meine Schwägerin und mein kleines Nichtchen – ich bete von ganzem Herzen für ihre Seele. Sagen Sie Pater Franziskus Stratmann, daß er nicht betrübt sein soll, sondern im Gegenteil Gott mit mir danken soll für die Auserwählung und ein jubelndes Magnificat singen soll. Das Werk, das wir zusammen begonnen haben, wird kommen, wann, wo und wie Gott es will, und ich werde auf diese Weise am eifrigsten und besten mitwirken. Entweder durch mein geringes Leiden, und es ist doch nichts im Vergleich zur Ewigkeit von Glück, die uns erwartet – oder von drüben ihm immer helfen und neben ihm stehen.

Wenn Sie später in der Lage sind, geben Sie oder schreiben Sie dann doch an die Abtei in Tilburg und sagen Sie dem Pater Willibrodus van Dijk, daß ich immer in Dankbarkeit für ihn bete. An Mutter Äbtissin und Pater Rektor, der nun mein Beichtvater war, schreibe ich selbst noch. Alle unsere guten Freunde sind ins Gebet und Opfer eingeschlossen. Schreiben Sie bitte auch an Frau Schmutzer in Utrecht. Ich bitte Sie herzlich, viel zu beten für den guten Dr. Lazarus, er sitzt in Amersfoort im Camp (er hat den Stern nicht getragen). Auch für ihn bete ich viel. Und nun von Herzen Dank für alles, was Sie mir je Gutes getan haben, all Ihre barmherzige Nächstenliebe. So oft haben Sie mir Mut gemacht.
Nun haben wir nicht einmal die hl. Messe und Kommunion, das ist das Schlimmste. Aber wenn Jesus es nicht will, will ich es auch nicht. Er wohnt in meinem Herzen und geht mit uns und gibt mir Kraft – er ist meine Kraft und mein Friede.
Sobald ich schreiben kann, hören Sie etwas. Wollen Sie so gut sein (wenn Sie es für gut halten), mir auf internationaler Antwortkarte zu schreiben (aber nicht bezahlte Antwort). Möge Maria Sie schützen und Gottes Liebe Sie immer heiligen. Noch einmal bitte ich demütig um Ihr Gebet und Ihren priesterlichen Segen.
In Jesus und Maria
Ihre Schw. M. Magdalena Dominica

Auf einem beiliegenden Zettelchen steht noch:
Würden Sie wohl das Beiliegende an unseren geliebten Erzbischof schicken. Wir sind froh, ihm helfen zu dürfen mit unserem Opfer. Er soll ruhig sein und nie denken, daß es uns leid tut.

Prof. Wilhelm Neuß, der Lisamaria Meirowsky getauft hatte, schrieb am 20. März 1962 an den Kölner Karmel: Ich brauche nicht zu sagen, daß ich an die beiden Märtyrerinnen immer zusammen denke, die zusammen in den Tod gegangen sind, zwei heilige Märtyrerinnen für den Glauben. Lisamaria Meirowsky war eine ganz tief fromme Christin, wirklich von heiliger Gotteshingabe geworden, und so war sie eine würdige Gefährtin von Schwester Teresia Benedicta zum Tod für Christus.

Schwester Hedwige

(Lien Löb)

Schwester Maria-Theresia

(Door Löb)

Pater Ignatius

(Georg Löb)

Pater Nivardus

(Ernst Löb)

Bruder Linus

(Robert Löb)

Schwester Veronica

(Wies Löb)

Hans Löb

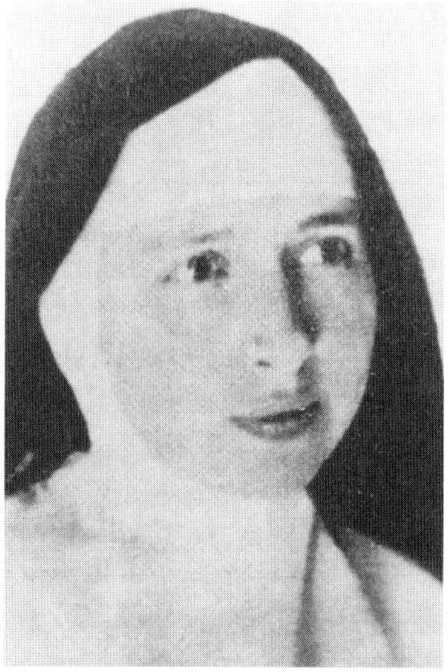

Schwester Hedwige (Lien) Löb

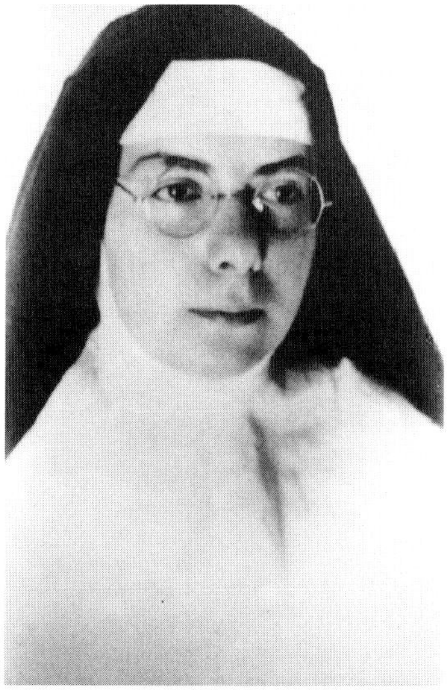

Schwester Theresia (Door) Löb

Schwester Veronica (Wies) Löb

Pater Ignatius (Georg) Löb

Pater Nivardus (Ernst) Löb

Bruder Linus (Robert) Löb

Hans Löb

Foto der Familie Löb April 1928 in Chimay (Belgien) beim Eintritt von Lien Löb.
Hintere Reihe: Wies, Bruder Linus, Ernst, Frater Ignatius, Door
Mittlere Reihe: Lien, Vater Ludwig, Mutter Jenny mit Deetje (angenommes Kind, dessen Mutter bei der Geburt gestorben war)
Vorne: Paula und Hans

„Betet für uns, wir sind auf dem Kreuzweg zum Martyrium“

Pater Nivardus Löb beim Abschied zu einem seiner Mitbrüder

Vielleicht waren die Geschwister Löb im Kreis der „medeslachtoffers“ um Schwester Benedicta die Unbefangensten. Zwar wußten sie, daß der Weg zum Himmel vorgezeichnet war, doch scheint es so zu sein, daß sie als niederländische Bürger zunächst kaum zu den Besatzungsbehörden beordert wurden. Fast alle, die aus der Polizeiaktion am 2. August im Lager Amersfoort eintrafen, waren Flüchtlinge aus Deutschland, die sich in den Niederlanden sicher geglaubt hatten. Als Nichtarier waren sie schon vor ihrer Flucht aus ihren beruflichen Stellungen entfernt worden. Hinzu kamen der Einzug von Sach- und Geldwerten, die Einschränkung und Aufhebung von Personenrechten. Die vermeintliche Rettung in die Niederlande bedeutete deshalb nur eine kurze Pause in der tödlichen Umklammerung durch die Ausrottungspolitik der Nazis. Mit wieviel Angst waren die Monate vor der Verhaftung verbunden!

Die Geschwister Löb, Pater Ignatius, Pater Nivardus und Bruder Linus in der Abtei Koningshoeven bei Tilburg sowie Schwester Hedwige, Schwester Maria-Theresia und Schwester Veronica in der Abtei Koningsoord in Berkel-Enschot lebten zunächst in der relativen Geborgenheit ihrer geistlichen Gemeinschaften. Doch nach und nach gelangten die Schreckensnachrichten auch in die Klöster und als der Tag der Verhaftung hereinbrach, war ihnen klar, daß es um Letztes ging.

Ein weiteres Element, das die seelische Verfassung der Geschwister Löb charakterisieren könnte, ist die Tatsache, daß alle von Anfang an in einer vom katholischen Glauben getragenen Familienatmosphäre aufgewachsen sind.

Der Vater, Ludwig Löb, stammte aus Deutschland. 1881 in Euskirchen geboren, kam er als einjähriges Kind nach Den Haag, wo sein Vater ein Kleidergeschäft führte. Ludwig, nicht geeignet für den Kaufmannsberuf, entschied sich für das

Besuch in der Abtei Koningshoeven bei Tilburg
Hintere Reihe: Vater Ludwig Löb, Pater Nivardus, Freund der Familie, Bruder Linus, Freunde, Pater Ignatius.
Mittlere Reihe: Mutter Jenny Löb.
Vorne: Paula und Hans Löb.

Ingenieurstudium in Delft. Aufgewachsen in einem jüdischen liberalen Elternhaus, entdeckte er während des Studiums den katholischen Glauben, der ihn zunehmend faszinierte. Seine Braut, Jenny van Geldern, kam aus einer wohlhabenden jüdischen Familie in Amsterdam. Religion spielte in ihrer Erziehung keine Rolle. Musikalisch begabt, entschied sie sich, am Konservatorium in Amsterdam zu studieren, wo sie das Diplom als Pianistin cum laude erhielt. Im ernsten Ringen über den rechten gemeinsamen Lebensweg entschied sich das Brautpaar zum Empfang der Taufe am 10. Oktober 1906. Kurz darauf heirateten sie.

Jenny Löb blieb den ethischen Werten des Judentums auch weiterhin verbunden und es schmerzte sie sehr, wenn Christen ihrer Umgebung herabsetzend von Juden sprachen. So schrieb sie einmal: „Wenn ich nicht so überzeugt gewesen wäre, den wahren Glauben gefunden zu haben, dann hätte dieses geringschätzige Sprechen mich dazu bringen können, ihnen den Rücken zu zeigen. Wie wenig wissen diejenigen, die von den Juden sprechen, vom jüdischen Volk, von ihrer Treue, ihrer Güte, von ihrem Mitleben miteinander, von deren herzlichen Familienverhältnissen. Wie sehr habe ich nach meinem Übertritt zu der katholischen Kirche dieses alles vermißt, diesen sprudelnden Humor, diese herrliche Gastfreundschaft. Wie stolz war ich über diese Eigenschaften des Judentums und wie schlecht wurden sie beurteilt. Obschon ich mit Herz und Seele zu Jesus gehöre, fühle ich mit meinem jüdischen Volk. Mit meinem Volk bleibe ich verbunden, mein jüdisches Blut werde ich niemals verleugnen."

Es liegt nahe anzunehmen, daß den acht Söhnen und Töchtern, die dem Ehepaar von 1908-1918 geboren werden, solche Erfahrungen zunächst erspart geblieben sind.

Die berufliche Tätigkeit führte Ludwig Löb von Rijswijk nach Hoensbroek. 1908 wird Lien geboren, 1909 Georg und 1910 Robert. Als ihm eine leitende Stelle bei den Ombili-Minen in Sumatra (heute Indonesien) angeboten wird, siedelt er mit seiner Familie dorthin. Fünf weitere Kinder werden dort geboren: im Jahre 1911 die Zwillinge Door und Wies, 1913 Ernst, 1916 Hans und als jüngstes Kind 1918

Pater Ignatius, Bruder Linus, Schwester Hedwige, Frater Nivardus (Novize)

Paula. 1920 zieht die Familie wieder in die Niederlande zurück. Ludwig Löb hatte eine Stelle in Spitzbergen angenommen, während die Familie in Den Haag blieb. Als der Betrieb in Norwegen in Konkurs geht, kehrt er zu seiner Familie zurück. Finanzielle Sorgen belasten ihn. Als Lehrer für Mathematik und naturwissenschaftliche Fächer baut er in der Stadt Bergen op Zoom eine neue Existenz auf. Schnell integriert sich die Familie im kirchlichen Leben des Ortes.

In seinem geistlichen Leben fühlte Ludwig Löb sich besonders zu den Trappisten hingezogen. Alljährlich macht er in der Abtei Koningshoeven eine Woche stiller Exerzitien. So verwundert es nicht, daß sechs seiner Kinder bei der Wahl des Ordensberufes der geistlichen Neigung ihres Vaters folgen. Georg tritt 1926 bei den Trappisten in Koningshoeven ein und wird Pater Ignatius, ihm folgt Ernst 1929 als Pater Nivardus, Robert findet seinen Platz in der Abtei als Bruder Linus. Da es zu dieser Zeit in den Niederlanden noch kein Trappistenkloster für Frauen gab, tritt 1928 Lien 20jährig in die Abtei Chimay in Belgien ein. Als Ordensfrau nennt sie sich Schwester Hedwige. Die Zwillinge folgen dem Beispiel der älteren Schwester: Die Abtei Unserer Lieben Frau von Koningsoord in Berkel-Enschot befindet sich inzwischen im Aufbau, Door tritt 1929 ein, Wies 1930. Sie erhalten die Namen Schwester Maria-Theresia und Schwester Veronica.

Die Eltern haben die Judenverfolgung in den Niederlanden nicht mehr erlebt. Ludwig Löb stirbt im Alter von 53 Jahren am 6. April 1935, die Mutter Jenny folgt am 6. September 1938, 59jährig.

Der 2. August 1942 bindet die sechs Geschwister aus den benachbarten Trappistenklöstern auf dem Kreuzweg des Martyriums zusammen, der in Auschwitz-Birkenau endet. Über die Todesdaten der Geschwister gibt es keine Sicherheit: Ob alle am 9. August getötet worden sind oder zu einem späteren Zeitpunkt sterben, weil sie an der Rampe zunächst für Zwangsarbeiten selektiert werden, ist völlig ungewiß. Die heute benannten Todesdaten sind erst zu einem späteren Zeitpunkt amtlich festgesetzt worden.

Die Kommunität der Trappistinnen am Tag der Ablegung der Gelübde der Stabilitas
am 4. September 1940
Erste Reihe von links nach rechts: (Zweite) Schwester Veronica, (sechste) Schwester Hedwige,
(siebte) Schwester Maria-Theresia.

Schwester Veronica, am 2. August 1942 wegen Krankheit von der Verhaftung verschont, ist später doch noch nach Westerbork gekommen. Dort wird sie wegen Krankheit wieder entlassen. Ihre Mitschwestern versteckten sie in verschiedenen Häusern in den Niederlanden. Am 1. August 1944 stirbt sie in der Abtei Koningsoord.

Hans Löb versuchte, sich zu verstecken, wurde aber dann gefaßt. Zweieinhalb Jahre verbringt er als Zwangsarbeiter in Polen in einer Fabrik. Beim Herannahen der russischen Front werden die Gefangenen in Richtung Westen getrieben. Mit erfrorenen Füßen erreicht er das Lager Buchenwald, wo er am 20. Februar 1945 stirbt.

Die jüngste der acht Löbgeschwister, Paula, hatte vor dem Krieg geheiratet. Getrennt von Mann und Kind kann sie sich bis zum Kriegende bei einer Familie in Nijmegen verstecken. Sie ist die einzige Überlebende.

Dokumente

P. Anselmus Terstegge
Bericht 1962 über die Verhaftung der Geschwister Löb am 2. August 1942

In der Nacht vom 2. August, nachdem der Hirtenbrief verlesen worden war, wurden in Holland alle Ordensleute jüdischer Abstammung verhaftet. Für die Familie Löb fing die Tragödie in Berkel-Enschot an. Während die Schwestern im Nachtchor beteten, wurde plötzlich laut geschellt. Einen Augenblick später wurden Mutter Hedwige und Mutter Maria-Theresia aus dem Chor gerufen und sie begaben sich in die Krankenabteilung. Zur gleichen Zeit brachte der Rektor den Schwestern die Eucharistie, die ihre Wegzehrung wurde. Mutter Hedwige war zunächst außer sich vor Angst in der Vorausschau auf das Leid, das sie erwarten würde. Sie gewann jedoch rasch ihre Selbstbeherrschung zurück. Als man sie mit

In der Frühe des 2. August 1942 wurden zunächst die beiden Schwestern Hedwige und Maria-Theresia verhaftet und aus der Abtei Koningsoord in Berkel-Enschot abgeführt. Mit ihnen verhaftet wurde Dr. Lisamaria Meirowsky.

einem baldigen Wiedersehen trösten wollte, sagte sie: „O nein, das ist nicht nötig. Ich habe gerade dem Herrn gesagt: Ich ergebe mich dir. Tue mit mir, was du willst." Auch Mutter Maria-Theresia vermutete, daß es ein Abschied für immer sei. Lächelnd verabschiedete sie sich von jedem, bedankte sich und bat um Verzeihung für ihre Fehler. Inzwischen wurde die Gestapo ungeduldig. Man schlug auf die Tür und forderte fluchend, die Schwestern sollten kommen. Als die Tür aufging, stand der Mann stumm vor Erstaunen da. Er war gewohnt, Bilder von Angst und Jammer zu sehen und er traute seinen Augen nicht, als er sah, wie die beiden Schwestern ruhig vor der Äbtissin niederknieten und sich dann zu seiner Verfügung stellten. Die Schwestern stiegen in ein abgedunkeltes Auto, das kurz danach vor der Pforte von Koningshoeven hielt.

Jetzt wurden Pater Ignatius, Pater Nivardus und Bruder Linus, die mit ihren Brüdern das Nachtoffizium beteten, aus der Kirche gerufen. Vater Abt und einige Brüder gingen mit. Dom Simon riet den Patres, sie sollten die heilige Messe feiern, es könnte ihre letzte sein. Als ein Mitbruder Pater Ignatius bewegen wollte zu flüchten, sagte er: „Was würden die Folgen für unser Haus sein? Sie haben gedroht, zehn Patres zu erschießen, wenn wir nicht kommen." Zu einem anderen Mitbruder sagte er: „Auf Wiedersehen im Himmel." Pater Nivardus zelebrierte gesammelt wie immer die Messe und faltete ruhig seine liturgischen Gewänder. Er vermied es zu sprechen, denn es herrschte das monastische Stillschweigen. Still verabschiedete er sich von seinen Mitbrüdern, denen er begegnete und machte das Zeichen: „Auf Wiedersehen." Auch er vermutete, was auf ihn zukam. Im Gästehaus sagte er zu einem Mitbruder: „Betet für uns, wir sind auf dem Kreuzweg zum Martyrium."

Als Bruder Linus erfuhr, was vorgefallen war, war seine erste Reaktion: „Mich bekommen sie nicht." Als man ihn darauf hinwies, welchen Repressalien die Kommunität ausgeliefert würde, verzichtete er auf Widerstand und diente bei der Messe von Pater Ignatius. Nach der Messe bat er einige Mitbrüder um ihr Gebet, „damit ich durchhalte".

Als Vater Abt an der Pforte erschien, sprang Mutter Hedwige aus dem Auto. Lebhaft wie immer lief sie mit ausgestreckten Armen auf ihn zu, kniete nieder und sprach: „Hochwürdiger Vater, wir sind unterwegs zum Himmel."

Das Polizeiauto fuhr mit den drei Verhafteten zur Abtei Koningshoeven bei Tilburg, wo die drei Brüder Pater Ignatius, Pater Nivardus und Bruder Linus ebenfalls festgenommen wurden.

Außer den beiden Trappistinnen war Frau Dr. Meirowsky im Wagen, eine jüdische Ärztin aus Polen. Sie war Mitglied des Dritten Ordens vom hl. Dominikus. Sie hatte im Kloster Koningsoord freundliche Aufnahme gefunden und als Ärztin und Pförtnerin viele gute Dienste geleistet. Während der schweren Tage, die jetzt kamen, zeigte sich Dr. Meirowski als eine Frau mit großer Seelenkraft. Sie war froh, so schrieb sie aus dem Lager, zusammen mit den Schwestern für Christus und die Kirche leiden zu dürfen.
Nur Mutter Veronica, sie war schwerkrank und nicht transportfähig, wurde vorläufig in Ruhe gelassen. Das Wiedersehen der Brüder und Schwestern, die einander Jahre nicht gesehen hatten, war froh und lebhaft. Da war keine Spur von Niedergeschlagenheit. Einer der Polizisten konnte sein Erstaunen darüber nicht verbergen und sagte: „Es sieht aus, als würdet ihr zu einer Feier gehen.“ „O ja,“ sagte Mutter Hedwige, „so ist es auch. Man kann uns nur noch helfen, früher in den Himmel zu kommen.“
Nachdem sie im Torgebäude gefrühstückt hatten, verabschiedeten sich die Brüder und Schwestern von Vater Abt. Dom Simon segnete sie und sagte: „Bleibt immer echte Trappisten.“ So verließen die Geschwister Löb ihr Kloster, das sie nicht wiedersahen, und gingen froh ihren Weg in das Martyrium.

Schwestern Löb
Telegramm vom 5. August 1942, 10.01 Uhr
aus dem Lager Westerbork

An die Abtei Koningsoord, Berkel-Enschot bei Tilburg
Laßt umgehend durch Boten schicken für Schw. Theodora Loeb, geb. 22.10.11, und Schw. Lina Loeb, geb. 2.3.08, für jede: 1 Satz Klosterkleider, eine Winterdecke, Winterleibwäsche, Strümpfe, ein Paar Schuhe, ein Paar Haubenbänder, Breviere, Monatsbinden, Geld, Handtücher, Taschentücher, Schreibzeug. Dasselbe für die Patres.
Emigrantenbüro Kamp Westerbork.

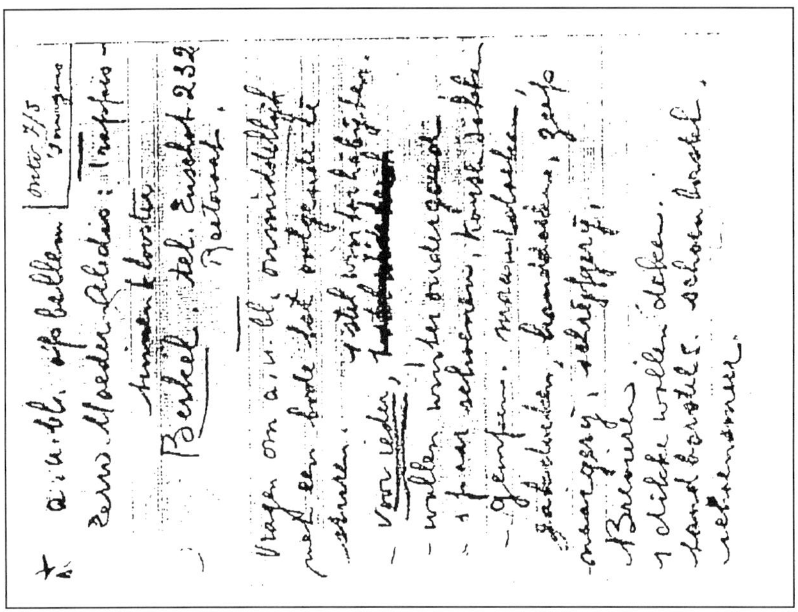

\+ a.u.b. opbellen | ontv. 7/5

Eerw. Moeder Aldis: Trappis-
tinnenklooster
Berkel. tel. Enschot 232
Restaurant.

Vragen om a.u.b. onmiddellijk
met een bode het volgende te
sturen. 1 stel winterkleding.
– voor ieder, [illegible]
– wollen winter ondergoed,
– 1 paar schoenen, kousen sokken
– gempen. maandverband,
zakdoeken, handdoeken, zeep
naaigerij, schrijfgerij,
Breviers
1 dikke wollen deken.
tandborstels. schoenborstel.
schoensmeer.

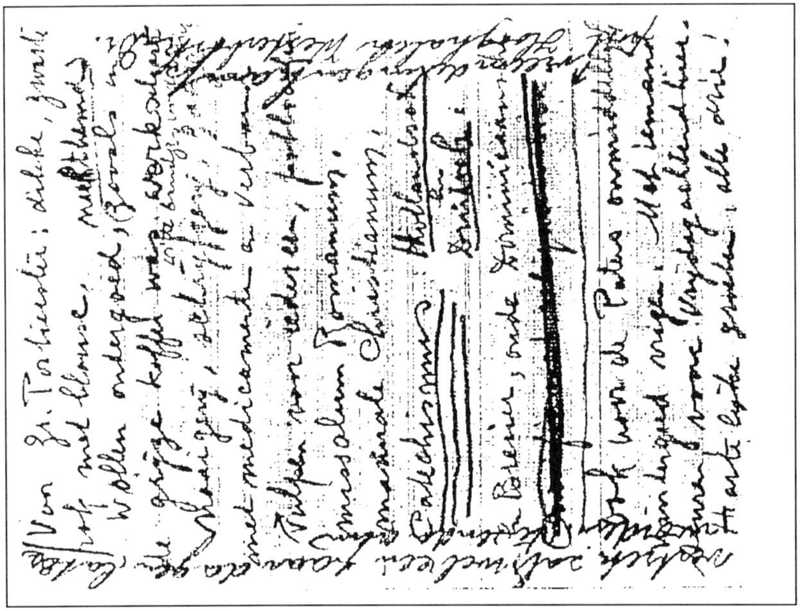

Voor Zr. Portierster: dikke, zwarte
rok met blouse. nachthemd
wollen ondergoed, zoals in
de grijze koffer was. werkschort
naaigerij, schrijfgerij,
met medicamenten en verband
Tulpen voor iedereen, [illegible]
missalum Romanum.
manuale Christianum.
Catechismus: Hollandsch en Duitsch.
Brevier, oude Dominicaans
[illegible]
Ook voor de Paters onmiddellijk
ondergoed vragen. Met iemand
sturen voor Vrijdagavond hier.
Hartelijke groeten, alle drie!

Schwester M. Hedwige
Zettel aus dem Lager Westerbork

(empfangen in der Abtei am 7. August morgens)

Bitte anrufen:
Ehrw. Mutter Äbtissin: Trappistinnenkloster
Berkel. Tel. Enschot 232, Rektorat
Wir bitten mit einem Boten sobald wie möglich das folgende zu senden für jede:
– 1 Satz Winterhabits, wollene Winterunterwäsche, 1 Paar Schuhe, Strümpfe, Socken, Bänder, Monatsbinden, Taschentücher, Handtücher, Seife, Nähzeug, Schreibzeug, Breviere, 1 dicke wollene Decke, Zahnbürsten, Schuhbürste, Schuhwichse
Für Schwester Pförtnerin: dicker, schwarzer Rock mit Bluse, wollene Unterwäsche, das Nachthemd, das im grauen Koffer ist, Arbeitsschürze, Nähzeug, Schreibzeug, weiße Bändchen für Schleier, Tasche mit Medikamenten und Verband, Füllfeder für jede, Bleistift, Missale Romanum, Manuale Christianum, Katechismus: Holländisch und Deutsch; und Brevier, altes dominikanisches ... (es folgen unleserliche durchgestrichene Worte).
Auch für die Patres sofort um Winterwäsche bitten. Jemandem mitgeben. Vor Freitagabend hier sein. Herzliche Grüße, alle drei!
An den Rand geschrieben (vermutlich von anderer Hand)
Abfahrt wird wohl einige Tage Verspätung haben. Zu senden an:
Vreemdelingen Kamp
Post Hooghalen Westerbork Dr.

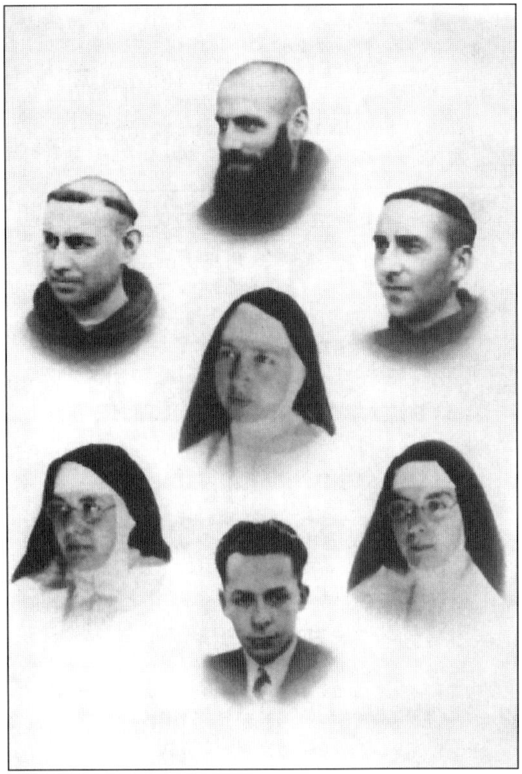

Que Dieu est bon pour Israël, pour ceux qui ont le coeur droit. (Ps. 72,1)

A la pieuse mémoire

de nos chers frères et soeurs dans le Christ

les Révérends Pères

IGNACE et NIVARD LÖB

et le Révérend Frere

LIN LÖB

de l'abbaye cistercienne

N.D. de Koningshoeven à Tilbourg.

Les Révérendes Soeurs

HEDWIGE, MARIE-THERESE

et

VERONIQUE LÖB,

moniales de l'abbaye

N.D. de Koningsoord à Berkel.

et

de leur cher frère

HANS LÖB.

De même qu'ils se sont aimés dans leur vie, ils n'ont pas été séparés dans la mort. (Liturgie)

Gedenkzettel an die Geschwister Löb.

Je vais venir à vous dans une nuée sombre.
(Ex. 19.9.)

Nous lisons ce texte dans le Livre de Moïse, où l'on raconte l'Exode des Juifs. Nous pouvons bien l'appliquer à ces âmes d'élite, issues de ce même peuple, vers lesquelles Dieu vint sur la sainte montagne qu'est le monastère contemplatif. Sur cette montagne ils priaient durant la nuit, lorsque la nuée sombre descendit sur eux. Une nuée, pour l'oeil purement humain pleine de menace, de mauvaise augure et inéluctable, mais ils y discernèrent la voix de Dieu. Et, chacun selon son propre tempérament, mais ne faisant qu'un dans l'abandon généreux à la sainte Volonté de Dieu, ils distinguèrent pleins de joie leur sort commun de prédestinés.

Et nous les vîmes partir:

PÈRE IGNACE, le cordial et exubérant, que la joie intime des enfants de Dieu ne quittait jamais.

PÈRE NIVARD, le sérieux, moine jusqu'à la moelle des os, pénétrant toujours plus intensément dans les pensées de Dieu et dans l'immense amour de Jésus.

FRÈRE LIN, l'enjoué et sans-souci, mais dans le fond de son coeur délicatement fidèle à Jésus.

MÈRE HEDWIGE, l'aînée, pleine de sollicitude maternelle et de joyeuse cordialité, prête à tout sacrifice et animée d'un profond esprit de prière.

MÈRE MARIE THERESE, la dévouée enfant de Marie, pleine de zèle pour répandre la dévotion envers sa Mère.

Un feu apostolique augmentait leur force d'âme. Si Dieu le demandait, ils étaient volontiers disposés à porter la Passion de Jésus dans leur corps, afin que par là la vie de Jésus puisse se manifester dans les autres victimes, leurs frères selon la chair.

C'est ainsi qu'ils furent arrêtés, dans la nuit du 2 août 1942, par des gens qui ne comprenaient pas que leur haine insensée et aveugle ne pouvait pas éteindre la flamme du saint amour dans ces âmes, mais les unissait plutôt avec Celui Qui a allumé le feu de l'Amour divin sur la terre, et en Qui ils sont maintenant éternellement heureux. Puissent-ils, là-haut, se souvenir de nous tous.

MÈRE VERONIQUE, la silencieuse endurante, put quand même encore, après de pénibles souffrances et persécutions, mourir dans son monastère. Elle y expira le 1 août 1944.

Leur frère **HANS** fut, le 20 février 1945 à Buchenwald, délivré de ses souffrances terrestres, pour recevoir, nous en avons la confiance, la récompense de sa foi ferme et persévérante.

Aux yeux des insensés ils ont paru mourir, mais cependant ils sont en paix. Car Dieu les a éprouvés, et les a trouvés dignes de lui.
(Sap. 3, 2-5).

†

Gedenkzettel an die Geschwister Löb.

Schwester Charitas
(Resi Bock)
Edith Bock
Leni Bock
Herma Bock-Merkelbach

Schwester Charitas Bock

„Mut behalten – beten – viele Grüße Mut behalten – sehen – schweigen."

Brief von Schwester Charitas aus dem Lager Westerbork

Am 13. Juni 1942 war Schwester Charitas 33 Jahre alt geworden. Ob sie an ihrem Geburtstag an die Passion Jesu gedacht hat? Die Briefe, die sie von ihren Schwestern Leni und Edith zum Geburtstag erhielt, weisen auf eine schwere Lage hin, in der sich die Familie befindet. Darin wird von „unserem Scheitern" gesprochen und „wir Menschen sind ohnmächtig ... es muß von oben kommen!"

Weit war der Weg der Familie durch Europa. Resi Bock wurde 1909 in Wien als zweite Tochter von Samuel Bock und Hermine geb. Grünbaum geboren. Die ältere Schwester hieß Edith, die jüngere Schwester wurde Leni gerufen. Der Vater stammte aus Warschau und war nach der Angabe auf dem Geburtsschein von Resi „sollicitator", was wohl einem rechtskundigen Berater entspricht. Die Mutter kam aus Leobersdorf in Niederösterreich.

Die Ehe der Eltern zerbricht, die Mutter geht 1920 in die Niederlande – die drei Mädchen bleiben bis Ende Juli 1922 in Wien. Am 29. August 1922 werden die Mutter und ihre drei Töchter in der Pfarrkirche St. Elisabeth in Rotterdam getauft und am 16. Oktober desselben Jahres gefirmt. Im gleichen Jahr heiratet Hermine Bock-Grünbaum den Niederländer Willem Merkelbach van Enkhuisen. Durch verwandtschaftliche Beziehung des Stiefvaters zu der Gründerin der Kongregation der Schwestern vom Heiligsten Herzen Jesu in Moerdijk – sein Großvater war ein Bruder von Huberdine Merkelbach – ergibt sich, daß Resi das Lehrerinnenseminar und Leni die Hauptschule der Schwestern besuchen.

Am 17. Februar 1927 tritt Resi bei den Schwestern ein, sie erhält den Namen Schwester Charitas. Am 15. April 1934 legt sie die ewigen Gelübde ab. Elf Jahre lang wirkt sie als Lehrerin in Hazerswoude – bis sie durch die Maßnahmen der deutschen Besatzungsmacht vom Schuldienst ausgeschlossen wird. Mit ihrer

Die drei Schwestern Resi, Leni und Edith Bock.

Schwester Edith, die in Rotterdam als Lehrerin arbeitet, pflegt sie einen intensiven Austausch über neue Ideen für die praktische Jugendarbeit. Inzwischen hat sich ihre jüngere Schwester Leni verlobt; zu einer Eheschließung kommt es noch nicht, vielleicht aufgrund der politischen Ereignisse und wegen der Armut der Familie, die durch die Verordnungen vom Erwerbsleben ausgeschlossen wird. Guten Kontakt hat Schwester Charitas auch mit dem Bruder ihres Stiefvaters, Louis Merkelbach van Enkhuisen, der als Kaplan in Steenbergen wirkt.

Schwester Charitas und ihre Angehörigen bekommen die Konsequenzen der antijüdischen Politik zu spüren. Von dem Bruder ihrer Mutter in Österreich, Onkel Wilhelm Grünbaum, der aus einem Konzentrationslager fliehen konnte, weiß sie, wie die Deutschen mit den Juden umgehen. Seit Dezember 1940 befindet sich Schwester Charitas im Mutterhaus in Moerdijk, wo sie in den häuslichen Diensten arbeitet, Aufgaben im erzieherischen Bereich sind ihr als Jüdin verboten. Tag um Tag erlebt sie die Schikanen der Behörden, ungezählte Vorladungen, das sinnlose Ausfüllen großer Stöße von Formularen. Weder ihre Mitschwestern noch der Beauftragte der Bischofskonferenz für die katholischen Juden, Herr Teulings, können Schwester Charitas und ihre Angehörigen schützen. Auch ein Attest über die Magenerkrankung von Schwester Charitas ist wirkungslos.

In der Frühe des Sonntagmorgens vom 2. August 1942 verhaftet die Sicherheitspolizei Schwester Charitas im Mutterhaus zu Moerdijk. Fast zur gleichen Stunde ereilt in Rotterdam ihre Mutter Hermine mit ihren Schwestern Edith und Leni das gleiche Schicksal. Im Durchgangslager Amersfoort treffen sie dann im Laufe des Tages zusammen. Mutter und Töchter werden denselben Weg nach Auschwitz-Birkenau gehen müssen, jedoch nicht zur selben Stunde.

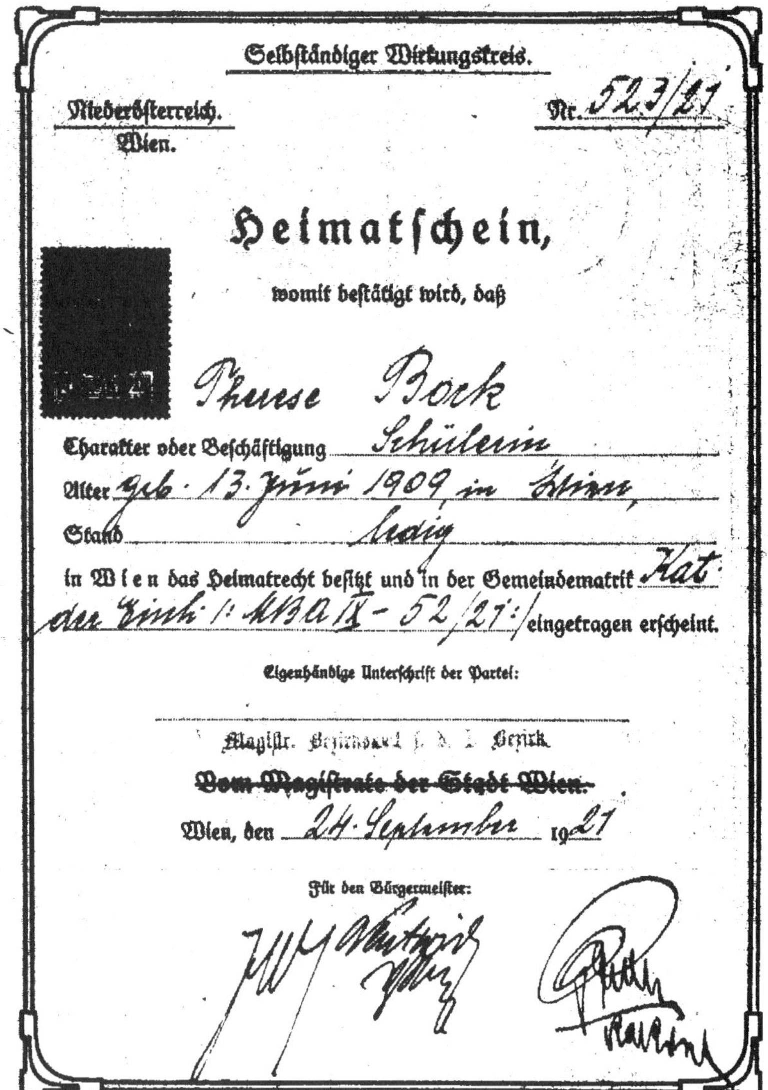

Selbständiger Wirkungskreis.

Niederösterreich. Nr. 523/21
Wien.

Heimatschein,

womit bestätigt wird, daß

Therese Bock

Charakter oder Beschäftigung Schülerin

Alter geb. 13. Juni 1909 in Wien,

Stand ledig

in Wien das Heimatrecht besitzt und in der Gemeindematrik Kat. der Kirch. /: MBA IX - 52/21: / eingetragen erscheint.

Eigenhändige Unterschrift der Partei:

Magistr. Bezirksamt f. d. I. Bezirk.

~~Vom Magistrate der Stadt Wien.~~

Wien, den 24. September 1921

Für den Bürgermeister:

Staatsdruckerei. (St.) 3435 19

Heimatschein für Resi Bock vom 24. September 1921.

Zl.: Ie Pst 33-41

Deutsches Reich

514

Heimatschein

(für den Aufenthalt im Ausland)

Therese Sara Bock

in Moerdijk

geboren am 13. Juni 1909 in Wien

besitzt die deutsche Staatsangehörigkeit (Reichsangehörigkeit).

Diese Bescheinigung gilt bis zum 17. Mai 1942.

Wien, den 17. Mai 1941.

Der Reichsstatthalter in Wien

~~Der Reichskommissar~~

~~für die Wiedervereinigung Österreichs mit dem Deutschen Reich~~

~~[illegible]~~

Im Auftrage:

(Unterschrift des Inhabers)*)

*) Der Inhaber hat den Heimatschein, ehe er ihn einer ausländischen Behörde vorlegt, eigenhändig zu unterschreiben.

Heimatschein für Resi Bock vom 17. Mai 1941.

3.22
no.247

L. J. H. H.

TER HERINNERING AAN DE

H. Professie

van de

Eerw. Zuster Maria Charitas

in de Congregatie der Zusters van
het Allerheiligst Hart
te Moerdijk
15 Augustus 1931

God alleen tot getuige
Jezus Christus tot voorbeeld
Maria tot steun
en dan niets, niets dan liefde en opoffering

Heer, om aan Uw verzoek te voldoen
[bid ik U,
Geef Uw licht aan de arme heidenen;
En wijl de oogst zoo groot is.
Vermeerder het getal uwer werklieden,
Die op de velden Uwer kerk arbeiden.

H. Hart van Jezus schenk Uw zegen aan mijn dierbare ouders, zusjes en familieleden en aan allen die mij om U eenig goed gedaan hebben.

Typ. Vermeulen

Gedenkzettel an die Profeß von Schwester Charitas am 15. August 1931.

Dokumente

Generaloberin Schwester Vincentia van Schendel
Erklärung vom 6. Juli 1945 über die Festnahme von Schwester Charitas Bock am 2. August 1942

Am Sonntag, den 2. August 1942, morgens gegen 5.45 Uhr wurde im Herz-Jesu-Kloster zu Moerdijk Schwester Thérèse Bock, so viel mir bekannt ist, von Feldwebel van Hooge aus Lage Zwaluwe festgenommen. Sie wurde verhaftet, weil sie von jüdischer Abstammung ist. Sie hatte kein jüdisches Aussehen. Wir wurden vorher auch nicht benachrichtigt. Bei der Verhaftung haben wir noch besprochen, ob wir sie möglicherweise der Festnahme entziehen können. Der Feldwebel, der sie festnehmen mußte, und der Chauffeur machten den Eindruck, daß sie für die Durchführung persönlich haftbar waren. Sie sollten Schwester Charitas vor 7 Uhr nach Breda bringen.

Schwester Therese Hermus
zur Verhaftung von Schwester Charitas am 2. August 1942

Da wir in den Ferien sonntags länger schlafen dürfen als gewöhnlich, schliefen wir alle noch, als bei uns an der Tür geschellt wurde. Die Pfortenschwester benachrichtigte mich, daß Chauffeur Krebeks aus Lage Zwaluwe mit dem Befehl gekommen war, Schwester Charitas abzuführen und nach Breda zu bringen. Nachdem ich mit dem Chauffeur gesprochen hatte, ging ich und sagte Schwester Charitas Bescheid. Ihr erstes Wort, als sie mich sah, war: „Muß ich weg?“
Zuerst habe ich noch verschiedene Stellen angerufen, um Rat einzuholen, was ich tun sollte, u.a. Herrn Teulings aus Vught. Frau Teulings kam ans Telefon, Herr Teulings war nicht zu sprechen. Herr Teulings hatte bereits viel dafür getan, die Juden zu beschützen. Seiner Frau zufolge war er überanstrengt und konnte in dieser Sache auch nichts tun.
Soviel ich mich erinnern kann, war Monsignore Mutsaerts nicht zu Hause. Vielleicht war er in der Kathedrale, aber genau weiß ich es nicht mehr. Der

Entrée

Am 2. August 1942 morgens gegen 5.30 Uhr wurde Schwester Charitas im Mutterhaus der Herz-Jesu-Schwestern in Moerdijk verhaftet und über Breda nach Westerbork gebracht.

Sekretär riet mir, die Schwester gehen zu lassen, da man ohnehin nicht drumherum käme. Ich fragte noch, ob wir eine zweite Schwester mitschicken sollten. Ja, das sei gut. Es war immer unsere Gewohnheit, die Schwestern, wenn eben möglich, zu zweit reisen zu lassen. Ich benachrichtigte noch das Bistum Breda. Das habe ich getan, weil Schwester Ignace vielleicht zu Monsignore gehen sollte, um ihn evtl. um Rat zu fragen.

Schwester Ignace de Bruin über den Abtransport von Schwester Charitas aus Breda am 2. August 1942

Am bewußten Sonntagmorgen war die deutsche Besatzungsmacht wütend über den Brief, den Kardinal de Jong am Sonntag zuvor in allen katholischen Kirchen in den Niederlanden verlesen ließ. Deshalb ließen sie in den frühen Morgenstunden, so ungefähr gegen 5.30 Uhr, bei uns überall in den Niederlanden alle katholischen Juden verhaften. Die holländische Gendamerie mußte diesen Befehl ausführen. Schwester Charitas war völlig ruhig, als sie diese Nachricht erhielt. Ich selbst war gerade aus Finnland evakuiert worden und konnte mehr oder weniger überblicken, was hier vor sich ging, während die meisten anderen Schwestern in Panik geraten waren. Schwester Charitas zog ihr Ordenskleid an, ich warf es mir übers Nachthemd. Schnell schleppte ich meinen dicken, gefütterten Wintermantel aus Finnland herbei, zog eine Brottrommel voll Brot aus dem Schrank und ein paar Decken aus dem Bett und in einer Viertelstunde saßen wir fertig im Auto auf dem Weg nach Breda. Ich war mitgekommen, um zu sehen, was geschehen würde. Die Männer im Auto entschuldigten sich mehrmals für das, was sie tun mußten. Als wir in Breda auf dem Kasteelplatz ankamen, standen überall Wagen mit schwerbewaffneten Soldaten. Wir mußten zuerst nach oben in ein Büro kommen, wo verschiedene ältere Menschen saßen und ein jüngerer Mann, ein gewisser Herr Lapidaire aus Breda, der, soviel ich weiß, eine jüdische Großmutter hatte. Eine junge Frau und zwei kleine Kinder waren bei ihm. Er war sich in keiner Weise bewußt, was auf ihn zukam. Schwester Charitas gab mir ihren goldenen Ring, denn die Polizei hatte uns mitgeteilt, daß er ihr sofort weggenommen

Die Generaloberin, Schwester Vincentia van Schendel, machte sich zusammen mit Schwester Theresia Hermus und Toon van Kinderen auf den Weg nach Westerbork. Am späten Mittwochnachmittag (5. August) konnten sie Schwester Charitas sprechen. Am anderen Morgen bei einem neuen Besuch sprachen sie auch mit Leni und Edith Bock.

würde. Sie bat um meine Uhr, da sie selbst keine besaß. Ich sagte zuerst: „Sie ist noch von meiner Mutter," aber ich gab sie ihr natürlich. Später in Westerbork, kurz bevor sie über die Grenzen geführt wurden, hatte sie eine Gelegenheit, mir die Uhr durch einen Unbekannten wieder zurückzuschicken. So war sie. Wir wurden in dem Büro furchtbar angeschnauzt. Dann mußten alle, die aufgerufen wurden, in den Überfallwagen einsteigen. Es waren auch sehr alte Menschen aus dem Laurentius-Altenheim dabei. Schwester Charitas sagte zu mir: „Tun Sie so, als wäre nichts; nur nicht weinen. Sie sollen keinen Spaß daran haben." Und sie redete mir ein Loch in den Bauch. Zuerst wollte ich mitkommen. „Aber dann kommen Sie nicht mehr zurück," wurde mir gesagt. Schwester Charitas war auch dagegen. „Eine ist genug," sagte sie. Sie wußte damals noch nicht, daß ihre ganze Familie genauso abgeführt worden war.
Dann fuhren sie ab unter einem großen Machtaufgebot von Soldaten und Waffen. Ich stand jetzt allein mit einem deutschen Offizier auf dem Kasteelplatz. Er sagte zu mir: „Daran sind Eure Bischöfe schuld, die diesen Brief in den Kirchen verlesen ließen." Dann ging ich durch das morgendliche Breda, wo kaum jemand vermutete, was soeben geschehen war. Zuerst bin ich zum Ignatius-Krankenhaus gegangen – dort besuchten einige unserer Schwestern die Krankenpflegeschulen – um mir einen Mantel zu holen, denn ich hatte keine Zeit gehabt, mich anständig zu kleiden. Dort habe ich mich auch ein bißchen ausgeweint, denn ich hatte gut begriffen, daß wir sie nie mehr wiedersehen würden. Danach ging ich zum Bistum zu Monsignore Hopmans, dem Bischof von Breda, und überbrachte ihm die Worte des deutschen Offiziers. Ohnmächtig gegenüber dieser brutalen Gewalt rief der Bischof den Erzbischof von Utrecht an. Dies war vielleicht die erste Nachricht, die Monsignore de Jong über die unbarmherzige Unterdrückungsmaßnahme von Seyß-Inquart erhielt.

Wilhelm Merkelbach-van Enkhuizen
Brief vom 2. August 1942 an seinen Bruder Louis über die Wegführung der Mutter und der Schwestern von Schwester Charitas

Heute morgen um 4.30 Uhr wurden Herma, Edith und Leni abgeholt. Sie mußten Decken und Eßwaren für drei Tage mitnehmen und sind dann mit einem

Herma Grünbaum(Bock)-Merkelbach und Wilhelm Merkelbach van Enkhuizen.

großen Polizeiauto abtransportiert worden. Wohin, weiß ich nicht, aber man vermutet zum Konzentrationslager Amersfoort. Ich ging sofort zum Pfarrhaus der Kapuziner, von wo aus man mich weiter auf dem laufenden halten will. Es scheinen im ganzen Land alle katholisch gewordenen Juden abgeholt worden zu sein, als Strafe für den Brief der Bischöfe. Ich habe mich heute morgen lange tapfer gehalten, aber jetzt bin ich zusammengebrochen. Ich finde es so schrecklich schlimm für sie, die so etwas doch gar nicht verdient haben, im Gegenteil. Sie hatten soviel Hoffnung, die Freiheit zu behalten auf Grund des Briefes vom Bischof. Edith hoffte, an einer Schule für jüdische Kinder wieder als Lehrerin tätig sein zu können. Schrecklich! Es ist zu hoffen, daß der gute Gott sie vor weiterem Leid bewahrt, sonst überleben sie es nicht. Jetzt weiß ich auch nicht, was ich mit mir anfangen soll, aber darüber später. Ich habe ein brennendes Verlangen zu wissen, wo sie sind, noch lieber würde ich sie heute abend wieder zu Hause sehen. Es ist ein Jammer, daß wir so weit voneinander getrennt sind.
Heute – Montag – ist alles so ganz anders verlaufen, als ich dachte und dieser Brief ist noch nicht weg. Gerade mit der Post um 7 Uhr kam Dein Brief hier an, für den ich Dir herzlich danke, Louis. Ja, werden die Bischöfe noch etwas erreichen können? Es wäre ja zu hoffen!
Heute Mittag erhielt ich einen Telefonanruf von Moerdijk, ob ich gehört hätte, wo meine Frau und meine Kinder seien – ob ich etwas über Schwester Charitas wüßte? Es ist schlimm genug, daß ich heute nichts Näheres erfahren konnte.

Schwester Charitas
Brief vom 4. August 1942 um 15.45 Uhr aus dem Lager Westerbork

Liebe Schwester Oberin, Sonntag von 10 vor 11 Uhr bis Dienstagnacht 2 Uhr Amersfoort. Behandlung Amersfoort – optima forma, Essen prima – nur Montag. – Zusammen mit meiner Mutter und meinen Schwestern. Mutter in Amersfoort geblieben. Jetzt nur mit den Schwestern und anderen Bekannten und Unbekannten aus Wien.
Die Schwestern Löb und Patres + noch 6 oder 7 Schwestern von anderen Kongregationen. *Anworten Sie nicht darauf.* Mut behalten – beten – viele

Grüße. *Nichts* nach draußen bekanntmachen. – Nur für Sie persönlich. – Kann nachteilige Folgen haben. Bin todmüde und habe viel Schlaf – darum so schlampig. – Sie verzeihen sicher. Meine Schwestern und die anderen Menschen halten sich den Umständen entsprechend gut. Betet weiter und vertraut und glaubt, kein unnötiges Gerede. Strikt privat. Grüße an Schwester Mansueta. – Sie begreifen sicher, Schwester Oberin.
Vielen Dank für Ihr gutes Sorgen und viele Grüße von Schwester Charitas, Schwester vom Heiligsten Herzen Jesu.
Mut behalten – sehen – schweigen

Schwester Charitas
5. August 1942 aus dem Lager Westerbork
1. Telegramm um 10.49

Herz-Jesu-Kloster, Steenweg, Moerdijk.
Bringt sofort warme Kleidung, Schuhe, Eßgeräte von Thérèse Bock (Schwester Charitas), geb. 13.6.1909, zum Fremdenlager Westerbork bei Hooghalen in Ostdrente Auswandererbüro Westerbork

2. Telegramm um 15 Uhr
Dringende Bitte um Express-Sendung, Kopfbedeckung, Kleidung, Schuhe, Eßgeräte und nötige Haushaltsartikel in einem Koffer für Thérèse Bock, Baracke 36, Saal 4, Lager Westerbork.

Schwester Charitas
Brief vom 5. August 1942 um 11.45 Uhr aus dem Lager Westerbork

Liebe Schwester Oberin, es ist fast unmöglich etwas zu schreiben; was man mitmacht, hört, sieht und empfindet, ist unsagbar, geschweige denn, es aufzuschreiben. Ich sitze auf meinem Koffer, der auf meiner Pritsche steht. Die Füße auf einer anderen Pritsche. Eingeschrieben bin ich hier als Thérèse Bock (eventuell noch hier und da Sr. hinzugefügt). Man ist hier nur die Nummer soundsoviel. Man

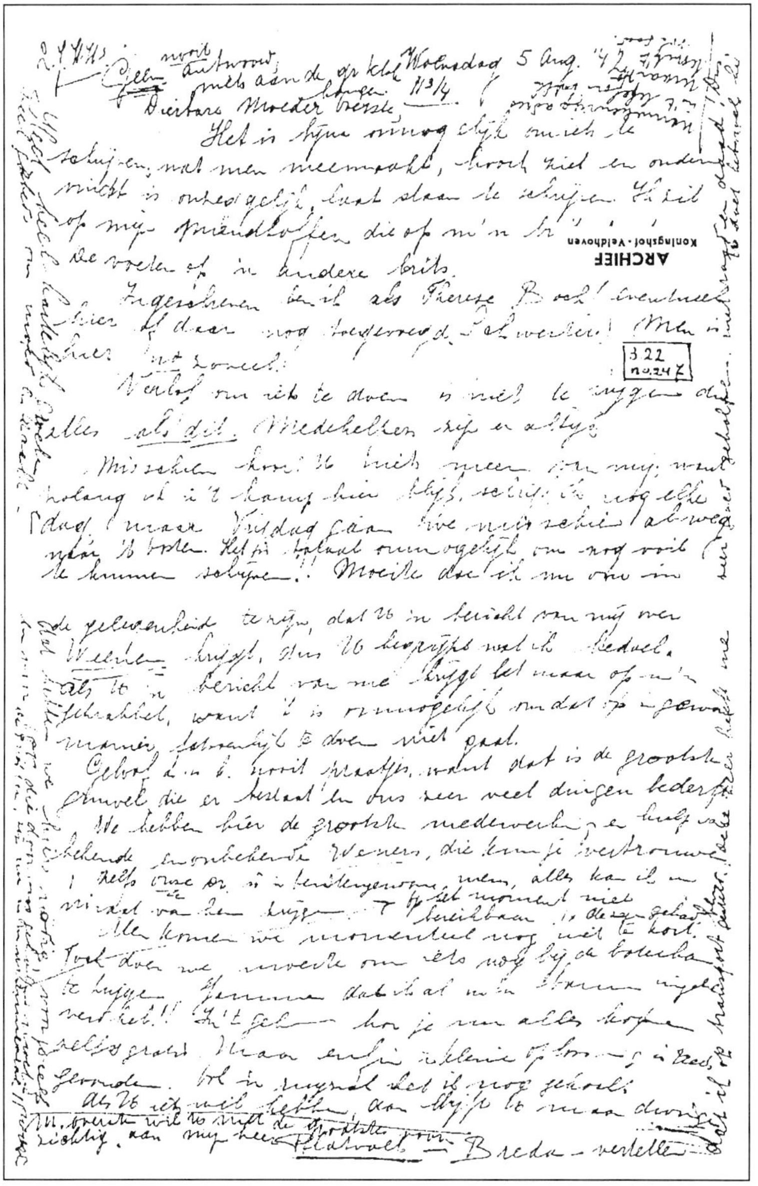

Woensdag 5 Aug. '42

Dierbare Moeder Overste

Het is bijna onmogelijk om iets te schrijven wat men meemaakt, hoort, ziet en ondervindt is onbeschrijfelijk, laat staan te schrijven. [illegible]

[illegible] die op m'n [illegible] de voeten of in andere brits.

Ingeschreven ben ik als Therese Bock! [illegible]

Verlof om iets te doen is niet te krijgen [illegible] alles als dit. Medehelpen [illegible]

Misschien hoort U niets meer van mij [illegible]

[illegible] Moeilijk doe ik [illegible]

[illegible] de gelegenheid te zijn, dat U in bericht van mij [illegible] krijgt. [illegible]

[illegible] bericht van me krijgt [illegible]

[illegible] dat is de grootste [illegible]

We hebben hier de grootste medewerking en hulp van [illegible]

Alleen komen we momenteel nog niet te kort.

[illegible] Breda [illegible]

Brief von Schwester Charitas aus dem Lager Westerbork vom 5. August 1942.

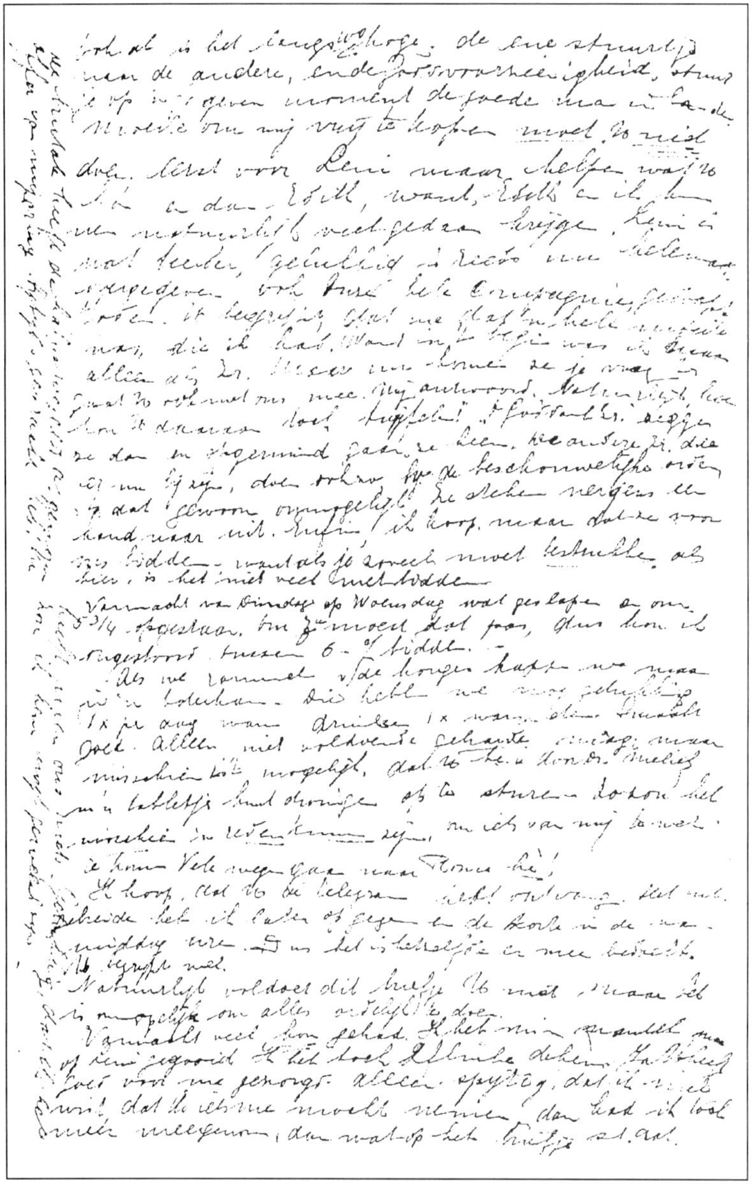

Brief von Schwester Charitas aus dem Lager Westerbork vom 5. August 1942.

bekommt keine Erlaubnis, etwas zu tun, *wie dieses.* Helfer sind immer um uns. Vielleicht hören Sie nichts mehr von mir; solange ich hier im Lager bleibe, werde ich jeden Tag schreiben. Aber vielleicht fahren wir schon am Freitag Richtung Osten. Dann wird es unmöglich sein, noch irgendetwas zu schreiben! Ich versuche jetzt, eine Gelegenheit zu finden, daß Sie von mir einen Bericht erhalten über *Wien.* Sie verstehen, was ich meine. Wenn Sie den Bericht von mir bekommen, achten Sie nicht auf mein Gekritzel, denn es ist fast unmöglich, vernünftig zu schreiben. – Es geht nicht.
Glauben Sie niemals dem Gerede, denn das ist der größte Greuel, der besteht und uns sehr schadet. Wir erhalten hier die größte Unterstützung und Hilfe von Bekannten und Unbekannten aus *Wien.* Diesen können Sie vertrauen.
Sogar unser Arzt ist ein außergewöhnlicher Mensch. Alles kann ich privat von ihm bekommen. Die Priester sind jetzt in der Männerbaracke! Im Augenblick nicht erreichbar. Einmal den Segen bekommen.
An Essen fehlt es uns augenblicklich noch nicht. Wir geben uns Mühe, zu den Butterbroten noch etwas hinzuzubekommen. Schade, daß ich alle meine Essensmarken abgegeben habe! Im Geheimen kann man jetzt alles kaufen, sogar gratis. Aber wie auch immer, eine kleine Lösung haben wir schon gefunden. Auch einen Rucksack habe ich noch gekauft.
Wenn man etwas haben will, dann muß man Druck ausüben. Auch wenn es über 100 Herren geht, die einen von einem zum andern schicken, im richtigen Augenblick schickt die göttliche Vorsehung dann den richtigen Mann.
Geben Sie sich keine Mühe, mich freizukaufen. Erst Leni helfen, soviel Sie können, und dann Edith. Edith und ich können natürlich mehr aushalten als Leni. Sie ist zarter. Es ist ein Segen, daß sie sich jetzt ganz übergeben hat. Auch unsere ganze Versammlung, getaufte Juden. Sie verstehen, daß es mich viel Mühe gekostet hat, denn am Anfang stand ich als Schwester allein. Aber jetzt kommen sie und fragen mich: „Schwester, gehen Sie auch mit uns?“ Und meine Antwort: „Natürlich, wie können Sie daran zweifeln!“ „Oh, Gott sei Dank, Schwester!“ sagen sie dann und froh gehen sie weiter. Die anderen Schwestern, die dabei sind, machen das auch so. Bei den beschaulichen Orden ist das einfach unmöglich. Sie fassen nirgends mit an. Na ja, ich hoffe nur, daß sie für uns beten, denn wenn man soviel bewerkstelligen muß, dann wird aus dem Beten nicht viel.

Heute in der Nacht von Dienstag auf Mittwoch etwas geschlafen und um 5.45 Uhr aufgestanden. Eigentlich muß das erst um 7.00 Uhr sein. So konnte ich ungestört zwischen 6.00 und 7.00 Uhr beten. Wenn unser Magen vor Hunger knurrt, beißen wir in ein Stück Brot. Das haben wir glücklicherweise noch. Einmal am Tag gibt es etwas Warmes zu trinken und einmal warmes Essen; nur nicht das rechte für einen *empfindlichen Magen.* Aber vielleicht ist es Ihnen möglich, mir durch Doktor Melief meine Tabletten zu schicken. – Das wäre vielleicht eine Möglichkeit, etwas über mich zu erfahren. Viele Wege führen nach Rom! Ich hoffe, daß Sie die beiden Telegramme erhalten haben. Das ausführlichere habe ich später aufgegeben, das kürzere am Nachmittag. Aber beide meinen dasselbe. – Sie verstehen sicher.
Natürlich ist dieses Briefchen nicht vollständig. Aber es ist unmöglich, ausführlicher zu schreiben. Heute Nacht hatte ich es sehr kalt. Ich habe meinen Mantel über Leni gelegt. Ich habe noch zwei dicke Decken. Sie haben gut für mich gesorgt. Nur schade, daß ich nicht wußte, daß ich etwas mitnehmen durfte. Dann hätte ich doch etwas mehr mitgenommen, als auf dem Briefchen stand. Ja, der *Brutale* besitzt die halbe Welt. Weggenommen hat man uns nichts, glücklicherweise. Nur gut, daß ich das Opfer brachte und meinen Ring schon vorher abgegeben hatte! Jetzt wäre ich ihn losgeworden.
Schwester Oberin, würden Sie bitte unter größter Geheimhaltung Herrn Platvoet – Breda – sagen, daß ich für den Transport vorgesehen bin. Dieser Herr hat mir mit Rat und Tat sehr geholfen! Sie tun das sicher. Die genaue Adresse steht im Telefonbuch. Aber so kommt es auch an.
Ganz, ganz herzliche Grüße und viel Gebet um Mut und Kraft – das haben wir hier sehr nötig für uns selbst und Hunderte, die unsere Hilfe brauchen. *Geben Sie nie eine Antwort!* Nichts an die große Glocke hängen!

Schwester Therese Hermus über den Besuch im Lager Westerbork am 5. und 6. August 1942

Schwester Vincentia und ich sind dorthin gefahren mit Toon van Kinderen. Sie (Schwester Charitas) hatte nämlich ein Telegramm geschickt, in dem sie um

warme Kleidung, Eßbesteck usw. bat, die sie für eine weite Reise nötig hatte. Von Doordrecht telefonierten wir zu unserem Kloster in Dalfsen, ob unsere Schwestern dafür sorgen könnten, daß in Zwolle jemand mit den erbetenen Sachen stand. Herr Jacobs, der Bruder von Schwester Celine war tatsächlich in Zwolle und wir konnten das Paket in Empfang nehmen. Nun ging die Reise weiter nach Beilen. Dort konnten wir ein Auto nehmen. Der Chauffeur brachte uns nach Westerbork. Es war schon Abend und wir fragten den Chauffeur, ob er sich nach einer geeigneten Unterkunft für uns erkundigen könne, wo wir übernachten könnten. Nachdem er ein paar Mal vergeblich gefragt hatte, fand er doch eine Unterkunft. Es war kein Hotelzimmer, aber wir waren für die Nacht untergebracht. An der Pumpe konnten wir uns waschen. Toon van Kinderen war in der hinteren Küche ein Platz angewiesen worden. Geschlafen haben wir nicht, aber der Morgen kam doch.
Am Abend (also, Mittwoch, 5. August) erreichten wir das Camp und wurden von der Wache durchgelassen. Sie können sich so ein Lager vorstellen: Ein großer Platz mit mehreren Baracken, in denen die Menschen leben. Sie müssen ihre Unterkunft selbst sauberhalten und abends beizeiten drinnen sein. Wir begegneten einer Dame, die den Lagerinsassen nicht ungeneigt war. Sie stand wohl im Dienst der Deutschen. Ob sie jedoch selbst ins Lager gebracht worden war, weiß ich nicht. Sie hatte etwas mehr Handlungsfreiheit. Sie konnte uns keine Auskünfte darüber geben, was mit den Gefangenen geschehen würde. Uns wurde gesagt, auch von Schwester Charitas, daß noch einige kommen müßten und daß sie dann nach Deutschland transportiert würden.
Wir gaben Schwester Charitas alles, was wir mitgebracht hatten, worüber sie sehr froh und dankbar war. Sie hielt sich sehr tapfer. Unser Herr stärkte sie. So wie der hochwürdige Herr Merkelbach, der zur Zeit Rektor bei den Franziskanerinnen im Gästehaus zu Etten ist, einmal gesagt hatte: „Die Firmgnade stärkt uns gerade in schweren und dunklen Zeiten.“ Das hat Schwester Charitas sicher auch erfahren. Es wird in der ganzen Kongregation für sie gebetet (wie bei der Gefangennahme von Petrus, die ganze Christengemeinde). Ein Trost für sie und die beiden Schwestern war, daß sie im Lager zusammenbleiben konnten.
Bei unserer Ankunft wurden wir von der oben genannten Dame in eine Art Büro geführt und Schwester Charitas wurde benachrichtigt. Schon bald sahen wir sie

kommen. Der Besuch durfte nur kurz sein, da es schon neun Uhr oder halb zehn war und Schwester Charitas mußte beizeiten drinnen sein. Sie war ziemlich ruhig, jedoch auch ängstlich, die Zeit nur ja nicht zu überschreiten. Das merkte ich wohl. Wir sollten schlafen gehen. Am nächsten Morgen gingen wir zuerst nach Assen, um der heiligen Messe beizuwohnen und die heilige Kommunion zu empfangen. Im Pfarrhaus haben wir dann gefrühstückt und gingen dann wieder zurück zum Lager. Wir haben dann auch mit den beiden Schwestern gesprochen. Edith war mutig und tapfer. Leni, die jüngste, war sehr traurig. (Sie war, wie ich meine, verlobt.) Edith und Schwester Charitas wollten während ihres Aufenthaltes auch apostolisch tätig sein. „Wir können hier," sagte sie, „viel Gutes tun, wenn wir hier alles sauberhalten und stark sind."
Wir hatten am Abend Schwester Charitas auch einen Umschlag mit 100 Gulden gegeben, aber morgens sagte sie: „Mutter halten sie Ihre Hand auf der Tasche, hier ist niemandem zu trauen." Welchen Grund hatte sie hierfür?... Wieder durften wir nicht lange bleiben aus Angst vor den Wachtposten, die noch kommen mußten.

H. van Duursen
Brief vom 7. August 1942 an Schwester Theresia über seine Besuche im Lager am 6. und 7. August

Ehrwürdige Schwester Oberin,
auf Bitten der ehrwürdigen Oberin Godefrida (Oberin des Klosters der Schwestern vom Hl. Herzen Jesu in Dalfsen) und um mein Versprechen einzulösen, daß ich Ihnen gestern abend am Telefon gegeben habe, schreibe ich Ihnen meine Erfahrungen bezüglich der Bemühungen um Schwester Charitas auf. Dann können Sie sich darüber unterrichten und ein Bild davon machen, was von hier aus unternommen wurde, um das Leid der ehrw. Schwester Charitas wenigstens etwas zu erleichtern. Ich hoffe, daß Sie es zu schätzen wissen und es Ihnen ein Trost ist in den schweren Stunden, die unzweifelhaft für Sie und die anderen Schwestern gekommen sind. Diese Stunden sollen erhellt werden von dem Wissen, das alles getan worden ist, was getan werden konnte.

Wie Sie bereits wissen, fuhren Herr Jacobs und ich am Mittwochabend nach Zwolle, um ihnen die Kleider zu übergeben. Wieder zuhause angekommen, hatte Schwester Godefrida bereits Lebensmittel zusammengetragen, wie nachher noch aus dem Lager Westerbork gewünscht worden war. Diese Bitte kam vor allem von einer gewissen Schwester v. d. Hoff (Krankenschwester), die, wie ich später hörte, schon 3 bis 4 Jahre im Lager war, und auch in der ersten Zeit, als das Lager noch als Flüchtlingslager gebraucht wurde, ihre Dienste freiwillig angeboten hatte. Sie wußte jedoch nicht, daß dies das Ende sein würde! Sie ist eine Wohltäterin der Gefangenen, da sie noch sehr viel Gutes tut, ohne daß die höheren Stellen zuviel davon mitbekommen. Gestern sagte sie auf eine Frage, die ich ihr gestellt hatte: „Zuerst war ich freiwillig, jetzt bin ich verpflichtet worden. Aber ich will auch nicht mehr weg, da ich das Leid wenigstens ein bißchen erleichtern kann." Dies zeigt ihre Persönlichkeit. Natürlich darf das nicht nach draußen durchsickern. Sie hatte dafür gesorgt, daß das Haus in Dalfsen die Bitte um Eßwaren erreichte. Die Opfer bekommen anscheinend nichts mit auf die Durchreise zu ihrem Verbannungsort!! Glücklicherweise hatte Schwester Godefrida gut gesorgt für Brot, Käse, Butter usw, ein ganzes Paket, dessen Gewicht ich ordentlich spürte, als ich mich am folgenden Morgen auf den Weg machte. Denn Schwester Oberin Godefrida hatte mich gebeten, es wegzubringen. Glücklicherweise hatte ich Ferien und war froh, etwas für die armen Schwestern tun zu können. Ich ahnte jedoch nicht, daß es am Ende wie ein Klumpen Blei auf meinem Gemüt liegen würde, nachdem ich das Elend dort gesehen hatte.

Um einer möglichen Belästigung zu entgehen, hatte ich mir noch aus weiser Vorsicht am Abend vorher vom Bürgermeister von Dalfsen eine Bescheinigung ausstellen lassen, deren Inhalt lautete, daß ich auf Antrag der deutschen Obrigkeit Essen überbringen sollte (Was nachträglich ein diplomatischer Schachzug zu sein schien, wenn es auch nicht ganz stimmte bezüglich der deutschen Obrigkeit. Aber das wußte ich da noch nicht.).

Hiermit und mit dem schweren Paket bewaffnet, von dem sicher zehn Personen mehrere Tage hätten leben können, nahm ich den Zug nach Assen. Dort hörte ich jedoch, daß das Lager ungefähr 15-20 km davon entfernt lag. Was sollte ich tun? Laufen war unmöglich! Die Busse fuhren erst später, ein Fahrrad oder ein Taxi

konnte ich nicht bekommen, obwohl ich früh dran war. Na ja, schließlich ging ich zum Pfarrhaus. Mit dem Brief vom Bürgermeister und einem weiteren Schreiben erhielt ich dort ein Fahrrad. Im Lager angekommen, standen einige Dutzend Menschen am Eingang, meist Katholiken, die auch Kleider für ihre Lieben dort hinter dem Stacheldraht in die Baracken bringen mußten. Was für ein jämmerlicher Anblick! Schwester Oberin, Sie haben das Lager gesehen, stellen Sie sich vor, das einige Dutzend Menschen schreiend und außer sich Ausschau halten nach den erbärmlichen Lotsen, die sie zu ihren geliebten Bewohnern lassen. Schreiend, weil sie bis jetzt absolut noch nicht mit ihren lieben Verwandten sprechen durften. Jämmerlich und herzzerreißend! Wie sehr man sich bemühte, niemand konnte die kalten Herzen dort drinnen erweichen. „Abgewiesen!" Danach habe ich es versucht. Ich hatte schon sehr bald den Eindruck, daß die Feldgendamerie nur einen großen Mund hatte, um Eindruck zu machen wegen der... SS usw., aber daß sie ja so gern geholfen hätten. Jetzt hatte ich ein Türchen gefunden, durch das ich etwas erreichen konnte. Das wollte ich probieren! Einfach war es nicht, aber unbemerkt glitt einer der Feldgendarme aus dem Pfortenhäuschen und ging ins Lager hinein. Ebenso unbemerkt kam er zurück. Ein Prachtkerl, denn ich hatte noch kurz mit ihm gesprochen... Nach zehn Minuten kam Telefon aus dem Lager. Die Besucher, die etwas mitgebracht hätten, dürften ihre Verwandten sehen und sprechen. Nicht zu beschreiben, war das ein Jubel! Trotz der ernsten Gesichter der Wachtposten der SS ein glücklicher Augenblick.
Inzwischen hatte ich Bekanntschaft gemacht mit dem Verlobten der Jüngsten der Familie Bock, der aus Rotterdam Kleidung für die beiden Geschwister brachte. Er wußte noch nicht, daß die dritte Schwester, nämlich Schwester Charitas, auch da war. Der junge Mann schaute wie abwesend, als er das hörte... Aber wer kam als erste? Schwester Charitas! Sie erkannte den jungen Mann sofort. Kurz darauf konnte ich ihr erklären, wer ich war und was ich wollte. Wie froh war sie, als sie merkte, daß sie nicht vergessen worden war. Doch wie sehr bewunderte ich auch sie wegen ihrer Geisteskraft, eine Heldin! Auch wenn uns alle dann das Gefühl übermannte, als die anderen Blutsverwandten für die Wartenden kamen. Als Mann habe ich dagestanden und geweint, als ich das Wiedersehen von Halbgeschwistern, Schwestern, Verlobten usw., usw., sah. Denn es war ein überwälti-

gender Anblick: die lachenden, weinenden, nervösen, verkrampften Gesichter und Gebärden. Das vergesse ich nie mehr.
Nervenzusammenbrüche bei einzelnen Frauen und Mädchen. Welch ein Elend bringt uns diese Zeit! Schwester Charitas sagte dann: „Wischen wir uns schnell die Tränen ab. Sie sollen nicht sehen, daß wir weinen, sonst haben sie auch noch daran ihre Freude. Diesen Spaß gönnen wir ihnen nicht!“ Ein schönes Wort! Ehrwürdige Schwester Oberin, das war Ihre Schwester! Dann konnte ich fast eine Stunde mit Schwester Charitas sprechen. Sie haben sie ja auch gesprochen, also wissen Sie, was in ihr vorging. Sie hielt sich tapfer. Sie wollte ihre Tracht nicht ablegen, bevor sie weg mußte und auch dann nur, wenn es ihr befohlen wurde. Sie hatten auch schon verschiedene Pläne, um bei der evtl. Ausreise zusammenbleiben zu können. Sie hatten mit verschiedenen Mitgefangenen Absprachen getroffen, zusammen zurückzureisen, (ja, sie denkt, zurückzukommen!) durch Briefwechsel. Ich sollte vor allem sagen, daß sie hier nur eine Nummer sei und keine Schwester. Um Kontakt zu ihren Geschwistern behalten zu können, nennt sie sich Thérèse Bock. Falls sie je von ihr einen Brief bekommen sollten, auf welche Weise auch immer, möchten Sie ihr auf gar keinen Fall zurückschreiben, nur wenn sie im Brief ausdrücklich darum bittet (falls sie die Möglichkeit hat, einen Brief zu schmuggeln). Sie hatte auch noch einzelne Wünsche: einen ganzen Briefbogen voll, was sie ihrer Meinung nach noch brauchte – (sie dachte nämlich, daß sie lange Zeit von zu Hause weggingen und sie sich dann selbst helfen müssen!). Von Pantoffeln bis zur geweihten Kerze, Streichhölzer, Waschlappen, Handtücher, Söckchen, Stopfwolle, Messer, Gabeln usw., usw. (Decken und Geld auch noch). Ich versprach ihr, mein Möglichstes zu tun, ihr diese Sachen noch zu bringen. Dann habe ich Schwester v.d. Hoff kommen lassen, um mit ihr zu überlegen, ob sie uns helfen würde, falls ich am nächsten Tag wiederkäme und ich Schwester Charitas nicht sprechen könnte. Sie war sofort dazu bereit. Sie bot mir an, im Notfall Schwester Charitas eine Decke zu geben, falls sie in der Nacht noch wegmüßte. Sie würde dann später eine von mir zurückbekommen. Auch noch andere Sachen besprach ich mit dieser Schwester, nicht so wichtige (unter anderem um zu sehen, ob ich ihr vertrauen könnte. Hochkarätig!) Auch gab Schwester Charitas mir ein Briefchen mit Bitten von zwei anderen Inhaftierten.

Dieses Briefchen hat Schwester Godefrida und sie wird es sicher weiterschicken. Ganz deutlich ist es nicht. Aber hier, wie ich meine, handelt es sich um evtl. Nachforschungen nach dem Krieg. Dann können Sie auch noch probieren, Kontakt zu diesen Personen aufzunehmen. Sie möchten mit den Mädchen in Verbindung bleiben, notfalls per Post. Auskunft über diese Menschen über den genannten Pastor. Falls Sie es nicht verstehen, kann ich es Ihnen noch näher erkären.
Kurz nach halb vier mußten wir weg, um den Zug noch zu bekommen. Ich bin als erster gegangen: Ich konnte den Abschied nicht mitmachen. Ich konnte auch nicht noch einmal zurückschauen. Na ja, auf der Rückreise habe ich von einem Bahnhof aus Schwester Godefrida angerufen und ihr die Wunschliste schon per Telefon durchgegeben, damit sie noch vor Ladenschluß alles besorgen konnte! Und sie hatte auch alles ausgezeichnet zusammengetragen, als ich um 8.30 Uhr wieder in Dalfsen ankam. Es war schon eingepackt!
Und so ging ich heute, also Freitagmorgen, wieder auf die Reise, um es abzuliefern. Jetzt fuhr ich bis Beilen und von da aus mit dem Fahrrad. Aber im Lager angekommen, hörte ich von den Feldgendarmen so beiläufig, daß alle katholischen Juden heute morgen in der Frühe nach Deutschland abtransportiert worden waren. Schrecklich! Welch ein Schlag! Alles vergebens. Weg, weg! Ich konnte es zuerst nicht verkraften. Die Menschen, von den ich einzelne gestern noch gesprochen hatte, auch die Patres und die anderen Schwestern, weg, wohin… ja, wohin? Schrecklich! Schwer lastete auf mir die tödliche Ungewißheit. Es kam einer neuer Transport. Hierüber schreibe ich nicht… Ich fahre fort. Ich ließ Schwester v. d. Hoff rufen. Sie kam nach einer Weile, mutlos. Sie sagte: „Weg!“ Einige Minuten standen wir beide still beieinander, dann kam die ganze Geschichte hoch: „Nachts war ein neuer Transport angekommen, Verurteilte! Um halb vier wurden jene aus dem Lager geweckt, die für den Transport vorgesehen waren, vor allem die Katholiken. Anziehen und einpacken, um ins Unbekannte aufzubrechen. Es ist nicht zu glauben, das hoffnungslose Elend. Hinzu kamen noch diejenigen, die gerade angekommen waren, die einfach von den Straßen Amsterdams weggeholt worden waren: Frauen, Männer, Kinder, ältere Leute usw. noch am selben Tag! Sie fuhren einfach so weiter, ohne Abschied, ohne Benachrichti-

gungsmöglichkeit. Wie Sklaven, nein, wie hilflose Tiere aufgegriffen und weggejagt. Gott stehe ihnen bei! Schwester v. d. Hoff erzählte weiter. „Solch eine schreckliche Nacht habe ich noch nicht mitgemacht. Ich habe schon viel gesehen. Aber so etwas noch nicht!“
(Hier möchte ich eine persönliche Anmerkung machen, warum gerade die katholischen Juden mit diesem Transport mitmußten:) Die Bischöfe hatten in ihrem Brief vor allem darauf hingewiesen, daß es vor allem den christlichen Juden schwer gemacht würde, ihren christlichen Pflichten in einer gemischten jüdischen Gruppe nachzukommen (jedenfalls so ungefähr stand es in dem Brief). – Und hier die Antwort: Dann werden wir sie extra zwischen die von der Straße aufgelesenen Menschenmassen stecken!
Es wurden in Amsterdam Razzien in den Straßen und Häusern gehalten; immer gingen Menschen mit! Schrecklich, wenn man Schwester v. d. Hoff erzählen hört von den gerade Angekommenen, wer alles darunter war! Mit ihnen mußten die Katholiken mit! Die Patres, die Schwestern: Darum solch ein Transport. Die Schwester sagte noch: „Jedes Wort des Bischofs wird hier gerächt, traurig, traurig!“
Um 5.30 Uhr gingen die Gefangenen zu Fuß nach Hooghalen (8 km). In einer unabsehbaren langen Reihe. Um 7.30 Uhr marschierten die letzten los. Die Inhaftierten! Im Lager hatten die Zurückbleibenden alles hergegeben, was sie entbehren konnten: ihre Ration Brot für den Tag, Schuhe, Strümpfe, Tücher, Jacken, Decken usw., usw. Schreckliche Szenen müssen sich abgespielt haben. Es waren Menschen über 60 Jahre darunter! Im Lager blieben Tausende zurück und jeden Tag kommen neue hinzu. Heute noch. Neues Vieh, neue Verurteilte ...! Wieviele Katholiken dabei oder dazwischen sind, wußte sie nicht. Ich war erschüttert, als ich diesen Bericht hörte! Sie erzählte mir auch noch von einer gewissen Frau ten Berkel (richtiggeschrieben?), die schon lange den Juden hilft, eine katholische Dame, der schon verschiedentlich mit Gefangennahme gedroht worden war, weil sie zu viel für diese Menschen täte. Gestern Abend kam sie noch mit einer ganzen Ladung Essen, Decken und Kleidern, womit sie noch vielen helfen konnte. Konnte ich mich da weigern, das Paket, das für Schwester Charitas bestimmt war, an die armen Schlucker, die für den nächsten Transport

bestimmt waren, abzugeben? Nein! Ich habe es abgegeben! Ich sollte sie (Schwester v. d. Hoff) nur benachrichtigen, wenn Godefrida es nicht gutheißen würde. Glücklichweise war diese damit einverstanden. Und ich weiß, daß Sie es auch billigen werden. Könnte ich nur noch mehr geben! Alles, alles möchte man da abgeben. Dies ist ein Werk christlicher Nächstenliebe. Daß Schwester v. d. Hoff vertrauenswürdig war, sieht man daran, daß sie das Geld, das ich für Schwester Charitas mitgebracht hatte, nicht annehmen wollte. (Ja, ich bot es ihr nicht an, aber sie sagte von sich : „Das Geld, das die Leute bei sich hatten, wurde ihnen abgenommen. Damit können wir hier nichts anfangen. Das hilft uns nicht weiter. Aber Essen, Kleidung, Naturalien, das hilft uns so viel!!)
Also, Schwester Charitas hat kein Geld bei sich. Wie Kastenlose sind sie weggeschickt worden. Wohin? Das weiß niemand. Man hatte gesagt, daß sie nach Deutschland müßten. Aber Schwester v. d. Hoff denkt, daß sie nach Ungarn sind und von dort aus nach Polen. „Man hört nie mehr etwas von ihnen!" Das war ihre Meinung. „Denn noch nie haben wir auch nur ein geringes Lebenszeichen von früheren Transporten erhalten." Also, ehrw. Schwester Oberin, beten Sie für Schwester Charitas´ ewige Ruhe. Es ist hart, aber nach dem, was ich heute dort angetroffen habe, kann ich keine schönen Worte mehr drumherum machen. Einem anderen würde ich es nicht so sagen, aber ich weiß, daß Sie im Gottvertrauen auch bei Gott Trost finden werden. Haben Sie keine Angst um die ehrw. Schwester Charitas. Sie ist eine Heldin! Ich habe noch gefragt, ob Schwester v. d. Hoff noch mit Schwester Charitas sprechen konnte. Ja, sie hat noch Abschied genommen. Sie war mutig, wohl etwas blaß durch die Emotionen. Aber mutig und voll Vertrauen. Das ist das Letzte, was ich über Schwester Charitas gehört habe. Halt, noch eines! Ich hörte, daß die Menschen im Lager meinten, sie hätten ihr schon einen Beinamen gegeben: Charitas, wegen ihrer Tätigkeit unter ihren Leidensgefährten!!! Schöner kann man es nicht sagen. Ich endige mit den Worten, die Schwester Charitas mir gesagt hat: „Ach, für mich ist es nicht so schlimm; was kann mir schon passieren? Aber die Laien!"
Ich bin übermüdet und tief erschüttert nach Dalfsen zurückgekehrt. Nur auf Gott vertrauen. Er allein weiß, warum! Überlassen wir es Ihm.
Ich hoffe, daß ich Sie, ehrw. Schwester Oberin, so gut wie möglich informiert habe.

Ihr Diener in Christus
H. v. Duursen

(Auf dem Briefkopf steht folgende Bitte:)
Ehrw. Schwester Oberin, zuletzt ist meine Schrift ein bißchen unleserlich geworden. Aber es war auch ein sehr langer Tag. Und ...machen Sie diesen Brief keinem großen Kreis zugänglich. Das könnte für Sie, für mich und für... andere gefährlich werden. Wenn Sie ihn gelesen haben, verstehen Sie das sicher! Übersehen Sie die Fehler angesichts der Umstände! Verstecken Sie diesen Brief bei Hausdurchsuchungen.
Duursen, wohnhaft im Haus in Dalfsen.

Willem Merkelbach van Enkhuizen aus Rotterdam am 26. August 1942 an seinen Bruder Louis Merkelbach van Enkhuizen über das Schicksal seiner Frau Herma

Nachdem ich vorige Woche zweimal in Amersfoort war, hatte ich guten Mut, daß Herma freigelassen würde. Die Papiere waren in Ordnung, und obendrein habe ich mich noch vom Judenrat und vom Stadtrat überzeugen lassen. Bis am Sonntagmorgen ungefähr um 11 Uhr ein Telegramm ankam: „Bin im Lager Westerbork. Abfahrt Montagmorgen. Weiter: Bring morgen Kleider, Strümpfe und Unterwäsche. Herma M. Hooghalen, Baracke 37."
Ich könnte im Boden versinken. Die drei Mädchen am Freitag, den 7. August, nach Osten (wahrscheinlich Schlesien) abgefahren und jetzt, Montagmorgen früh, meine Frau auch dorthin. Ich habe nach dem Empfang des Telgrammes alles direkt eingepackt und bin beladen mit zwei schweren Paketen mit der Straßenbahn zum Maas-Bahnhof gefahren. Zug 1 Uhr. Mit einer halben Stunde Verspätung ungefähr um 19 Uhr in Beilen angekommen. Bin jedoch in Hooghalen wegen des Lagers ausgestiegen. Ich habe dort den Kommandanten gesprochen, aber es war nichts mehr zu machen. Die Verordnung lautete: Aus gemischten Ehen, die keine Kinder haben, muß die jüdische Hälfte weg. Hier deshalb auch. Danach habe ich noch eine Viertelstunde mit Herma gesprochen. Sie war

wirklich tapfer und voller Mut, nachdem sie gebeten hatte, auch dorthin gehen zu dürfen, wo ihre Kinder waren. Das wurde ihr zugestanden.
Ich bin danach mit einem Mann von 72 Jahren (er war in derselben Situation, seine Frau mußte auch weg) nach Hooghalen gelaufen, ungefähr drei Stunden entfernt. Hier waren alle Hotels belegt und nirgends, auch nicht privat, war ein Unterschlupf zu finden. Wir haben dann bei einem Bauern im Heu geschlafen und sind morgens um 5 Uhr (verrenkt und steif) zum Bahnhof Beilen gelaufen. Auch ungefähr drei Stunden. Um 8 Uhr dort eine Tasse Kaffee getrunken und nichts mehr gegessen seit dem Frühstück am Sonntagmorgen bis ich Montagnachmittag ungefähr um 2 Uhr zu Hause war. Ausgehungert, todmüde und unglücklich!...

Pater Wester in Rotterdam
Informationen am 7. September 1942
über Briefe aus Birkenau

Pater Wester berichtet über einen Brief des Judenrates vom 13. August 1942, in dem es heißt, daß an diesem Datum 52 Briefe aus Deutschland angekommen seien, alle aus Birkenau bzw. aus dem „Arbeitslager“ und aus dem „Frauenlager“. Man behauptete, nicht zu wissen, wo Birkenau liege. (P. Wester vermerkte, daß es drei Orte mit dem Namen Birkenau gibt). Die Absender der Briefe gehörten, daß wußte man, verschiedenen Transporten an. Es waren u.a. auch Menschen darunter, die in Amerfoort inhaftiert gewesen waren. Der Inhalt der Briefe kam bei nahezu allen auf dasselbe heraus:
„Eine Fahrt von zwei bis drei Tagen; Behandlung während der Reise gut; meist eingezogen zum Planieren von Straßen oder Barackenbau; die Arbeit ist schwer und ungewohnt, aber auszuhalten; sonntags keine Arbeit; ausreichende Verpflegung, sogar „gut“, bei schwerer Arbei extra Essen und scheinbar auch Rauchwaren; Schlafgelegenheiten sind gut; der hygienische Zustand zufriedenstellend; Behandlung gerecht und korrekt.“

Der Judenrat könne aus den Briefen nicht entnehmen, ob im Frauenlager nur unverheiratete Frauen waren, ob also die Familien zusammen oder getrennt waren. Einer der Absender nennt die Tagesordnung: „halb vier Uhr Aufstehen, danach Appell, Tee, bis 12 Uhr Arbeit, danach warme Suppe (allerdings dicke Suppe), dann weiter Arbeit bis 18 Uhr."

(Der Brief schließt wie folgt:)
„In allen Briefen wird gebeten, bald zu antworten, wobei einhellig darauf aufmerksam gemacht wird, daß die Briefe nur durch die Vermittlung des Judenrates in Amsterdam versandt werden können, worauf wir natürlich gerne eingehen. Für die Öffentlichkeit scheint die Ankunft dieser Briefe erfreulich und beruhigend zu sein."

Schwester M. Teresita Munsters
Gedanken zum Schicksal der Verschleppten

Jahrelang hatte man wider alles Erwarten gehofft, daß die Lieben, die so grausam weggeholt worden waren, noch am Leben seien. Es ist kaum zu glauben, daß Grausamkeit so weit gehen kann und so viele gute und geliebte Menschen in solchen Massen umgebracht hat. Wir werden es vermutlich nie glauben können; es sei denn jene, die es gesehen und die nun jahrelang – ein Leben lang – die Bilder von durchgestandenem Leid und schrecklicher Folter vor sich sehen. Die Erwartung, die wir hegen, die Hoffnung gegen alle Hoffnung ist nicht eitel oder vermessen. Unsere Geliebten leben und werden leben in Ewigkeit. Ihr Glaube, ihre Güte und ihr Vertrauen sind für uns wie ein Licht. In diesem Licht gehen sie uns voran, Kinder des Volkes Gottes, von denen so viele Christus dem Licht begegnet sind und ihm wie einer „Leuchte für ihre Füße" folgten. In dieser Treue und in diesem Licht sind sie auch unser Licht bis wir uns einmal wiedersehen.

Schwester M. Teresita Munsters, spätere Generaloberin der Herz-Jesu-Schwestern von Moerdijk. Jahrelang haben die geistlichen Gemeinschaften auf Nachrichten über das Schicksal ihrer Mitschwestern gewartet. Amtliche Benachrichtigungen durch das Rote Kreuz und die niederländische Behörden konnten nur vermutliche Todesdaten mitteilen. Denn die zur Vergasung bestimmten Menschen wurden nicht mehr registriert. Darum gibt es auch keine sicheren Daten über die tatsächliche Zahl der in Auschwitz-Birkenau Ermordeten.

Eva Maria de Man-Kalker
Anneke
Jochie
Magdaleentje
Pieterje
Jan

Familie de Man vor ihrem Haus Vreedendaal in Berlicum.
Marietje links neben Mutter Eva, Jan, und Vater Herman de Man.
In der vorderen Reihe vor der Mutter (von links nach rechts) Magdaleentje, Jochie, Pieterje, Anneke und Joost.

„Vater vergib ihnen, denn sie wissen nicht was sie tun.“

Lk 23,34

Totenzettel für Eva Maria de Man und ihre fünf ermordeten Kinder

Im Bericht von Pater Ignatius Bromberg über seine Aufenthalte im Lager Amersfoort und im Lager Westerbork wird auf die Frau des Schriftstellers Hermann de Man hingewiesen, die mit ihren Kindern zum Transport der am 2. August 1942 verhafteten katholischen Juden gehörte. In Erinnerung an den 50. Jahrestag der Verhaftungsaktion in den Niederlanden erschien im „Brabants Dagblad“ ein Artikel über die Familie de Man. Der Journalist Joost van Putten hatte in Dänemark Marietje Bosserum-de Man aufgesucht und von ihr den Ablauf der Ereignisse erfahren. In dem Artikel heißt es:

An jenem verhängnisvollen 2. August 1942 war Marietje, die zweitälteste von sieben Kindern – damals 16 Jahre alt – nicht zu Hause. Sie hielt sich bei der Familie De Winter in Den Haag auf, wo sie gelegentlich die Kinder betreuen half. Es war ebenfalls eine jüdische Familie, doch Herr De Winter war im Jüdischen Rat, was der Familie mehr Sicherheit gab. Marietje berichtet persönlich: „Hiermit versuchte ich meiner Mutter zu helfen, die zu dieser Zeit allein für die Familie sorgen mußte. Mein Vater hatte sich Anfang 1940 – wie er es öfter tat – wieder in ein Häuschen in die französichen Alpen zurückgezogen, um einen Roman fertigzustellen. Seine Heimkehr in die Niederlande war infolge der Kriegwirren nicht möglich. Er versuchte es, aber es war sehr riskant. In Paris kam er in einem Bombardement durch Flucht in einen Keller gerade noch mit dem Leben davon und ging dann – einem guten Rat folgend – zurück in die Alpen. Meine beiden Brüder Jan und Joost waren ebenfalls nicht zu Hause. Jan war im Internat und Joost im Seminar. Mutter hatte also noch für Anneke, Jochem, Magdaleentje und Pieter zu sorgen.

Ende Juli 1942 war in den Kirchen ein Schreiben der Bischöfe verlesen worden, in dem die Deportationen der Juden angeprangert wurden. Dies wurde von der

Besatzung zum Anlaß genommen, auch die Katholiken jüdischen Ursprungs zu inhaftieren. Damit waren wir auch ein Ziel. Vater und Mutter waren in den dreißiger Jahren, als wir noch in Vianen wohnten, katholisch geworden.

Nach dem Bericht von unserem Hausarzt Dr. Hofmann hat der Bürgermeister von Berlicum gegen ein Uhr nachts den Auftrag bekommen, die Familie wegzubringen. Von diesem Zeitpunkt an bis zur Verhaftung morgens um sechs Uhr durch die Ortspolizei, die zusammen mit der Gestapo in Aktion trat, hat meine Mutter kein einziges Zeichen bekommen. Sonst hätte sie wohl noch etwas unternehmen können. Dies weiß ich ganz sicher, weil Dr. Hofmann, der von meiner Mutter angerufen wurde, daß die Gestapo vor der Tür stände, als einziger die Chance bekam, in unser Haus zu kommen. Mutter war vollkommen überrascht und ganz durcheinander. Und, wenn auch Nebensache, es ist doch bekannt, daß der Bürgermeister nach dem Krieg sein Amt niederlegen mußte wegens seines Handelns oder bessser gesagt wegen seines Nichthandelns in Bezug auf meine Familie."

In dem Artikel wird dann über den Fortgang berichtet: Da der Bauernkarren, auf dem Mutter Eva – sie war damals 37 Jahre alt – und die vier Kinder im Alter 13 bis 9 Jahren – weggefahren wurden, als Ziel „Vught" hatte, war man der Meinung, daß die Familie in das dortige Konzentrationslager gebracht worden wäre. Aber Vught war bloß die erste Station. Nach ein paar Tagen wurden Eva und die Kinder nach Westerbork gebracht und von dort aus rasch auf den Transport nach Auschwitz. Kurz nach der Ankunft kamen alle fünf in die Gaskammern.

An diesem 2. August versuchte die Gestapo auch die drei anderen Kinder der Familie de Man zu verhaften. Dies gelang nur mit dem 17jährigen Jan, der in Rijswijk aufgespürt und weggeführt wurde. Er wurde in eine Quecksilbermine in Oberschlesien geschickt, wo er entwischen konnte. Als Schwarzfahrer auf dem Weg zu seinem Vater kam er in Frankreich an. Da fiel er wieder in deutsche Hände und wurde erschossen.

Die anderen beiden Kinder gerieten nicht in die Hände der Deutschen. Der Präfekt des Seminars, wo sich der 15jährige Joost befand, konnte mit der Ausrede, Joost wäre in Ferien, irreführen. Der junge Priesterstudent tauchte danach anderswo in Limburg unter. Nach dem Krieg setzte er seine Studien in Belgien fort. Sein Zuhause ist dann die Familie Van der Heiden in Someren, in die er stets zurückgehen konnte. Joost zog 1963 nach Brasilien, wo er als Missionar wirkte.

Auch bei Marietje wurden die Deutschen hinters Licht geführt. Sie hatte in diesen Tagen eine leichte Grippe. Als dann die Nachricht kam, was in Berlicum Schlimmes geschehen war, wurde eine schwere Krankheit vorgetäuscht und sie wurde für einige Wochen in das Carolus-Krankenhaus aufgenommen. Dort blieben die Deutschen glücklicherweise weg.

Vater Herman gelang es, Mitte 1943 von Frankreich über Spanien und Portugal nach London zu kommen, wo er für Radio Oranje arbeitete. Hier erst hörte er von der Deportation seiner Frau und seiner Kinder. Die letzte Phase des Krieges verbrachte er in Curaçao, wo er Programmleiter beim Rundfunk war.

1945 kehrte de Man als ein gebrochener Mann in die Niederlande zurück. Zusammen mit Marietje und Joost bezog er eine kleine Mietwohnung. Marietje berichtet: „Das Los, das unsere Familie getroffen hatte, das fiel ihm zu schwer. Joost und ich waren auch ganz betroffen, aber Vater war wirklich ein gebrochener Mensch Und er war verbittert. Auf einem Gebetszettel brachte er deutlich zum Ausdruck, daß Landsleute geholfen haben, Mutter und Kinder abzuführen." Seine Gefühle brachte de Man in der Öffentlichkeit nicht zum Ausdruck. Einen Stift nahm er nur noch zur Hand, um düstere Briefe an die Familie oder Freunde zu schreiben. Wohl eröffnete er in Eindhoven einen Autobetrieb zusammen mit Jac van der Meulen. Als Berichterstatter der in Den Haag herausgegebenen Sportzeitung „De Mandagmorgen" – eine Stelle, die er mit der des Direktors des „Weekbladen" beim Teulingskonzern verband – hatte de Man in den dreißiger Jahren Jac van der Meulen in den Zeiten der Autorennen kennengelernt.

Op Zondagochtend 2 Augustus 1942, werden uit Berlicum (N.-Br.) door den vijand - bijgestaan door landgenooten - weggevoerd:

Eva Maria de Man-Kalker
geboren 10 April 1905 te Rotterdam
Anna Maria Henriëtte de Man
geboren 8 November 1928 te Woerden
Joachim Albertus Maria de Man
geboren 3 September 1930 te Berlicum
Magdalena Joanna Maria de Man
geboren 5 Februari 1932 te Berlicum
Petrus Christianus Maria de Man
geboren 19 Mei 1933 te Berlicum

Zij zijn vervoerd naar Westerbork, vandaar overgebracht naar het Oosten en nimmer weergekeerd.

Op denzelfden dag werd uit het klooster van de Broeders van St. Jan te Rijswijk weggevoerd

Joannes Willem de Man
geboren 3 Februari 1925 te Utrecht
die dwangarbeid verrichtte in Opper-Silezie en vandaar ontvluchtte, met de bedoeling zich in Engeland bij het Nederlandsche leger te voegen. Hij werd in Midden-Frankrijk gearresteerd en doodgeschoten.

Zalig zijt gij als U de menschen smaden en vervolgen en kwade leugentaal tegen U spreken om mijnentwil. Verblijdt en verheugt U want uw loon is groot in de hemelen, want alzoo hebben zij vervolgd de profeten, die voor U geweest zijn.

Mattheus 5: 11—12.

Wij zijn niet als zij, die geen hoop hebben. Wij weten dat gij verrijzen zult. Vertroost elkander met deze woorden.

I. Thess. 4: 13-18.

Vader vergeef het hun, want zij weten niet wat zij doen.

Lucas 23: 34.

Vrouw en Moeder, Jan, Anneke, Jochie, Magdaleentje en Pietertje, jullie Vader, Joost en Marietje vragen om gebed tot we in het hemelsche Jerusalem vereenigd zullen zijn.

Gedenkzettel an Mutter Eva de Man und ihre Kinder. Die Mutter wurde mit vier ihrer Kinder am 2. August 1942 morgens verhaftet und nach Westerbork gebracht. Jan wurde später verhaftet und auf der Flucht erschossen.

IN MEMORIAM

TER GEDACHTENIS AAN

HERMAN DE MAN

geboren 11 Juli 1898 te Woerden, plotseling overleden 14 November 1946 door een vliegtuigongeluk en begraven op de R.K. Begraafplaats te Oudewater 19 November 1946.

De gerechte, als hij ook plotseling wordt weggenomen, zal getroost worden.

De mens is als gras, heden bloeit hij maar morgen is hij niet meer. Doch voor u is evenals aan S. Paulus de erekroon weggelegd die u gegeven wordt op de oordeelsdag, omdat gij vol verlangen er naar leefdet.

Ofschoon gij met S. Paulus verlangdet niet ontkleed te worden doch overkleed, opdat de sterfelijkheid in onsterflijkheid zou opgeslurpt worden, wist gij ook dat uw Verlosser leeft en dat gij op de jongste dag in uw vlees verrijzen zult.

Jahve wrekende God,
God van vergelding kom!
Rijs op! Rechter der aarde!
Vergeld de hoovaardigen hun daden!
(Ps. 94 1-2)

Moge uw bloed nu Jezus triomf verhaasten.

Hij is nu bij zijn vrouw en zes kinderen, waarvan vijf de martelaren van het nazirijk, en roept met hen:

„Hoelang nog Heer, zult Gij wachten wraak te nemen op der aarde kinderen?" (Openb. 6-10).

Vaarwel lieve broeder in Christus!

Wij bidden met u en voor u. Strek van uit den hemel uw handen zegenend uit over uwe diepbedroefde kinderen Josef en Maria, opdat wij beleven mogen de verrijzenis uit de doden.

H. Hart van Jezus op U vertrouw ik.

O, Jezus, kome Uw Rijk.

Heer geef hem de eeuwige rust, en het eeuwig licht verlichte hem.

Hij ruste in vrede.

Gedenkzettel an Vater Herman de Man, der am 14. November 1946 tödlich verunglückte.

Marietje Boserup-De Man 1992.

Als Herman de Man im November 1946 nach einer Auslandsreise für seinen Betrieb in die Niederlande zurückkehrte, verunglückte die KLM-Maschine bei einem Unwetter auf dem Flughafen Schiphol. Alle Insassen kamen um. Der Schriftsteller, 48 Jahre alt, wurde mit überwältigender Teilnahme in Oudewater begraben, dem Grünen Herzen von Holland, wo er er aufgewachsen war und wo viele seiner Romane spielten.

Marietje Boserum-de Man wohnt heute in Dänemark. Auf die Frage nach Berlicum antwortet sie: „Berlicum ist aus meinem Gesichtsfeld entschwunden. Wenngleich es für mich nicht der Groll ist, den Vater hatte, hatte ich dort nach dem Krieg wenig mehr zu suchen. Vor ein paar Jahren war ich mit unserer Ältesten – wir haben zwei Töchter – in den Niederlanden und bin trotzdem nach Berlicum gefahren. Die jetzigen Bewohner von Vredendaal haben uns freundlich empfangen. Der Anblick des Hauses, des Gartens löste natürlich viel bei mir aus. Wie kommt es, daß ich dies dennoch so ruhig erzählen kann? Ich denke, daß die Zeit nach dem Tod von Joost im Jahre 1981 ganz wichtig gewesen ist. Der Kontakt mit der Vergangenheit war für mich jahrelang der Kontakt mit meinem einzigen noch lebenden Bruder. Im Nachhinein gesehen ist erklärbar, daß nach seinem Tode alles in mir wieder nach oben gekommen ist. Ich wollte meiner Familie nicht aufhalsen, was alles geschehen ist. Einzelheiten habe ich bis 1981 nicht erzählt, besonders nicht den Kindern. Aber nach dem Tod von Joost war ich ein paar Monate vollkommen aus der Fassung. Meine Familie hat mir da hindurch geholfen, auch dadurch, daß sie mir Vorwürfe machte, weil ich dies alles so lange in mir aufgestaut hatte."

Bruder Wolfgang
(Fritz Rosenbaum)

Bruder Wolfgang Rosenbaum
(vor seinem Klostereintritt)

„Liebe ist grösser als Gewalt.“

Kirchenfenster in St. Franziskus Witten,
Bruder Wolfgang und Schwester Benedicta darstellend

Kein Brief aus dem Lager Westerbork nennt seinen Namen, kein Besucher, der ein letztes Wort mit den Verhafteten sprechen kann, erwähnt Bruder Wolfgang. Doch in den Transportlisten wird er genannt. In der Abgangsliste von Amersfoort steht unter der Nummer 62 „Rosenbaum, Fritz J., 27.5.15, Ordensbruder“. In der Transportliste A Nr. 17 vom 7. August 1942 von Westerbork nach Auschwitz wird er ebenfalls aufgeführt. Im Kloster Woerden ist anscheinend auch kein Telefonanruf angekommen mit der Bitte um warme Kleidung, auch kein Brief erreicht seine Mitbrüder mit letzten Grüßen vor dem Abtransport. So kommt es auch, daß nur sehr wenige Menschen um seine Gefährtenschaft mit Schwester Benedicta in den gewaltsamen Tod wissen.

Bruder Wolfgang gehört zu denjenigen Passionsgefährten, die schon lange vor der Verhaftung die Gewalt der Nazis handgreiflich zu spüren bekommen. Wenige Wochen nach der Reichsprogromnacht am 9. November wird Fritz Rosenbaum in seiner Heimatstadt blutig zusammengeschlagen. Sein Hinweis, daß er katholisch sei, verursacht weitere Tritte und Faustschläge. Blutüberstömt rettet er sich zu Pfarrer Rechmann, der ihn zu seiner Familie in die Eifel vermittelt. Diese Familie hat Fritz schon vorher gekannt, denn eine kurz vor Ostern 1938 geschriebene Postkarte an Familie Grosedick, ist das einzige Schriftstück, das von ihm erhalten ist.

Fritz Rosenbaum ist am 27. Mai 1915 als einziges Kind seiner Eltern, des Kaufmannes Ludwig Rosenbaum und seiner Frau Elli, geb. Marcus, in Witten geboren. Er besucht die jüdische Volksschule und anschließend vier Jahre lang das Realgymnasium in Witten. Seine Neigungen gehen in die praktische Arbeit und so beginnt er 1930 in Dortmund in einemTextilfilialgeschäft seines Vaters die kaufmännische Lehre. Sein Interesse am katholischen Glauben erwächst aus der

Freundschaft mit einem Schulkameraden und mit dem Postamtmann Zurharst, der Familie Rosenbaum sehr verbunden ist. Auf eine fast scherzhafte Frage zu vorgerückter Stunde an seinen Vater antwortet dieser: „Wenn du katholisch wirst, dann bist du enterbt!" Dennoch läßt sich der 18jährige Fritz heimlich in der Josephskirche (heute St. Franziskus) am 15. September 1933 von Pfarrer Rechmann taufen. Sein Taufpate ist Franz Koch.

Schon 1934 beginnen auch in Witten die Ausschreitungen gegen die jüdischen Mitbürger. Die SA schlägt den Vater von Fritz brutal zusammen. Ludwig Rosenbaum ist der Gewalttätigkeit nicht gewachsen, 1935 nimmt er sich das Leben. Für die Zurückbleibenden kommen schwere Jahre. Elli Rosenbaum schöpft wie ihr Sohn Fritz Kraft aus dem katholischen Glauben. Sie wird am 20. Dezember 1936 getauft und 1939 in Köln gefirmt. Über ihr weiteres Lebensschicksal ist nichts bekannt.

Am 1. März 1939 tritt Fritz Rosenbaum bei den Franziskanern in das Kolleg St. Ludwig in Vlodorp (Niederlande) ein. Dieses Haus gehört zur deutschen Provinz mit Sitz in Werl. Nur seine Oberen wissen um das von den Behörden eingestempelte „J" in seinem Paß. Am 3. Oktober 1939 wird er in den regulierten klösterlichen III. Orden des hl. Franziskus aufgenommen und erhält den Namen „Bruder Wolfgang". Auf Grund der sich verschärfenden Situation in Deutschland wechselt er schon am 16. November 1939 in die niederländische Franziskanerprovinz, wo er im Kloster Woerden bei Utrecht Zuflucht findet.

Seine Mitbrüder werden später von seinem Fleiß, von seiner Frömmigkeit und von seiner Liebe zur Heiligen Schrift berichten, aber auch von seinem ihnen unverständlichen Erschrecken, wenn unversehens eine Tür aufgeht. Am Morgen des 2. August 1942 ist der lang gefürchtete Augenblick gekommen, zum letzten Mal durchschreitet Bruder Wolfgang in Begleitung der Gestapo das Portal des Franziskanerklosters. Jetzt betritt er den Passionsweg, der ihn bald zu den anderen an diesem Sonntag in den Niederlanden verhafteten Ordensleuten führen wird. In einer Woche trifft er dann in Auschwitz ein, wo schon ein Jahr

Am 2. August 1942 gegen 7 Uhr wurde Bruder Wolfgang im Kloster Woerden verhaftet und über Den Haag nach Amersfoort transportiert.

zuvor sein polnischer franziskanischer Mitbruder, Pater Maximilian Kolbe, am 15. August 1941 getötet worden ist.

Über die Umstände des Todes von Bruder Wolfgang wissen wir nichts. Es wird angenommen, daß er bei der Ankunft in Auschwitz auf der Rampe für das Arbeitslager selektiert , aber dennoch wenige Wochen später in den Gastod geschickt wird. Als Todesdatum wird der 30. September 1942 angenommen.

Dokumente

Klosterchronik von Woerden
Eintragung über die Verhaftung von Bruder Wolfgang am 2. August 1942

Sonntag, 2. August 1942: Ein trauriger Tag für unsere Kommunität. Morgens um 7 Uhr wurde Bruder Wolfgang Rosenbaum wegen „Israelitischer Abstammung“ festgenommen und abgeführt; zuerst nach Den Haag und von da über Amersfoort in das Fremdenlager in Westerbork (Drente). Einige Tage später, freitagmorgens, ist er mit einer Gruppe Juden abtransportiert worden nach Osten.

Fast drei Jahre hat dieser Bruder, der zur Deutschen Provinz gehörte, in Woerden eine Zuflucht gefunden. Wegen seiner Frömmigkeit, Brüderlichkeit und Gottesfurcht wurde er von allen geliebt und geachtet.

Pater Dignus, Guardian des Klosters Woerden
Klosterchronik

Am 2. August morgens 7 Uhr wurde Bruder Wolfgang durch die grüne Polizei abgeholt. Die Kommunität war in der Kirche. Bei der Tür vor der Kapelle blieben sie stehen, und Bruder Wolfgang mußte mit nach draußen kommen. Man gab ihm keine Gelegenheit, noch etwas zu essen. Bruder Wolfgang wurde im Auto weggeführt!

„Liebe ist grösser als Gewalt".
Schwester Benedicta und Bruder Wolfgang Rosenbaum im Fensterbild der St. Franziskuskirche in Witten, gestaltet von Jupp Gesing.

Elvira Platz

Das letzte Foto von Elvira Platz-Sanders.

„Dies ist also meine Auserwählung, das Leiden unseres Herrn mitzutragen."

Abschiedsbrief von Elvira Platz aus dem Lager Westerbork

Nur einen Monat älter als Edith Stein ist Elvira Platz. Sie entstammt der kinderreichen Familie des Ehepaares Jonas Platz und seiner Ehefrau Ida, geb. Heimbach und wurde am 15. September 1891 in Köln geboren. Zusammen mit ihrer Schwester Selma kam sie in jungen Jahren nach Leiden, wo sie als Modistin die Hutabteilung in einem angesehene Kaufhaus leitete. „Die Liebe erblühte hinter den Fenstern", so charakterisierte sie später den Beginn ihrer Beziehung zu Joseph Franziskus Xaverius Sanders, dessen Studierzimmer an der anderen Straßenseite genau ihrem Atelier gegenüberlag. Bevor sie jedoch eine endgültige Entscheidung treffen, gibt Xaverius ihr in einem von Respekt getragenen Brief zu bedenken, daß sich bei einer Eheverbindung einer Jüdin und einem Katholiken die Familien und Freunde zurückziehen könnten. „Wenn Deine Antwort ein Nein ist, wirst Du mir so schnell wie möglich Bescheid sagen." Im Falle eines Jawortes bittet Xaverius seine zukünftige Frau, zunächst eine Zeitlang nach Köln zu gehen und dort „einen ehrwürdigen katholischen Geistlichen" zu konsultieren. „Beschließe in der Sache der Glaubensfrage nicht, bevor Du nicht fest überzeugt bist." Als sich Xaverius Sanders und Elvira Platz am 25. Juni 1918 in der St. Petruskirche das Sakrament der Ehe spenden sind ihre Liebe und das Glaubensbekenntnis die Grundlagen ihres gemeinsamen Lebens. Drei Monate zuvor, am 30. März 1918, hatte Elvira das Sakrament der Taufe empfangen. Im Jahr darauf, am 2. Juni 1919, wird Anna, ihr erstes und einziges Kind, geboren.

Mit ihrer Warmherzigkeit und offenen rheinischen Fröhlichkeit hatte sie rasch die Familie ihres Mannes und die ihrer ebenfalls in Leiden verheirateten Schwester Selma gewonnen. Zwanzig glücklichen Jahren folgen die ersten schicksalhaften Einbrüche. Am 17. August 1939 stirbt Xaverius nach schwerer Krankheit. Die Leiden seiner geliebten Frau hatte er beim kurzen Erwachen aus dem Koma vorausgesagt: „Du wirst kein Dach mehr über dem Kopf haben". Nach dem Tod ihres Mannes widmet sich Elvira verstärkt der Pfarrcaritas und nimmt mit großem Interesse an den theologischen Kursen des jungen Dominikaners Schillebeeckx teil.

Am 2. August 1942, morgens gegen 8 Uhr beginnt ihr Passionsweg. Im Zuge der landesweiten Razzia nimmt die Gestapo sie in ihrem Haus Lorentzkade 8 fest. Dann geht ihr Weg über Amersfoort in das Lager Westerbork. Ihrer Tochter Anna, die ihr erstes Kind erwartet, wird dringend abgeraten, nach Westerbork zu fahren. Verwandte bringen für Elvira Koffer und Gepäck bis vor den Schlagbaum im Lager, können sie allerdings nicht sprechen. Wenig später erreicht die Familie der ergreifende von Todesahnungen erfüllte Abschiedsbrief, datiert vom 6. August 1942. Ihrer Schwägerin Zus Sanders schreibt sie: „Du weißt meine Wünsche, Hl. Messen, der Platz im Grabe ist also für Dich. Ich werde wohl nicht mehr mit meinem so geliebten Mann zusammenruhn... Dies ist also meine Auserwählung, das Leiden unseres lieben Herrn mitzutragen.“ Dann bricht wieder Hoffnung bei ihr durch: „In diesen Gedanken hoffe ich, am Leben zu bleiben.“

Zusammen mit Edith Stein, allen Gefährtinnen und Gefährten wird sie am 7. August 1942 nach Auschwitz-Birkenau transportiert. Hineingenommen in die Passion Jesu Christi vollendet sie sich in der Teilhabe an seinem Tod und an seiner Auferstehung.

Schwester Judith Mendes da Costa

Schwester Judith Mendes da Costa

„Wenn ich gehen muß, will ich mein Leben opfern für das Heil Israels."

Antwort von Schwester Judith auf die Deportation ihres Bruders und ihrer Schwester

Eine der sechs Personen, die am 7. August 1942 vom Transport nach Auschwitz zurückgestellt werden, ist Schwester Judith. Der Grund ist die Zugehörigkeit zur portugiesisch-jüdischen Gemeinde von Amsterdam. Gerüchten zufolge sollten die Juden nach Portugal zurückgeführt werden, von wo aus sie im 16. Jahrhundert in die Niederlande geflohen waren. Schwester Judith verbleibt nach dem Abtransport der katholischen Juden noch eine Woche im Lager Westerbork, tröstet und hilft. Als sie am Morgen des 15. August von ihrer Freilassung erfährt, sagt sie unter Tränen: „Es ist zu hart, gute Freunde im Elend zurückzulassen und allein die Freiheit zu bekommen."

Westerbork sollte noch nicht wie für die anderen Ordensleute die vorletzte Lebensstation für Schwester Judith sein. Sie kann in ihr Kloster nach Bilthoven zurückkehren. Bald schreibt sie ihre Lebenserinnerungen nieder. Den ersten Teil, in dem sie von ihrer Jugend und ihrem Weg ins Kloster berichtet, überchreibt sie „Von Gott ergriffen". Er schließt mit der Ablegung ihrer Ewigen Gelübde am 30. April 1933 bei den Dominikanerinnen von Voorschoten. Den zweiten Teil, den sie jedoch nicht mehr ausführte, wollte sie nennen: „Eine glückliche Dominikanerin". Im Mittelpunkt hätten dann ihre Jahre im Sanatorium „Berg en Bosch" gestanden, wo sie auf dem Büro und bei den Patienten ganz ihrer apostolischen Ordensberufung lebte.

Erhalten geblieben ist uns aber ihre Niederschrift über den 14tägigen Aufenthalt im Lager Westerbork, der wie der Bericht von Pater Bromberg wichtige Aufschlüsse über die Tage zwischen dem 4. und 7. August 1942 gibt. Schwester Judith ist eine beherzte und auf Gott vertrauende Frau. Das spiegeln die vielen kleinen Episoden wider, die sie in ihrem Bericht beschreibt. Manche tragische

Judith Mendes da Costa vor ihrem Eintritt ins Kloster der Dominikanerinnen.

Situation gewinnt durch die Art von Schwester Judith, sich darin zu bewegen, sogar einen Hauch von Komik. Ein Punkt in ihrer Niederschrift ist jedoch besonders wichtig, weil er auch offen im Brief von Schwester Charitas Bock an ihre Oberin angesprochen wird: Es geht um die Priorität von Stundengebet zu tätiger Nächstenliebe, ein Problem, mit dem die kontemplativen Ordenfrauen zu Beginn ihres Lageraufenthaltes nicht zurecht kommen. Schwester Judith fordert die Aussprache und Entscheidung heraus. Wenn der Mithäftling Julius Markan einen Ausspruch von Schwester Benedicta überliefert, in dem es heißt: „Bis jetzt habe ich gebetet und gearbeitet, von nun an werde ich arbeiten und beten," dann ist mit diesen Worten die Lösung der Spannung erklärt.

Schwester Judith hat in ihrem ganzen Leben diese Entschlossenheit zu klaren Entscheidungen bewiesen. Am 25. August 1895 wurde sie als siebtes und jüngstes Kind von Emanuel Mendes da Costa und seiner Frau Esther in Amsterdam geboren. Sie erhält eine gute und religiös geprägte Erziehung in einem wohlhabenden Elternhaus. 1907 stirbt der Vater, die Familie muß sich von nun an einschränken. Als Vierzehnjährige besucht sie zusammen mit ihrer Mutter einen Film über das Leben Jesu, der sie tief aufwühlt. Sie findet in den nachfolgenden Jahren Interesse am Protestantismus, verlobt sich allerdings mit einem Katholiken. Sie spricht mit ihrem Verlobten, der von der Glaubenspraxis weit entfernt ist, über ihr Suchen. Er rät ihr, es doch einmal mit den Katholiken zu versuchen. So wird Judith in Amsterdam mit dem Dominikanerpater Frehe bekannt. Er gibt ihr Unterricht und sie empfängt am 10. Oktober 1923 als 28jährige die Taufe. Ihren Schritt verheimlicht sie zunächst vor ihrer Familie, die aber durch die Indiskretion einer Bekannten doch von der Konversion erfährt. Sie verliert ihre Stelle als Prokuristin in der Firma eines entfernten Verwandten. Es folgen schlimme Jahre, in denen die „Abtrünnige" die Verachtung der Geschwister und der Mutter zu spüren bekommt. Dennoch bleibt sie aus Pietät gegenüber der Mutter noch weiter im elterlichen Haus wohnen. Die älteste Schwester von Judith will anfangs denselben Weg gehen. Sie ist aber den nervlichen Belastungen nicht gewachsen, eine Behandlung in der psychiatrischen Klinik „Het Apeldoornse Bosch" ist notwendig. Schwester Judith muß es später noch erleben, daß die Patienten dieses Krankenhauses von der Gestapo in der Nacht auf den 22. Januar 1943 nach Westerbork und von dort aus nach Auschwitz verladen werden. Auch ein Bruder und eine andere Schwester werden nach Deutschland deportiert. Schwester Judith, schon einmal im Jahre 1942 selbst dem Abtransport nahe, ruft aus: „Wenn ich gehen muß, dann will ich mein Leben opfern für das Heil Israels!"

Am 2. Februar 1944 stehen die Schergen ein zweites Mal vor der Tür des Dominikanerinnenklosters. Der Rassensachverständige der SS hatte befunden, daß es sich bei den portugiesischen Juden um „rassisches Untermenschentum" handle. Eine Rückführung der 22 Familien mit 273 Personen nach Portugal sei nicht zu verantworten. So wird Schwester Judith zum zweiten Mal in das Lager Westerbork eingeliefert. In einem Brief an die klösterliche Gemeinschaft schreibt sie, daß Westerbork sich verschlechtert habe. Am 25. Februar wird sie nach Theresienstadt abtransportiert. Dort im „Vorzimmer des Todes" gibt sie den Menschen Stütze und Halt, wie Briefe aus Theresienstadt bezeugen. Am 16. Mai tritt sie die letzte Reise an, ein Sammeltransport bringt sie nach Auschwitz, wo sie vermutlich am 7. Juli 1944 vergast wird.

Dokumente

Schwester Judith Mendes da Costa
Bericht über ihren Aufenthalt im Lager Westerbork vom 4. bis 7. August 1942

Am frühen Morgen (des 4. August) erreichten wir einen kleinen Ort in Drente. Wir lasen Hooghalen, und wieder waren die Katholiken bemüht zusammenzubleiben. Als wir aus dem Bahnhof kamen, stand dort ein Auto. Der Chauffeur kam zu mir und sagte: „Schwester, das Auto ist für Sie bestimmt, Sie können einsteigen." Ich bedankte mich, doch selbstverständlich zog ich vor, bei den anderen zu bleiben. Herr W. trug mir den Koffer und nur mit viel Mühe konnte ich eine Handtasche von anderen tragen. Alle waren freundlich und zuvorkommend zu mir. Ich konnte

Wegweiser nach Zwiggelte, Assen, Hooghalen und zum früheren Lager Westerbork. Wegweisung für Menschen von heute, Westerbork zu besuchen.

und wollte sie jetzt nicht im Stich lassen. Es war ein langer Zug, gut bewacht von deutschen Soldaten, Militärpolizei und „Grüner Polizei". Es wurde uns gesagt, daß wir fünfviertel Stunden zu laufen hätten. Die Landschaft von Drente war herrlich, doch mich überfiel ein beklemmendes Gefühl, daß wir alle einer furchtbaren Ungewißheit entgegengingen. Darum machte ich den Vorschlag, gemeinsam den Rosenkranz zu beten. Meiner Nachbarin erzählte ich noch schnell, daß wir heute das Fest des heiligen Dominikus, des Gründers unseres Ordens, feiern würden. „Er wird uns heute sicher ganz besonders beistehen, ich setze großes Vertrauen darauf," ermutigte ich die anderen. Mit lauter Stimme begann ich vorzubeten. Kurz vor mir gingen die deutschen Soldaten, nur zwei Mitgefangene trennten mich von ihnen, und ich dachte: „Vielleicht schlagen sie mir ins Gesicht, ich will mich einmal darauf vorbereiten, denn dann will ich ihnen meine zweite Wange hinhalten.." Aber sie ließen uns ruhig beten, zuerst den Rosenkranz, dann die Litanei zur Gottesmutter, gefolgt von einem Gebet zum hl. Dominikus. Miteinander lachend liefen sie weiter voraus. Jetzt war ich ganz ruhig und sah mit Zuversicht dem Ort unserer Bestimmung entgegen. Unterwegs wurden wir von zwei von Pferden gezogenen Wagen überholt, auf denen Menschen und Gepäckstücke transportiert wurden, u.a. sah ich einige Ordensleute. Endlich war das Lager zu sehen; am Eingang befanden sich die Wohnung des Lagerkommandanten und andere größere Gebäude mit Verwaltungsräumen, Lesesaal, Küche, Wäschezimmer, Mangel- und Bügelzimmer, Krankenbaracken und mehrere Straßen mit kleinen Häusern.

Zunächst wurden wir in einen Raum geführt, wo unsere Namen registriert wurden. An Schreibmaschinen saßen hier Damen und Herren, denen wir unsere Personalausweise aushändigten, die uns dann aber wieder zurückgegeben wurden.

Vor der Baracke mußten wir etwa eine Stunde auf den Arzt warten, der unsere Köpfe untersuchte. Wenn die „Haupt"sache nicht in Ordnung war, mußte man in eine andere Baracke. Während ich noch wartete, ergab sich die Gelegenheit, die Ordensleute kennnzulernen, denen ich auf dem Weg zugewinkt hatte: zwei Trappistinnen, zwei Trappistenpatres und ein Bruder, alle fünf aus einer Familie, dann eine Karmelitin, Doktor in Philosophie. Sie war von Deutschland nach

Holland vertrieben worden und hatte dann – zusammen mit ihrer Schwester, die dem dritten Orden der Karmelitinnen angehörte – im Kloster in Echt gelebt, wo sie an einem Werk über Johannnes vom Kreuz gearbeitet hatte. Dann war noch da die Ärztin Dr. Lisamarie Meirowsky, als Krankenschwester gekleidet, Schwester Mirjam von den Schwestern aus Trier, Schwester Luise Löwenfels aus Geleen, Dr. Ruth Kantorowicz, Alice Reis, ein Patenkind von Edith Stein, als Postulantin gekleidet und eine Schwester von Moerdijk, Schwester Charitas.
Sie waren aus ihren Klöstern geholt und ins Lager nach Amersfoort gebracht worden. Die Behandlung dort war nicht gut gewesen. Die Trappistenpatres wurden an die Mauer gestellt und im Beisein der Schwestern wurde das Gewehr auf sie gerichtet. Das war nur zum Scherz.
Wir beschlossen, für die ärztliche Untersuchung zusammenzubleiben, was uns glückte. Das war schnell vorbei. Danach wurde uns von einer Barackenleiterin eine Baracke mit zwei großen Sälen und einer Küche in der Mitte zugewiesen. Die Betten waren zwei übereinander und ein schmieriger Strohsack und ein kleines schmutziges Kissen lagen darauf. Auch der Fußboden war modrig und schmutzig, als ob er monatelang nicht geputzt worden wäre. Ein blasses weinendes Mädchen kam auf mich zu und fragte mich, ob ich die Dominikanerin Schwester Juliana wohl kennen würde. „Sicher, die kenne ich sehr gut," erwiderte ich. „Sie hat meiner Schwester und mir Katechismusstunde gegeben und uns auf die hl. Taufe vorbereitet. Meine Schwester liegt in der Krankenbaracke, weil sie zuckerkrank ist. Vielleicht können Sie sie besuchen, wenn wir darum fragen." Dann erzählte sie mir, daß sie beide am frühen Morgen von ihrer kranken alten Mutter weggeholt worden waren. Im Beisein der Polizeibeamten hatten sie sich anzukleiden und etwas einzupacken. In aller Eile wurden die Nachbarn gebeten, dem Pfarrer eine Nachricht zukommen zu lassen. Sie weinte ununterbrochen um ihr armes, altes, krankes Mütterchen. Ich tröstete sie, indem ich ihr versicherte, daß der Pfarrer sich um ihre Mutter kümmern würde. „Aber, Schwester," sagte sie, „meine Mutter ist nicht katholisch." „Dann," erwiderte ich ihr voll Überzeugung, „wird er noch besser für sie sorgen." Sie hieß Els, und ich sehe noch das blasse traurige Gesicht vor mir. Am folgenden Mittag war sie wieder etwas aufgelebt. Am Morgen hatte sie bei der Reinigung des Schlafsaals geholfen und bereits schon mittags erhielt sie

vom Pfarrer einen Koffer mit Kleidern, Handtüchern, selbst Oberhemden, Pfefferminz, dann Aspirin, Insulin genug für ein Jahr, Seife, Zahnpasta usw. Aber das beste, was dieser Koffer enthielt, war ein langer, herzlicher Brief, worin der Herr Pastor schrieb, daß er die Sorge für ihre Mutter auf sich nähme.
„Nun sieh, Els, hab Mut und Vertrauen, der liebe Gott läßt uns nicht im Stich!“ Sie lachte. Es war ein tapferes Lachen. Ebenso war eine junge Mutter mit zwei kleinen Jungen – etwa zwei und drei Jahre alt – in unserer Baracke, jedes Kind in einer Holzkiste neben ihrem Bett. Wie schmutzig es auch war ... ich bewunderte ihre mütterliche Sorge, die Kleinen jeden Morgen frisch zu waschen.
Nachmittags holten die Trappistenpatres ihre Schwestern zu einem Spaziergang vor den Baracken ab. Einer von ihnen war Novizenmeister. Er gab mir einmal den Segen.
Die Schwestern, die mit mir in einer Baracke wohnten, baten mich, so viel wie möglich zusammenzubleiben und vielleicht gemeinschaftlich das Stundengebet zu beten. Eine von ihnen holte mittags das Essen für uns in einer großen Suppenterrine und wir kamen mit unseren Tellern zu ihr. Die anderen gingen zur Küche, man konnte selbst eine zweite Portion holen. Meistens gab es Eintopf, doch gut zubereitet.
So gut es auch gemeint war, zusammenzubleiben und gemeinsam zu beten, ich fühlte ich mich nicht wohl dabei. Els, meine Schlafgenossin über mir, war ständig in Tränen und natürlich trachtete ich, sie so gut wie möglich zu trösten. Immer wieder kamen Menschen zu uns, die ich noch aus der Hollandse Schouwburg kannte, um etwas zu fragen oder etwas zu erzählen. Auch merkten wir, daß wir unmöglich zusammen beten konnten, weil die Karmelitinnen das Große Offizium beteten und wir die Kleinen Zeiten. Am folgenden Morgen beschloß ich, es rundheraus zu sagen. Als Grund gab ich an, daß die Dominikanerinnen an erster Stelle apostolisch tätig sein müssen und daß es darum unmöglich sei, den ganzen Tag in der Baracke beieinander zu bleiben. Glücklich, ich hatte meine Freiheit wieder! Auch sah ich, daß die anderen Schwestern sich mit den Menschen beschäftigten und dies schien mir für uns die zugewiesene Aufgabe zu sein.
In der ersten Nacht konnte ich wegen der Flöhe nicht schlafen. Es war aber auch außergewöhnlich schmutzig. Westerbork war eine Art Durchgangslager. Die

Menschen dachten nicht ans Putzen, sie waren zu sehr mit ihrem eigenen Elend beschäftigt. Es kamen nachts auch viele Flugzeuge über uns her und ich dachte schon an eine Bombardierung unseres Lagers. Doch am folgenden Tag beruhigten mich die Mitgefangenen mit den Argumenten, daß der Lagerkommandant im Lager wohne und das Lager dringend gebraucht werde, man würde es sicher nicht bombardieren.

Im Bett behielt ich meine Strümpfe an und schlief zwischen zwei Wolldecken, um nicht die Matratze zu berühren. Um das kleine Kopfkissen, das voller Feuchtigkeitskringel und Flecken saß, hatte ich ein schönes Tuch getan, so konnte ich ruhig meinen Kopf darauf legen. Ich schlief neben der Tür und hörte den Polizisten hereinkommen, der Wache hielt. Es erschreckte mich gar nicht!

Morgens früh standen die Schwestern auf und wuschen sich in den blechernen Waschschüsseln, die im Gang aufgestellt waren. Dicht bei der Tür beteten wir unser Morgengebet, die kleinen Horen, und verrichteten unsere Meditation. Wir durften nicht heraus, es war noch zu früh, der wachhabende Polizist lief vor unserer Baracke hin und her. Es war ein Jammer, daß wir nicht heraus durften, denn es war prächtiges Wetter. Gegen 7 Uhr morgens durften wir hin und her gehen und konnten beten. Immer von der Baracke zum Stacheldraht und wieder zurück. Mein Stundenbuch lieh ich dann der polnischen Ärztin. Nach dem Frühstück – den Kaffee holten wir in der kleinen Barackenküche – putzten wir die Baracke: erst abstauben und dann wischen. Es sah schon ganz anders aus.

Jeden Mittag gab es Eintopf. Das werde ich nie vergessen. Nun ist schon mehr als ein Jahr vergangen, wo ich dieses niederschreibe, doch jedesmal, wenn wir Eintopf essen, <u>muß</u> ich ans Lager denken.

Mittags wurden wir von der Leiterin der Baracke ins große Gebäude dicht beim Lagereingang geschickt. In einem ziemlich großen Raum standen in Abständen kleine Tische, an denen Herren saßen. Es wurde uns gesagt, daß wir hinter dem Kreidestrich stehen bleiben sollten, der um die Tische gezogen war. Es war ein Meter Abstand, so brauchten diese Herren nicht zu befürchten, mit Juden in Berührung zu kommen! Hier wurde uns alles abgenommen, Personalausweis „Stamkaart“, Lebensmittelkarten, Sparbuch, Geld (einen kleinen Beirag durften wir behalten), Gold, Silber usw. Und jedesmal sollten wir unterschreiben. In der

Hollandse Schouwburg hatte ich eine schriftliche Warnung erhalten, nichts zu unterschreiben, und so weigerte ich mich, meine Unterschrift zu geben – und das absolut. Das verursachte große Verzögerung. Ich sah, daß alle meine Leidensgenossen unterschrieben und ich zurückblieb. Dann mußte ich zu einem Herrn vom Judenrat, der mich fragte, warum ich nicht unterschreiben wolle. Ich antwortete: „Sagen Sie es doch ehrlich: wir müssen unsere Abschiebung nach Deutschland unterschreiben, aber ich weiß sicher, daß ich wieder befreit werde, denn daran wird gearbeitet. Warum soll ich dann unterschreiben!" Soviel man mich auch zum Schreiben überreden wollte, ich blieb dickköpfig und unterschrieb nicht. Als ich wieder an eines der Tischchen kam und man mir wieder Schriftstücke zum Unterschreiben vorlegte und ich es nicht tun wollte sagte man mir: „Niemand verläßt hier den Saal, der nicht unterschrieben hat.". Das brachte mich aber ganz und gar nicht aus der Fassung. Ich schaute mich ganz ruhig im großen Saal um und dachte: „Warum soll ich hier nicht übernachten können?"
An anderen Tischen sah ich die anderen Schwestern geschäftig unterschreiben. Was sollte ich tun? Im Innersten rief ich den Hl. Geist an um Rat und Erleuchtung meines Verstandes. Auch meinen Schutzengel rief ich zur Hilfe. Jedenfalls, ich wurde an den nächsten Tisch verwiesen, wo mir weitere Papiere vorgelegt wurden. Hier ging es um Besitz, Häuser, Wertpapiere usw. „So etwas besitze ich nicht, warum soll ich unterschreiben?" fragte ich erneut. Es kam ein Herr hinzu, der denen, die hinter dem Tisch saßen, sagte, daß ich noch gar nichts unterschrieben hätte. Wiederum mußte ich meine Gründe meiner Weigerung erzählen. „Doch", sagte er beruhigend, „selbst wenn Sie unterschrieben haben, können Sie noch freikommen. Wir haben hier schon solche Fälle gehabt."
Was er sagte, das stimmte. Ich hatte doch vor einigen Wochen von einem mir unbekannten Herrn aus Utrecht, der zusammen mit meinem Bruder im Gefängnis gesessen hatte, und später auch in Amersfoort und Westerbork gewesen war, einen Bericht erhalten, wonach im letzten Moment – der Zug zum Abtransport nach Deutschland war schon in Sicht – er seine Freilassung bekam.
Dann schoß es mir durch den Kopf: Wenn Gott will, daß ich freigelassen werde, dann geschieht es und wenn ich zehntausend Mal unterschrieben habe. Während ich noch da stand, beschäftigt mit meinen Überlegungen, kam eine Dame zu

diesem Herrn, es war die Leiterin unserer Baracke und war, wie mir schien, seine Ehefrau. Auch sie versuchte, ganz ruhig zu erklären, daß ich diese Papiere ruhig unterschreiben könnte – und dann tat ich es auch mit einem Mal. Ihr Mann begann zu lachen und sagte: „Frau, Du hättest eher kommen müssen, denn ich rede schon mehr als eine Stunde wie ein Buch und habe nichts erreicht, und Du kommst und schon ist es geschehen!“ Wir mußten alle lachen und jetzt mußte ich die restlichen Schriftstücke, eines nach dem anderen unterschreiben.
Jetzt wurde ich angewiesen, noch an das vorletzte Tischchen zu gehen. Immer blieb ich vorschriftsmäßig hinter dem Kreidestrich. „Sind Sie verheiratet?“ fragte mich ein Herr mit sehr unfreundlichem Gesicht. „Eine Ordensfrau ist nicht verheiratet,“ gab ich zur seiner Verwunderung zur Antwort und ich dachte: „Das weiß doch jedes kleine Kind.“ – „ Und Sie tragen einen Ring...?“ „Ja, ich trage einen Ring,“ wobei ich unwillkürlich auf mein liebes Unterpfand der Profeß schaute. „Sie sind nicht verheiratet und tragen doch einen Ring!“...klang es wieder mit leicht spottendem Ton. „Ich bin nicht verheiratet und trage doch einen Ring; ich bin verheiratet mit der Kirche,“... klang es kräftig und entschieden. „Das gilt nicht,“ sagte er, „warten Sie einen Augenblick.“
Ich sah, wie er zum letzten Tischchen beim Ausgang ging. Da stand ein Herr an einem hohen Schreibpult. „Was für ein unangehmer Typ,“ dachte ich. Nach einigen Minuten kam er zurück und sprach höflich: „Sie sollen den Ring abgeben.“ „Bitte,“ sagte ich, während ich ihm mit ausgestrecktem Arm – wegen des Kreidestrichs – den Ring überreichte.
„Haben Sie noch mehr silberne oder goldene Sachen?“ wollte er wissen. „Meine silberne Uhr,“ entgegnete ich und dachte an meinen verstorbenen Bruder, von dem ich diese bekommen hatte. „Die sollen Sie auch abgeben!“ Nun, sie lief nicht mehr, die Feder war darin kaputt, und das war in diesem Fall ein kleiner Trost. „Sie müssen einen Augenblick warten, sie sitzt so fest!“ sagte ich, während ich mein Taschenmesser aus der Tasche holte, um unter meinem Skapulier das Band durchzuschneiden, denn am äußersten Ende dieses Bandes saß nämlich ein kleines Kreuz, und dieses war mir wertvoller war als die Uhr und dies mußte gerettet werden „Nehmen Sie sich ruhig Zeit,“ antwortete er sehr höflich. Als ich das Kreuzchen abgeschnitten hatte, knüpfte ich es schnell in das Knopfloch

meines Habits und reichte die Uhr mit dem anderen Stück Band über den vorgeschriebenen Abstand hinüber.
Zum Schluß fragte er mich noch, wieviel Geld ich bei mir hätte. „Fünf Gulden," sagte ich. „Die dürfen Sie behalten." Beinahe hätte ich „Danke schön," gesagt, doch ich konnte es gerade noch zurückhalten. Ich durfte gehen und vorbei an dem Herrn hinter dem hohen Schreibpult ging ich durch die Tür hinaus. Hiermit war der Film jedoch noch nicht abgelaufen.
Nun kam ich in einen anderen großen Saal. An der Seite standen einige Reihen Stühle und ein Podium. Es war sicher der Vortragssaal. Später hörte ich, daß die Niederländer dieses Lager für aus Deutschland vertriebene Juden bauen ließen und jetzt wurde dieser Saal für andere Zwecke gebraucht. Als ich eintrat, befanden sich schon mehrere hundert Menschen darin. Auf dem Podium stand ein prächtiger Fotoapparat und wir wurden einer nach dem anderen fotografiert. Auf eine Schiefertafel wurde mit Kreide eine Nummer geschrieben und diese mußten wir vor uns halten. Es ging so langsam voran, daß ich – nach meiner Berechnung – sicherlich länger als 1½ Stunde zu warten hatte. So beschloß ich, ein paar Briefe zu schreiben, zwei Blätter und einen Umschlag hatte ich in meiner Tasche. Der Oberin und der Priorin konnte ich so schnell alles mitteilen. Ich schrieb an der Wand, weil es keinen Tisch und keinen Stuhl gab. Damit beschäftigt, kam ein Herr auf mich zu, der sich anbot, meine Briefe auf die Post zu bringen. Jedoch, als ich nach einer halben Stunde damit fertig war, sah ich den Mann nicht mehr. Da kam just ein kleiner Junge von der Ordonanz vorbei. Er hatte als Kennzeichen eine weiße Armbinde mit einem Stern. Ich bat ihn, die Briefe auf die Post zu bringen, was er sofort tat. Daß ich hier eigentlich nur alle 14 Tage schreiben durfte, hörte ich erst später. Keine fünf Minuten später fragte mich der Herr, ob ich die Briefe geschrieben hätte, und ich sagte ihm, daß ich diese bereits einem Jungen mitgegeben hätte. Er schüttelte den Kopf und sagte etwas leise von: „Gefährlich, wir müssen vorsichtig sein."
Unter anderen Umständen hätten diese Worte mich sicher beunruhigt, vielleicht mir sogar eine schlaflose Nacht besorgt. Doch jetzt war alles anders. Ich betete: „Liebe Mutter Maria, nimm bitte die Briefe unter deinen Schutz." und im Augenblick war ich vollkommen ruhig. Wie nahe war mir die Mutter Maria, wenn

ich sie auch nicht sah. Es war, als ob ich ihren mütterlichen Schutz fühlte.
Inzwischen waren wir mit dem Fotografieren vorwärts gekommen, aber noch etwa 50 Personen waren vor mir. Es ging entsetzlich langsam. Manchmal konnte ich einen Moment sitzen, doch wenn ich andere sah, die vergrämt und müde aussahen, stand ich wieder auf. Endlich konnte ich aufs Podium steigen und nahm Platz. Der Stern war gut sichtbar, das Täfelchen mit der Nummer richtig vor mir und – das Foto war gemacht! Ich erhielt noch eine rote Bescheinigung und ging zurück zur Baracke.
Dort angekommen, kam die Leiterin der Baracke zu mir und teilte mir mit, daß ich sofort zum Unterkommandanten kommen müßte. Sie rief einen kleinen Jungen vom Ordnungsdienst, der mich dort hinbringen sollte, denn tagsüber durften wir nicht frei durch das Lager laufen. In Abständen hielten Militärpolizisten Wache. Nun konnte ich unbehelligt alle Wachtposten passieren. Ich fühlte mich mit diesem kleinen Jungen von zwölf Jahren sicher mit seinem Stern und seinem artigen Ordonanzkäpi. In der Kommandantur angekommen, sagte er, daß er auf mich warten werde, um mich auch wieder zurückzubringen. Unterwegs hatte ich ihn gefragt, wann wir wohl nach Deutschland gehen würden, und ich hörte, daß es wohl in der Nacht von Donnerstag auf Freitag sein werde. Dann fragte ich noch, ob er vielleicht auch wisse, warum ich kommen müsse.: „Es ist sicher etwas Gutes," gab er mir ermutigend zur Antwort.
Ganz tapfer ging ich hinein. Es war ein großes Gebäude am Eingang des Lagers, das eigentlich Lesesaal sein sollte. Ein Herr öffnete den Schalter und fragte nach meinem Namen. „Sind Sie von der Familie des Professor Mendes da Costa?" Ich bejahte. „Beginnt sein Vorname mit S. und wohnt er in Amsterdam P.C. Hoofdstraat?" Ich bestätigte alles. „Dann sind Sie vorläufig von der Ausreise nach Deutschland zurückgestellt." Ich bedankte mich und entfernte mich schnellstens. Der Kleine brachte mich wieder „nach Hause". Ich erzählte es sofort der Leiterin, die mir erklärte, daß sie zunächst eine Meldung von der Verwaltung abwarten müsse.
Des Abends kam jemand zu mir in die Baracke, der anbot, Briefe mitzunehmen, sogleich schrieb ich an Pater Frehe O.P. eine Karte und bat ihn, für uns zu beten. Am selben Abend wurden mit weißen Buchstaben unsere Namen auf die Koffer

gemalt und wir konnten noch Rucksäcke kaufen. Zu meiner Verwunderung sah ich, daß verschiedene Damen ihren Ehering noch trugen und ich erzählte ihnen, daß ich meinen Ring hätte abgeben müssen, was sie selbstverständlich nicht gutheißen konnten. Zu meiner großen Freude kam ein Schuster zu uns, dem ich meine schlechtgesohlten Schuhe mitgab, die ich am folgenden Tag zurückbekommen sollte. Da ich viel unterwegs war, um meine Mitgefangenen aufzumuntern und zu trösten, gab ich meiner Nachbarin, die beinahe den ganzen Tag ruhte, 4,50 Gulden zum Bezahlen.

Nun war es Donnerstag, der Tag, der mir die Entscheidung bringen sollte. Es war der Tag vor dem Ersten Freitag. Da wird in „Berg en Bosch“ immer die Heilige Stunde gehalten und ich vertraute auf die Gebete meiner geliebten Kommunität. Ich betete viel, allein und mit den Menschen. Doch bat ich Gott nicht darum freizukommen, damit vor allem sein Heiliger Wille in mir vollbracht werde. Ich sagte zu unserem lieben Herrn: „Wenn ich eine Rückstellung kriege, ist es gut; wenn ich nach Schlesien muß, ist es auch gut. Aber wenn ich zurückdarf nach „Berg en Bosch“, will ich immer dankbar sein. Aber ich kann nicht darum bitten.“

So morgens gegen 11 Uhr mußte ich wieder zum Kommandanten kommen. Viele Menschen warteten zusammen in einem kleinen Zimmer darauf, an die Reihe zu kommen. Einer nach dem anderen mußten wir in dem angrenzenden Raum das Ergebnis hören, denn all diese Menschen hatten Rückstellung bekommen. Jedesmal, wenn jemand zurückkam, sah man ein betrübtes Gesicht. Es spielten sich die tragischsten Szenen ab. Es ging leises Gemunkel durch die Reihen der Wartenden. Es klang voll Entsetzen: Alle Freistellungen sind eingezogen worden. Ich bereitete mich auf das Ärgste vor. Daß dies allein die Menschen betraf, die aus dem Lager Amersfoort nach hier gekommen waren, wußte ich da noch nicht. Auch die deutsche Karmelitin sah ich. Sie war viel eher an der Reihe als ich. Auch ihre Rückstellung war zurückgezogen worden. Sie sah bleich, aber gelassen aus, tröstete noch ihre Leidensgenossen.

Dann wurde ein Mann abgefertigt, den das gleiche Los getroffen hatte. Als seine Frau es hörte, weinte sie laut und rief: „ Ich lasse dich nicht allein gehen!“ während sie ihn fest umklammert hielt. Sie erlitt einen Nervenzusammenbruch und einige Leute riefen nach Wasser und „... nach draußen bringen!“

Nun kam ich an die Reihe. Ganz ruhig ging ich hinein. „ Es tut mir leid," bekam ich zu hören, „Ihre Rückstellung wurde eingezogen." „Aber, mein Herr," unterbrach ich ihn, „wie ist das möglich? Gestern ließen Sie mich rufen, um mir mitzuteilen, daß mein Abtransport zurückgestellt wurde, weil ich zur Familie von Professor Mendes da Costa gehöre, und jetzt erzählen Sie mir, daß dies zurückgezogen wurde, das kann doch nicht..., das muß ein Mißverständnis sein."
„ Sie haben doch eine Aufforderung erhalten?"
„Nein, ich wurde durch zwei Polizisten abgeholt."
„Sie kommen doch aus Amersfoort?"
„Ich bin nie in Amersfoort gewesen. Ich komme aus der Hollandse Schouwburg in Amsterdam."
„Aber Sie gehören doch zu den anderen Schwestern?"
„Nun begreife ich das Mißverständnis. Die Schwestern kommen alle aus Amersfoort und ich bin die einzige Schwester aus Amsterdam. Diesbezüglich gehöre ich nicht zu diesen Schwestern."
„Dann scheinen die Papiere nicht in Ordnung zu sein."
„Die sind sicher nicht in Ordnung!"
„Wir werden aufs neue einen Antrag auf Rückstellung für Sie stellen. Kommen Sie mal bitte mit."
Jetzt diktierte er einer Dame an einer Schreibmaschine einen Brief. Als er fertig war, fragte ich, ob zwei Punkte darin stünden, nämlich:
1. daß ich zur Familie von Prof. Mendes da Costa gehöre,
2. daß ich vier portugiesich-jüdische Großeltern habe.
Der Brief wurde mir vorgelesen und ich sagte, daß es so gut sei. Ganz ruhig ging ich hinaus, wo ich sofort gefragt wurde, ob auch ich nach Deutschland abtransportiert werde. „Meine Papiere waren nicht in Ordnung!" gab ich ausweichend zur Antwort.
Donnertagnachmittag kam eine Dame aus Assen mit Koffern voll Kleidern für die Schwestern. In einem anderen Raum der Baracke teilte sie diese aus. An der Grenze müßten wir sicher die Ordenstracht ablegen. Ich erhielt einen schwarzen Mantel und einen weißen Schal, denn es war kein schwarzes Kleid mehr da. Dann bekam ich noch ein Paar Schuhe, ein Paar weiße Strümpfe und ein weißes

gestricktes Unterhemd. Auch erhielten wir Äpfel und Pfefferminzdrops. Als ich alles zum Koffer unter meinem Bett bringen wollte, sah ich Tomaten auf meinem Teller liegen. Els hatte für mich gesorgt. Es war eine Extra-Ration vom Judenrat. Die Leiterin der Baracke teilte mir mit, daß sie eine Anordnung erhalten habe, wonach ich in der Nacht zum Freitag nicht mitginge und nun mit anderen Zurückgestellten sofort die Baracke zu verlassen hätte. Da verteilte ich Äpfel, Käse, Marmelade und Süßigkeiten an die anderen, gab den schwarzen Mantel einer Frau, die ich von der Reise nach Westerbork kannte. Sie hatte ebenfalls mit ihrem Mann und ihren beiden Kindern die Rückstellung bekommen.
Dann nahm ich Abschied von allen: „Auf Wiedersehen," sagte ich, „ich werde sicher in einiger Zeit folgen. Behaltet guten Mut und ich will an euch alle denken."

Berichte von Überlebenden des Transportes vom 7. August 1942

Auf Anfrage des Bayerischen Landeskriminalamtes im Jahre 1964 konnte die Justizstelle „Reichsrecherche Amsterdam“ noch drei Überlebende des Transportes vom 7. August 1942 ausfindig machen und befragen. Dem Landeskriminalamt kam es bei der Befragung darauf an, ob die Männer bei dem Transport Ordensfrauen gesehen hätten und möglicherweise anhand von Fotos Dr. Edith Stein identifizieren könnten.

22 Jahre nach den Ereignissen werden die mündlichen Aussagen dieser drei Überlebenden zu Protokoll gegeben. Wenngleich hinsichtlich der Daten ungenaue Angaben gemacht werden, so haben sich die Erlebnisse der Berichterstattenden fest in deren Gedächtnis eingegraben. Josef van Rijk (geb.1920), Jesaja Veffer (geb. 1908) und Maurice Schellekes (geb. 1922) waren alle drei Anfang August in Amsterdam verhaftet und über Westerbork nach Auschwitz deportiert worden.

Dokumente

Josef van Rijk in Amsterdam
Protokoll vom 29. Mai 1964
über die Ankunft in Auschwitz-Birkenau am 9. August 1942

Um den 1. oder 2. August herum wurde ich in Amsterdam auf dem Hauptbahnhof verhaftet und als jüdischer Schutzhäftling in das Gefängnis Amstelveenseweg in Amsterdam gebracht. Ich bin nämlich Jude und ging am genannten Tag durch Amsterdam im Besitz eines gefälschten niederländischen Personalausweises. Am 7. August 1942 wurde ich mit einer Anzahl anderer Schutzhäflinge, schätzungsweise ungefähr 50, mit der Eisenbahn in einem eigenen Wagen nach Westerbork transportiert. Dort wurde unser Wagen an einen zur Abfahrt bereitstehenden Zug angehängt, der am 7. August 1942, also am gleichen Tag nach Auschwitz abfuhr.

Auf dem Bahnhof Auschwitz-Birkenau angekommen, wurde unser Wagen erst als letzter zum Aussteigen freigegeben. Vom Wagen aus, worin ich mich befand, habe ich gesehen, wie die Gefangenen aus den anderen Wagen des Zuges auf dem Bahnsteig durch Deutsche, wenigstens in deutscher Uniform gekleidete Wachtposten, ausgewählt wurden. Ich sah, daß nur eine kleine Gruppe kräftig aussehender Männer abseits gestellt wurde. Ebenfalls bemerkte ich eine Anzahl Frauen in Nonnenkleidung, die auf Lastkraftwagen Platz nehmen mußten, welche daraufhin abfuhren. Ich wußte nicht, daß diese Frauen wirklich katholische Nonnen waren, ich dachte eher an Jüdinnen, die in Nonnenkleidung untergetaucht waren. Angesichts dessen, daß wir, die Insassen unseres Wagens, Schutzhäflinge waren, wurden wir ins Lager gebracht, also nicht unmittelbar in die Gaskammern. Später hörte ich natürlich im Lager, was mit den Menschen geschah, die – aus welchem Grunde auch immer – gleich vom Bahnsteig aus mit Lastautos abtranportiert wurden, daß sie nämlich sofort in die Vergasungsräume gebracht wurden.
Ich erinnere mich noch, daß die Deutschen auf dem Bahnsteig laut geschrien haben, wer nicht laufen könne, der solle auf dem Lastwagen Platz nehmen. Die letzteren, die dies taten, weil sie sich zu schwach fühlten für den Fußmarsch, liefen damit direkt in die Falle. Nach meiner Beobachtung der Selektion auf dem Bahnsteig von Auschwitz-Birkenau wurde nur eine kleine Gruppe von Personen, ausschließlich Männer, ausgesucht, um nicht sofort getötet zu werden. Und nach meinen Erfahrungen, die ich im Lager sammelte, kann meines Erachtens ruhig angenommen werden, daß alle als Schwestern gekleidete Frauen direkt vergast worden sind. Das muß geschehen sein am 9. August 1942, angesichts dessen, daß wir am 7. August 1942 Westerbork verließen und zwei Tage im Eisenbahnzuge verbrachten.
Auf dem Foto, das Sie mir zeigen und das Dr. Edith Stein darstellt, erkenne ich keine der Frauen, die in Nonnenkleidung vom Bahnsteig aus mit Lastautos weggeführt wurden. Ich gehörte also nicht, wie Sie wohl verstanden haben werden, zu der Gruppe katholischer Juden, die am 2. August 1942 in Holland von den Deutschen verhaftet wurden. Meine Konzentrationslagernummer in Auschwitz-Birkenau war 58028.

Sie fragen mich, ob ich noch bemerkt habe, daß die Opfer des Zuges, die von Westerbork nach Auschwitz gebracht wurden, Holländer waren. Ja, ich sah sogar auf dem Bahnsteig verschiedene Bekannte von mir aus den Niederlanden, und ich hörte auf dem Bahnsteig die Menschen, also die Juden, holländisch sprechen. Ich kann mich nicht mehr erinnern, ob unter diesen Leuten auch Männer in katholischer geistlicher Kleidung waren.
Den durch Sie bezeichneten J. Veffer kenne ich tatsächlich und ich weiß, daß er mit demselben Zug wie ich, nur in einem anderen Abteil, in Auschwitz angekommen ist und daß er nicht direkt vergast wurde, sondern einem Arbeitskommando zugeteilt wurde und den Krieg überlebt hat. Dies ist auch der Fall bei einem gewissen Maurice Schellekes, vermutlich wohnhaft zu Den Haag.

Jesaja Veffer in Amsterdam
Protokoll vom 1. Juni 1964
über die Ankunft in Auschwitz-Birkenau am 9. August 1942

Am 4. oder 5. August 1942, an das bestimmte Datum kann ich mich nicht mehr erinnern, habe ich mich als Jude für den Transport nach Polen melden müssen und zwar bei der Hollandse Schouwburg, Plantage Middellaan zu Amsterdam. Von dort wurde ich mit noch vielen anderen holländischen Juden per Eisenbahn ins Lager Westerbork gebracht. Hier wurden wir alle registriert und dann weiterbefördert mit einer mir unbekannten Bestimmung. Wer alles mit diesem Zug von Westerbork aus mitgegangen ist, weiß ich nicht, auf jeden Fall waren wir alle Holländer. Am 7. August 1942 kam unser Zug in Auschwitz-Birkenau an und wir mußten alle aussteigen. Ich muß hier noch bemerken, daß ich in einem gewöhnlichen Eisenbahnwagen reiste, während viele andere in Viehwagen transportiert wurden. Als ich ausgestiegen war und mich auf dem Bahnsteig umsah, sah ich dort schon verschiedene Personen stehen. Unter ihnen befanden sich viele Frauen in Schwesterntracht. Es waren aber auch Männer dort, die katholische geistliche Kleidung trugen. Auf Ihre Frage, ob ich mit diesen Menschen noch gesprochen habe, muß ich antworten, daß dies nicht geschehen ist. Ich bin mit diesen Schwestern und Brüdern gar nicht in Kontakt gekommen und

kann Ihnen deshalb auch nicht sagen, ob sie Holländer waren oder nicht. Ich nehme dies aber an, da sie mit meinem Zug aus Westerbork gekommen waren. Auf dem Bahnhof mußten wir uns alle aufstellen und wurden ausgewählt, das heißt, die kräftigsten Männer wurden herausgeholt. Ich befand mich unter dieser letzteren Gruppe. Bei der Gruppe, die die Deutschen für Arbeiten nicht gebrauchen konnten, also bei den Schwächeren, waren meine Frau und mein Kind. Nachdem diese Auswahl so gut wie möglich beendet war, wurden die Frauen und Kinder weggeführt, entweder mit Lastwagen oder zu Fuß. Zu welcher Bestimmung diese Gruppe abtransportiert wurde, war mir in diesem Augenblick noch nicht bekannt. Später, als ich selbst im Lager Auschwitz ankam, da wurde es mir klar, und ich hörte dies auch von den anderen Gefangenen im Lager, daß all die Frauen und Kinder zur Vergasung abgeführt worden waren. In dieser Gruppe Frauen und Kinder befanden sich auch die in Nonnenkleidung gekleideten Frauen. Einige der Männer in katholischer geistlicher Kleidung wurden meiner Gruppe zugeteilt und kamen also ins Lager. Was mit ihnen weiterhin geschah, weiß ich nicht. Ich habe sie später nicht mehr in Arbeitskommandos oder dergleichen gesehen.
Auf dem Foto, das Sie mir zeigen und das Dr. Edith Stein darstellt, erkenne ich nicht eine der Frauen, die in Nonnenkleidung vom Bahnsteig weg direkt auf Lastkraftwagen abgeführt wurden. Ich habe Ihnen schon gesagt, daß ich weder mit diesen Schwestern noch mit den Brüdern in Kontakt gekommen bin. Meine Konzentrationsnummer in Auschwitz-Birkenau war 57662. Der von Ihnen genannte Josef van Rijk ist mir bekannt. Ich begegnete ihm im Lager Auschwitz-Birkenau. Ich weiß allerdings nicht, ob er mit demselben Zug wie ich dort angekommen war. Er ist gleich mir einem Arbeitskommando zugeteilt worden und hat den Krieg überlebt. Das ist auch der Fall mit einem gewissen Maurice Schellekes, seinerzeit Schneider in Den Haag. Ich bin Schellekes nach dem Krieg nicht mehr begegnet und weiß deshalb auch nicht, ob er noch lebt.

Maurice Schellekes
Protokoll vom 16. Juni 1964
über die Ankunft in Auschwitz-Birkenau am 9. August 1942

Am 6. August 1942 wurde ich in Amsterdam von den Deutschen verhaftet und in dem Gebäude des S.D., Euterpestraat, gefangen gesetzt. Ich bin nämlich Jude und befand mich an dem genannten Tag auf der Straße, war unterwegs ohne die geforderten Identitätspapiere. Am 7. August 1942 wurde ich mit mehreren gefangenen Juden in das Lager Westerbork gebracht. Dies geschah per Eisenbahn in einem eigens für uns bestimmten Wagen. Von Westerbork bin ich am 8. August 1942 mit dem Zug nach Auschwitz transportiert worden. Der Transport, dem ich zugeteilt wurde, bestand aus ungefähr 1200 Personen, nach meiner Ansicht alle Juden.

Auf dem Bahnhof Auschwitz-Birkenau angekommen, mußten wir alle antreten unter der Aufsicht gellend schimpfender SS-Leute mit Hunden. Von einigen Ärzten wurden wir dann ausgewählt, mit anderen Worten, begutachtet, wer wohl für die Arbeit zu brauchen war. Dies waren hauptsächlich die gesunden Männer zwischen 17 und 50 Jahren. Insgesamt wurden ungefähr 165 Männer für die Arbeit ausgewählt, die übrigen wurden mit Lastwagen abtransportiert und kamen überhaupt nicht in das Lager. Es gab auch einige Frauen, die ins Lager kamen. Alte Frauen, Kinder, schwangere Frauen und solche, die ein Baby auf dem Arm trugen, wurden geradewegs auf die Lastwagen verwiesen und kamen also nicht ins Lager. An das Gesicht eines Arztes, der auswählte, kann ich mich noch gut entsinnen. Das kommt daher, weil er mir in einem bestimmten Augenblick den Befehl gab, meinen Hut abzunehmen, und dabei gleichzeitig fragte, wie alt ich wäre und welchen Beruf ich habe. Auf meine Anwort, daß ich 19 Jahre alt und von Beruf Schneider sei, schickte er mich zu der Gruppe Ausgewählter, die ins Lager gebracht wurden.

In dem Augenblick, da wir alle auf dem Bahnhof Auschwitz-Birkenau waren und die meisten weggefahren wurden, wußte ich noch nicht, was dieser großen Gruppe von Menschen zugedacht war. Nach zwei Tagen erfuhr ich von den Gefangenen, die schon länger im Lager waren, und einige Wochen später durch

Auschwitz-Birkenau: Grundmauern des ehemaligen Bauernhauses, „Weißes Haus“ genannt, in dem 1942 die Vergasungen stattfanden. Die Leichen wurden anschließend auf freiem Feld verbrannt.
Wort von Edith Stein auf der Gedenktafel: „Die Liebe wird immer unser ewiges Leben sein“.

eigene Erlebnisse, daß all diese Menschen sofort in die Gaskammern abgeführt worden waren. Einige Wochen nach meiner Ankunft wurde ich nämlich einem Arbeitskommando zugeteilt und meine Aufgabe war u.a. das Wegräumen und Begraben der Leichen aus den Gaskammern. Am Anfang gab es nämlich noch kein Krematorium und alle Leichen wurden begraben. Das geschah in Massengräbern, über die wir ungelöschten Kalk streuen mußten. Ich kann Ihnen versichern, daß sich hierbei grauenhafte Dinge abgespielt haben. Ich möchte noch bemerken, daß ich niemals etwas gehört habe von etwaigen Nachforschungen nach dem Ort dieser Massengräber, was mich sehr befremdete. Nach meiner Schätzung müssen dort mindestens 50 000 Leichen begraben worden sein.
Sie fragen mich, ob ich mich daran erinnern könnte, während des Transportes oder bei der Auswahl auf dem Bahnhof Frauen in Nonnenkleidung gesehen zu haben. Darauf muß ich antworten, daß ich sie nicht gesehen habe. Ebenfalls sah ich keine Männer in katholischer geistlicher Kleidung. Daß ich diese Personen nicht gesehen habe, beweist aber keineswegs, daß sie nicht dabei waren. Sie müssen verstehen, daß wir in Gruppen aufgeteilt antreten mußten. Somit war es sehr gut möglich, daß diese Nonnen und Brüder sich ganz am anderen Ende des Bahnsteigs befanden, und ich sie also gar nicht sehen konnte. Der von Ihnen bezeichneten Dr. Edith Stein, wie Sie sagen, eine dieser Nonnen, bin ich nie begegnet.
Josef van Rijk, von dem Sie sprechen, habe ich im Lager Auschwitz kennnengelernt. Er war mit demselben Transport angekommen wie ich. Während der Fahrt sah ich ihn nicht. Meine Konzentrationslagernummer in Auschwitz war 58053, die von van Rijk 58028. Wenn van Rijk erklärt, daß er bei unserem Transport wohl Nonnen und Brüder gesehen habe, dann kann das sehr wohl stimmen, aber die Betreffenden sind nie ins Lager gekommen.
Sie fragten mich, ob ich noch bemerkt habe, daß die Opfer des Transportes von Westerbork Holländer waren. Das habe ich ganz bestimmt gemerkt, denn es wurde um mich herum nur holländisch gesprochen. Ich möchte Ihnen noch mitteilen, daß ich bereits in Westerbork erfahren hatte, wir würden nach Auschwitz verschickt. In Westerbork habe ich nämlich eine Unterhaltung mit Gemmeke gehabt. In meiner Naivität fragte ich ihn, welche Aussichten ich dort haben werde.

Ich hatte nämlich mitgeteilt, erfahren zu haben, daß meine Verlobte zwei Tage zuvor das Lager Westerbork passiert habe. Gemmeke sagte mir dann, ich würde in Auschwitz als Schneidermeister zur Arbeit eingeteilt werden. Dort befände sich auch ein „Joodse Raad", und ich würde dort auch heiraten und mit meiner Frau separat wohnen können. Kurz nach meiner Ankunft in Auschwitz sind mir allerdings die Augen aufgegangen, und es wurde mir klar, daß meine Verlobte nicht ins Lager gekommen war, sondern direkt in die Gaskammer gebracht wurde, weil sie bei der Auswahl das Baby einer anderen Frau auf ihrem Arm hielt und schon aus diesem Grunde für die Gaskammer bestimmt wurde.
Auf Ihre Frage, wann wir in Auschwitz angekommen sind, kann ich Ihnen versichern, daß es am 10. August 1942 war (tatsächlich war es der 9. August), denn die Reise hatte nämlich zwei Tage gedauert.

„Wer sind diese? Woher sind sie gekommen?“
Offb. 7,13

Wer bis Auschwitz kommt, ist ratlos.
Auschwitz gibt keine Antworten. Auschwitz stellt Fragen.

In den Januartagen des Jahres 1995 waren die Medien angefüllt mit Berichten, Betrachtungen und Beurteilungen dieser größten Katastrophe in der Geschichte der Menschheit. Nichts kann darüber hinwegtäuschen, daß mit Auschwitz eine Entwicklung zum Gipfel – genauer zum Tiefpunkt – gekommen ist, an dem Jahrhunderte schuldig geworden sind und deren Weg gekennzeichnet war durch Ausgrenzung, Verfolgung und Tötung der Juden in den europäischen Ländern. Viele Generationen haben an diesen Verhängnissen mitgewirkt, nicht zuletzt auch die Kirche. Darum hat das Wort der katholischen Bischöfe Deutschlands aus Anlaß des 50. Jahrestages der Befreiung des Vernichtungslagers Auschwitz ein so großes Gewicht und auch eine befreiende Wirkung von historischer Bedeutung. Gleiches gilt von der Rede der Präsidentin des Zentralkomitees der deutschen Katholiken, Rita Waschbüsch, am 27. Januar 1995 in Berlin.

Die Fragen, die Auschwitz mit eindringlicher Schärfe stellt, erheben sich auch beim Besuch anderer Stätten des Gedenkens an apokalyptische Zeiten. Diese Fragen fordern unser Bemühen heraus, Antwort zu suchen in der Geschichte, in der Philosophie, in der Theologie und vor allem bei sich selbst, ob man sich auf der Seite der Opfer, der Zuschauer, der Ängstlichen, der Mitläufer oder der Täter befunden hätte. Wir sollten große Anstrengungen auf uns nehmen, um zu ehrlichen und objektiven Beantwortungen zu kommen. Geschichtsklitterung, Verfälschung historischer Fakten, Verschweigen und Ausblenden von Geschehenem ist ein neues Verbrechen gegenüber millionenfachen Opfern.

Wie konnte es dazu kommen? So lautet die an die Geschichtswissenschaft und alle verwandten Disziplinen gerichtete Frage. Obgleich schon Bibliotheken mit Versuchen einer Beantwortung gefüllt sind, bleiben viele Details der Entwicklungen auf Auschwitz hin unerklärlich.

Wozu ist der Mensch fähig? Was ist das Böse? Woher kommt es? Das sind Fragen, die an das Nachdenken über das Wesen des Menschen gestellt werden.

Die Frage nach der Anwesenheit Gottes in den Konzentrationslagern und Krematorien wird von nichtglaubenden und glaubenden Menschen gleicherweise formuliert. Die einen haben sich ihre Antwort in der „Gott-ist-tot" Theorie gegeben, die anderen schieben nicht Gott die Schuld zu, weil er angeblich nicht gehandelt hat, sondern sie sehen die Schuld im Versagen der Menschen, die durch aktives Handeln und passive Mittäterschaft die Shoa bewirkt haben. Die Berichte der Überlebenden enthalten ungezählte Situationen über Quälereien, die der einzelne Täter für sich zu verantworten hat.

Seit Auschwitz sind philosophische Lehrgebäude zusammengestürzt und theologische Begründungen zum Verhältnis zwischen Ecclesia und Synagoge bloßgelegt worden. Selbst Kunstwerke in den großen Kathedralen müßten verhängt oder vom Platz genommen werden, weil die Synagoge in ihrer symbolischen Darstellung als Frau mit verbundenen Augen, als Besiegte oder sogar als vom Teufel Gehörnte gemalt und in Stein gehauen ist. Unheilvolle Entwicklungen über die Nichtintegration der Juden in die Gesellschaft hatten hierin ihre anschaulichen Vorbilder. Es brauchte noch Jahrhunderte bis ein Papst – es war Papst Johannes Paul II am 17. November 1980 im Dommuseum in Mainz – sagte: „Die erste Dimension dieses Dialogs, nämlich die Begegnung zwischen dem Gottesvolk des von Gott nie gekündigten (vgl. Röm. 11,29) Alten Bundes, ist zugleich auch ein Dialog innerhalb unserer Kirche, gleichsam zwischen dem ersten und dem zweiten Teil ihrer Bibel".

Keiner kann sich heute den Einsichten von Auschwitz verweigern. Neue Schuld lädt eine Gesellschaft auf sich, wenn sie Auschwitz vergißt. Unbegreiflich ist, Auschwitz zu verleugnen und dann noch einen nachsichtsichtigen irdischen Richterspruch zu finden!

Der Christ, der nach der Anwesenheit Gottes in den Konzentrations- und Vernichtungslagern fragt, wird Antwort erhalten in Berichten von Überlebenden. Es soll keineswegs der Eindruck entstehen, als ob alle Gequälten und Getöteten in ihrer tiefsten Erniedrigung Gott gefunden hätten. Unsere gläubige Überzeugung, daß Gott in den bitteren Stunden allen Menschen nahe war, auch denen, die nicht von ihm wußten oder ihn ablehnten, darf in unserer Interpretation der Leidenszeit keine „Vereinnahmung“ anderer Überzeugungen sein.

Zwei Bücher der Heiligen Schrift helfen dem nach Sinndeutung suchenden gläubigen Menschen: Das Buch der Psalmen und das Buch der Geheimen Offenbarung.

Gottesferne, Verlassenheit, Verzweiflung erfuhr der Beter in seiner abgrundtiefen Bedrängnis vor zweitausend Jahren. Und wir sind erschrocken, wie sich bestimmte Situationen buchstäblich auch heute wiederholen. Doch in der Dunkelheit der Schlucht wird der Herr zum nahen Du, wie Psalm 23 diese Gotteserfahrung beschreibt.

Einen Schlüssel für den Standpunkt, von dem aus auch heute Geschichte betrachtet werden kann, bietet das Buch der Geheimen Offenbarung. Für die ersten Christen in den schweren Zeiten der Verfolgung waren die Visionen des Johannes Zuspruch und Trost. Das geschlachtete Lamm, Symbol des erhöhten Christus, hat schon gesiegt und seine Gefährten in der Passion sollen wissen, daß auch sie letztendlich siegen werden. Das 7. Kapitel der Geheimen Offenbarung beschreibt die Kennzeichnung der Angehörigen der zwölf Stämme Israels mit 12 mal 12 mal tausend, Zahl der endzeitlichen Vollständigkeit des Gottesvolkes. Zu Israel kommt eine unüberschaubare Menge aus allen Nationen, Stämmen, Völkern und Sprachen.

Der Seher Johannes wird von einem der Ältesten gefragt: „Woher sind diese, die weiße Gewänder tragen und woher sind sie gekommen?“ (7,13) Der Älteste selber antwortet: „Es sind die, die aus der großen Bedrängnis kommen; sie haben ihre Gewänder gewaschen und im Blut des Lammes weiß gemacht." (7,14) In dieser doppelten Frage wird um Auskunft gebeten nach der Identität und der Herkunft dieser Menschen.

Dieser Fragestellung ist die Dokumentation „Passion im August" gewidmet. Der Identität und Herkunft der in diesem Buch genannten Gefährtinnen und Gefährten von Edith Stein wurde in diesem Buch nachgegangen. Fast alle hatten schon einen sehr schweren Lebensweg hinter sich, als der am 26. Juli 1942 verlesene Hirtenbrief der niederländischen Bischöfe die gleichzeitige Verhaftung am darauffolgenden Sonntag, am 2. August, auslöste. Sie waren schon vor der Verhaftung einiger Grundrechte beraubt: staatenlos, hatten Berufsverbot und dadurch keine Einkünfte. Am 2. August wurde ihnen die Freiheit genommen, bei der Ankunft in Auschwitz-Birkenau nahm man ihnen sämtliches Gepäck ab, danach mußten sie ihre Kleidung ablegen, denn in den Gaskammern sollten sie nackt sterben. Ihre toten Leiber haben kein würdiges Grab gefunden, auf großen mit Benzin übergossenen Scheiterhaufen wurden sie verbrannt, die Asche verstreut.

Edith Stein hatte am 30. Oktober 1938 an Mater Petra Brüning geschrieben, daß sie mit der Verfolgung ihres Volkes eine neue Identität gefunden habe. Sie schrieb: „Ich muß immer wieder an die Königin Esther denken, die gerade darum aus dem Volke genommen wurde, um für das Volk vor dem König zu stehen. Ich bin eine sehr arme und ohnmächtige kleine Esther, aber der König, der mich erwählt hat, ist unendlich groß und barmherzig. Das ist ein großer Trost."

Ihren Brief schließt Edith Stein mit dem Hinweis, daß sie bald die erste Vesper von Allerheiligen singen werde. Zur zentralen Lesung dieses Festes gehört das 7. Kapitel der Geheimen Offenbarung. Was Edith Stein vier Jahre vor ihrem Tod als Verheißung erfahren hat, sollte uns Menschen von heute, die wir uns mit ihrem Sterben und aller ihrer „medeslachtoffers" befaßt haben, auch ein Hinweis sein, nicht beim 9. August 1942 zu verharren, sondern an die Wirklichkeit zu glauben, die mit den nachfolgenden Versen aus dem 7. Kapitel der Geheimen Offenbarung beschrieben wird:

Deshalb stehen sie vor dem Thron Gottes und dienen ihm bei Tag und Nacht in seinem Tempel. Und der, der auf dem Thron sitzt, wird sein Zelt über ihnen aufschlagen. Sie werden keinen Hunger und keinen Durst mehr leiden, und weder Sonnenglut noch irgendeine sengende Hitze wird auf ihnen lasten. Denn das Lamm in der Mitte vor dem Thron wird sie weiden und zu den Quellen führen, aus denen das Wasser des Lebens strömt, und Gott wird alle Tränen von ihren Augen abwischen. (7, 15-17)

Wort der deutschen Bischöfe

aus Anlaß des 50. Jahrestages der Befreiung des Vernichtungslagers Auschwitz am 27. Januar 1995

Am 27. Januar wurden die Konzentrationslager Auschwitz I und Auschwitz-Birkenau befreit. Unzählige Menschen sind dort auf schreckliche Weise umgebracht worden: Polen, Russen, Sinti und Roma sowie Angehörige anderer Nationen. Die überwiegende Mehrheit der Gefangenen und Opfer dieses Lagers waren Juden. Deshalb ist Auschwitz das Symbol für die Vernichtung des europäischen Judentums, die als „Holocaust" oder mit dem hebräischen Wort „Schoa" bezeichnet wird.

Das Verbrechen an den Juden wurde von den nationalsozialistischen Machthabern in Deutschland geplant und ins Werk gesetzt. Das „präzedenzlose Verbrechen" der Schoa (Papst Johannes Paul II. am 13. Juni 1991) wirft immer noch viele Fragen auf, denen wir nicht ausweichen dürfen. Die Erinnerung an den 50. Jahrestag der Befreiung von Auschwitz ist für deutsche Katholiken Anlaß, erneut ihr Verhältnis zu den Juden zu überprüfen. Zugleich mahnt der Tag an die Tatsache, daß Auschwitz auch seinen Platz in der polnischen Leidensgeschichte hat und das Verhältnis zwischen Deutschen und Polen belastet.

Schon in früheren Jahrhunderten sahen sich Juden Verfolgung, Unterdrückung, Ausweisung und selbst der Lebensgefahr ausgesetzt. Viele suchten und fanden Zuflucht in Polen. Doch verblieben auch Orte und Gebiete in Deutschland, in denen Juden relativ ungestört leben konnten. Seit dem 18. Jahrhundert bot sich dann in Deutschland eine neue Chance zu einem friedlichen Zusammenleben. Juden haben zur Entwicklung der deutschen Wissenschaft und Kultur Entscheidendes beigetragen. Dennoch lebte eine antijüdische Einstellung auch im kirchlichen Bereich weiter. Sie hat mit dazu geführt, daß Christen in den Jahren des Drittten Reiches nicht den gebotenen Widerstand gegen den rassistischen Antisemitismus geleistet haben. Es hat unter Katholiken vielfach Versagen und Schuld gegeben. Nicht wenige haben sich von der Ideologie des Nationalsozialismus einnehmen lassen und sind bei den Verbrechen gegen jüdisches Eigentum und Leben gleichgültig geblieben. Andere haben den Verbrechen Vorschub geleistet oder sind gar selber Verbrecher geworden. Unbekannt ist die Zahl derer, die beim Verschwinden ihrer jüdischen Nachbarn entsetzt waren und doch nicht die Kraft zum sichtbaren Protest fanden. Jene, die bis zum Einsatz ihres Lebens halfen, blieben oft allein. Es bedrückt uns heute schwer, daß es nur zu Einzelinitiativen für verfolgte Juden gekommen ist und daß es selbst bei den Pogromen vom November 1938 keinen öffentlichen und ausdrücklichen Protest gegeben hat, als Hunderte von Synagogen verbrannt und verwüstet, Friedhöfe geschändet, Tausende jüdischer Geschäfte demoliert, ungezählte Wohnungen jüdischer Familien beschädigt und geplündert, Menschen verhöhnt, mißhandelt und sogar ermordet wurden. Der Rückblick auf die Geschehnisse vom November 1938 und die 12jährige Gewaltherrschaft der Nationalsozialisten vergegenwärtigt die schwere Last. Er erinnert daran, „daß die Kirche, die wir als heilig bekennen und als Geheimnis verehren, auch eine sündige und der Umkehr bedürftige Kirche ist“ (Wort der deutschsprachigen Bischöfe aus Anlaß des 50. Jahrestages der Novemberpogrome 1938).

Versagen und Schuld der damaligen Zeit haben auch eine kirchliche Dimension. Daran erinnern wir mit dem Zeugnis der Gemeinsamen Synode der Bistümer in der Bundesrepublik Deutschland: „Wir sind das Land, dessen jüngste politische Geschichte von dem Versuch verfinstert ist, das jüdische Volk systematisch auszurotten. Und wir waren in dieser Zeit des Nationalsozialismus, trotz beispielhaften Verhaltens einzelner Personen und Gruppen, aufs Ganze gesehen doch eine kirchliche Gemeinschaft, die zu sehr mit dem Rücken zum Schicksal dieses verfolgten jüdischen Volkes weiterlebte, deren Blick sich zu stark von der Bedrohung ihrer eigenen Institutionen fixieren ließ und die zu den an Juden und Judentum verübten Verbrechen geschwiegen hat. Viele sind daher aus nackter Lebensangst schuldig geworden. Daß Christen sogar bei dieser Verfolgung mitgewirkt haben, bedrückt uns besonders schwer. Die praktische Redlichkeit unseres Erneuerungswillens hängt auch an dem Eingeständnis dieser Schuld und an der Bereitschaft, aus dieser Schuldgeschichte unseres Landes und auch unserer Kirche schmerzlich zu lernen“ (Beschluß „Unsere Hoffnung“, 22.November 1975). Wir bitten das jüdische Volk dieses Wort der Umkehr und des Erneuerungswillens zu hören.

Auschwitz stellt uns Christen vor die Frage, wie wir zu den Juden stehen und ob unser Verhältnis zu ihnen dem Geist Jesu Christi entspricht. Antisemitismus ist „eine Sünde gegen Gott und die Menschheit“, wie Papst Johannes Paul II. mehrfach gesagt hat. In der Kirche darf es keinen Platz und keine Zustimmung für Judenfeindschaft geben. Christen dürfen keinen Widerwillen, keine Abneigung und erst recht keinen Haß gegen Juden und Judentum hegen. Wo sich eine solche Haltung kundtut, besteht die Pflicht zu öffentlichem und ausdrücklichem Widerstand.

Die Kirche achtet auf die Eigenständigkeit des Judentums. Zugleich muß sie selbst neu lernen, daß sie aus Israel stammt und mit seinem Erbe in Glaube, Ethos und Liturgie verbunden bleibt. Wo es möglich ist, sollen christliche und jüdische Gemeinden Kontakt miteinander pflegen. Wir müssen alles tun, damit Juden und Christen in unserem Land als gute Nachbarn miteinander leben können. So werden sie ihren unverwechselbaren Beitrag für ein Europa leisten, dessen Vergangenheit durch die Schoa verdunkelt ist und und das in der Zukunft ein Kontinent der Solidarität werden soll.

Rede der Präsidentin des Zentralkomitees der deutschen Katholiken Rita Waschbüsch
zum 50. Jahrestag der Befreiung von Auschwitz

Die Rede wurde gehalten am 27. Januar 1995 in Berlin am Gedenkstein der Großen Hamburger Straße.

Wir müssen und wollen uns der Geschichte unseres Landes stellen, auch ihrer finstersten Periode. Es fügt sich so, daß Präsidium und Geschäftsführender Ausschuß des Zentralkomitees der deutschen Katholiken gerade an diesem Tag und dieser Stadt zusammenkommen. Denn heute vor fünfzig Jahren hat die Rote Armee das Vernichtungslager Auschwitz-Birkenau befreit. Nur 7.000 Überlebende konnten gerettet werden, nachdem Zehntausende Lagerinsassen wenige Tage zuvor in eine meist tödliche Evakuierung getrieben worden waren.

Erschüttert und beschämt über das Grauen des millionenfachen Mordes an jüdischen Menschen polnischer, deutscher und anderer Nationalität blicken wir am Gedenkstein der Großen Hamburger Straße in Richtung Osten. Hier wurde vor den Augen der Passanten ein Großteil der 56.000 Juden Berlins auf Lastwagen und Möbelwagen verladen, um von den Berliner Bahnhöfen in die Vernichtungslager deportiert zu werden.

Auschwitz wurde als größter jüdischer Friedhof Europas zum Ort und Symbol der Schoah, des Versuchs, das jüdische Vok auszurotten. Der Name Auschwitz ist aber zugleich auch der Tiefpunkt der christlich-jüdischen Geschichte und Mahnmal für eine christliche Umkehr.

Trotz des Einspruchs mancher Revisionisten und ihrer Sympathisanten, die die Tatsache des millionenfachen Mordes an jüdischen Menschen nicht wahrhaben wollen, die sie als „Auschwitzlüge" diffamieren, ist die Tragweite dieses Geschehens – erstaunlich genug – mit wachsendem Abstand immer stärker in das allgemeine Bewußtsein getreten. Die Erinnerung an das, was geschah, ruft die heutige Generation unseres Volkes zur Verantwortung für eine menschenwürdige, friedliche Zukunft auf.

Für die geschichtliche Aufgabe, als Christen und Kirchen für ein neues Verhältnis zum jüdischen Volk in Aufrichtigkeit und mit tatkräftigem Ernst einzutreten, kann ich keine besseren Worte finden, als sie die Würzbürger Synode 1975 formuliert hat.: „Wir sind das Land, dessen jüngste politische Geschichte von dem Versuch verfinstert ist, das jüdische Volk systematisch auszurotten. Und wir waren in dieser Zeit des Nationalsozialismus, trotz beispielhaften Verhaltens einzelner Personen und Gruppen, aufs Ganze gesehen doch eine kirchliche Gemeinschaft, die zu sehr mit dem Rücken zum Schicksal dieses verfolgten jüdischen Volkes weiterlebte, deren Blick sich zu stark von der Bedrohung ihrer eigenen Institutionen fixieren ließ und die zu den an Juden und Judentum verübten Verbrechen geschwiegen hat. Viele sind dabei aus nackter Lebensangst schuldig geworden. Daß Christen sogar bei dieser Verfolgung mitgewirkt haben, bedrückt uns besonders schwer. Die praktische Redlichkeit unseres Erneuerungswillens hängt auch an dem Eingeständnis dieser Schuld und an der Bereitschaft, aus dieser Schuldgeschichte unseres Landes und auch unserer Kirche schmerzlich zu lernen" (Unsere Hoffnung, IV,2).

Die Tragik unserer Geschichte, die nicht nur schicksalhafte Verblendung ist, sondern auch ein gerütteltes Maß an Schuld enthält, liegt in der Tatsache, daß es keine Solidarität unter den Verfolgten gab. Die jahrhundertealte Israelvergessenheit und die traditionelle Judenfeindschaft der Christen haben den Blick dafür verstellt, als Kirche ebenso empört gegen die Massendeportationen der Juden im Februar 1943 zu protestieren, wie Bischof von Galen und mit ihm andere Bischöfe gegen die Morde an Behinderten und Geisteskranken protestiert haben. Aber schon die Reichspogromnacht im November 1938 hatte gezeigt, daß die Juden mit ihrem Schicksal im Ernstfall sich selbst überlassen bleiben würden. Der Berliner Dompropst Bernhard Lichtenberg stand mit seiner bekannten öffentlichen Stellungnahme nahezu allein. Daß es Deutsche gab, die im Hintergrund unter Einsatz ihres Lebens jüdischen Mitmenschen wirksam geholfen haben, soll an dieser Stelle nicht unerwähnt bleiben. Stellvertretend erinnere ich an Frau Gertrud Luckner, die aufgrund ihrer persönlichen Hilfe und ihrer Nähe zu verfolgten Juden entscheidende Impulse zur Gründung unseres Gesprächskreises „Juden und Christen" im ZdK gegeben hat.

Auf unserem Weg hierher sind wir soeben an der wiedererrichteten Synagoge in der Oranienburger Straße vorbeigegangen. Sie ist ein Hoffnungszeichen dafür, daß nach Auschwitz und trotz Auschwitz jüdisches Leben in Deutschland wiederersteht, wenn auch nur in sehr bescheidenem Ausmaß.Zwei namhafte Vertreter der Berliner Juden sind mit uns zu dieser Gedenkstätte gekommen: das Vorstandsmitglied der Jüdischen Gemeinde zu Berlin, Herr Dr. Roman Skoblo, und Herr Dr. Hermann Simon, Vorsitzender der Stiftung Neue Synagoge Berlin – Centrum Judaicum. Dafür danken wir Ihnen ganz herzlich. Ihre Teilnahme ist Zeichen, an dem wir die mit dem letzten Konzil eingeleitete Wende im christlich-jüdischen Verhältnis erkennen. Dafür danken wir Gott.

Was der Theologe Johann Baptist Metz beim Freiburger Katholikentag 1978 gesagt hat, bleibt uns eine immer noch einzulösende Aufgabe: „Wir Christen kommen niemals mehr hinter Auschwitz zurück; über Auschwitz hinaus kommen wir, genau besehen nicht mehr allein, sondern nur mit den Opfern von Auschwitz."

1. April 1995, Samstag vor Passionssonntag.
400 deutsche und niederländische Frauen gehen denselben Weg, den Schwester Benedicta und alle „medeslachtoffers“ in der Frühe des 4. August 1942 von Hooghalen in das Lager Westerbork gegangen sind.
Schwester Gemma van de Zon, Josefsschwester von Trier, im Gedenken an ihre Mitschwester Mirjam Michaelis.

Wallfahrt nach Westerbork
„Schritt für Schritt auf dem Weg zu einem friedvollen Europa"

Die Erinnerung an den 50. Jahrestag des Kriegsendes und den Zusammenbruch der Naziherrschaft waren der Anlaß für 400 deutsche und niederländische katholische Frauen, am Samstag vor Passionssonntag, dem 1. April 1995, gemeinsam eine Wallfahrt nach Westerbork zu machen. Im ehemaligen Lager Westerbork, von dem aus in der Zeit von 1942 bis 1944 über 100.000 Juden in den Tod geschickt wurden, gedachten sie insbesondere der katholischen Juden, die von den Nazis als Racheakt auf den Hirtenbrief der niederländischen Bischöfe vom 26. Juli 1942 umgebracht worden waren.
Zu den Opfern zählten neben Edith Stein und ihrer Schwester Rosa viele Ordensleute aus den Niederlanden und Deutschland. Ihre Namen wachzuhalten und aus ihrem Lebenszeugnis Kraft zu schöpfen zu einem friedvollen Miteinander der Menschen in Europa, war das Ziel der Wallfahrt.
Die Gemeinsamkeiten der deutschen mit den niederländischen Frauen fand in den niederländischen Medien große Beachtung und wurde als Zeichen der Versöhnung zwischen beiden Völkern gewertet. Die Frauen waren sich bewußt, daß sie mit dieser gemeinsamen Wallfahrt auch ein Testament des am 26. Juli 1942 im KZ Dachau getöteten niederländischen Karmeliters Titus Brandsma erfüllten. Im Gefängnis von Scheveningen hatte er im Januar 1942 geschrieben:

Gott segne die Niederlande! Gott segne Deutschland!
Gott gebe, daß beide Völker bald wieder
in vollem Frieden und voller Freiheit Seite an Seite leben,
in der Anerkennung Gottes und zu seiner Ehre,
zum Heil und Wohlergehen beider so nah verwandten Völker.

Stelle der ehemaligen Baracke 36 am Lager Westerbork.
„Und wenn es heiliges Feuer war, das einmal hier auf Erden gebrannt und Spuren seines heiligen Wirkens hinterlassen hat, dann stehen alle Stätten und Überreste dieses Wirkens in heiliger Hut. Vom Urquell alles Feuers und Lichtes wird die verborgene Glut geheimnisvoll genährt und erhalten, um als nie versiegende, befruchtende Segensquelle immer wieder hervorzubrechen. Ein solcher Segensquell ist uns erschlossen durch das Gedächtnis der Heiligen". Edith Stein 1931

Erinnerungen ausgraben an der Stelle, an der die Baracke 36 im Lager Westerbork stand, heißt Raum schaffen, um Neues zu pflanzen, Kraft zu schöpfen aus dem Zeugnis der Märtyrer für eine neue Lebensgestaltung in Europa.
Marie Thérèse van Heteren, Präsidentin der Weltunion der katholischen Frauen, und Schwester Laurentia, Trappistin aus der Abtei Unsere Liebe Frau von Koningsoord, in der Schwester Hedwige Löb, Schwester Maria Theresia und später auch Schwester Veronica verhaftet worden waren, beim Einpflanzen von zwei Rosenstöcken.

Jahrelang hatte man wider alles Erwarten gehofft,
daß die Lieben, die so grausam weggeholt worden waren,
noch am Leben seien.

Es ist kaum zu glauben, daß Grausamkeit so weit gehen kann
und so viele gute und geliebte Menschen
in solchen Massen umgebracht hat.
Wir werden es vermutlich nie glauben können;
es sei denn jene, die es gesehen und
die nun jahrelang – ein Leben lang – die Bilder
von durchgestandenem Leid und schrecklicher Folter
vor sich sehen.

Die Erwartung, die wir hegen,
die Hoffnung gegen alle Hoffnung
ist nicht eitel oder vermessen.

Unsere Geliebten leben und werden leben in Ewigkeit.
Ihr Glaube, ihre Güte und ihr Vertrauen
sind für uns wie ein Licht.

In diesem Licht gehen sie uns voran,
Kinder des Volkes Gottes, von denen so viele
Christus dem Licht begegnet sind
und ihm wie einer „Leuchte für ihre Füße“ folgten.

In dieser Treue und in diesem Licht
sind sie auch unser Licht
bis wir uns einmal wiedersehen.

Schwester M. Teresita Munsters (Mitschwester von Schwester Charitas Bock):
Gedanken zur Rückkehr der Verschleppten aus den Niederlanden

Dank für die Mithilfe

bei der Spurensuche durch mündliche Beratung, Überlassung von Dokumenten und Fotos, Übersetzung aus der niederländischen Sprache und begleitendes Gebet

Schwester Teresia Benedicta a Cruce und Rosa Stein und weitere Passionsgefährtinnen
Edith-Stein-Archiv im Kölner Karmel / Edith-Stein-Karmel in Tübingen / Edith-Stein-Archiv der Dominikanerinnen in Speyer / Msgr. Wolfram Krusenotto, Morsbach / Dr. Marianne Zingel, Göttingen / Archiv des Katholischen Deutschen Frauenbundes, Köln

Dr. Ruth Kantorowicz
Kloster der Ursulinen in Dorsten / Steyler Missionsschwestern

Alice Reis
Schwestern vom Guten Hirten in Münster / Änny Schüler, Darmstadt

Annemarie und Elfriede Goldschmidt
Pfarrer Klaus Martin Reichenbach, Bad Münstereifel / Dechant Heribert Schmitz, Essen / Inge Brüll, Innsbruck / Charlotte Embacher, München / Dorothee Schray, München / Heliand-Archiv in Speyer / Liefdezusters van het Kostbaar Bloed in Koningsbosch

Schwester Aloysia Löwenfels
Provinciaal Moederhuis van de Arme Dienstmaagden van Jesus Christus in Geleen, Niederlande / Generalat der Armen Dienstmägde Jesu Christi in Dernbach / Anna Maisel und Gerlinde Müller, Trabelsdorf / Kaplan Hubert E. Wagner, Priesendorf / Georg Möllers, Recklinghausen / Schwestern von der göttlichen Vorsehung, Münster / Diözesanarchiv Limburg

Schwester Mirjam Michaelis
Mutterhaus der Schwestern vom hl. Josef in Trier / Kath. Pfarramt Ss. Corpus Christi in Berlin / Hedwig Heinisch, Berlin

Dr. Lisamaria Meirowsky
Abdij O.L.Vrouw van Koningsoord in Berkel-Enschot, Niederlande / Archiv der Dominikaner in Köln / Historisches Archiv im Erzbistum Köln / Roswitha Weinhold, Essen

Geschwister Löb
Abdij O.L.Vrouw van Koningsoord in Berkel-Enschot, Niederlande / Cistercienser Abdij O.L.Vrouw van Koningshoeven in Tilburg, Niederlande / Abtei Maria Frieden in Dahlem/Eifel

Schwester Charitas Bock
Zusters van het H. Hart te Moerdijk in Rosmalen

Familie de Man
Abdij O.L.Vrouw van Koningsoord in Berkel-Enschot / Pfarrer Hans Reichenbach, Eindhoven

Bruder Wolfgang Rosenbaum
P. Ottokar Mund OFM, Georgsmarienhütte / Archiv der Sächsischen Provinz der Franziskaner in Werl / Pfarramt St. Franziskus in Witten

Schwester Judith Mendes da Costa
Zusters Dominicanessen in Voorschoten, Niederlande

Dank für die Übersetzungen aus der niederländischen Sprache:
Karmelitinnenkloster Mutter vom guten Rat in Duisburg / Steyler Missionsschwestern in Steyl, Niederlande,

Quellenhinweise / Hinweise zu den Personen

Fast alle Dokumente wurden entweder vom Edith-SteinArchiv im Kölner Karmel (Leitung Schwester M. Amata Neyer) zur Verfügung gestellt oder dem Buch „Als een brandende toorts“ entnommen.
Dieses Buch ist 1967, 25 Jahre nach dem Tod von Edith Stein unter dem Pseudonym J. de Warsage herausgebracht worden. Dahinter verbarg sich Schwester M. Johanna a Cruce (1901-1971), die Priorin des neugegründeten Karmls in Beek. Sie hat Edith Stein nicht persönlich gekannt, durch einen regen Briefwechsel waren beide freundschaftlich miteinander verbunden. 1946 kehrte sie in den Karmel nach Echt zurück und begann sogleich, die verstreuten Schriften von Edith Stein zu sammeln. Deshalb ist ihr der Erhalt vieler Dokumente zu verdanken.
Für die Herausgabe des Buches „Als een brandende toorts“ erbat Schwester Johanna die noch vorhandenen Dokumente aus den Archiven der Ordensgemeinschaften, deren Mitglieder mit Edith Stein in der „Passionswoche“ schicksalhaft verbunden waren. Das Buch liegt nur in niederländischer Sprache vor und ist im Echter Karmel erhältlich.

Passion im August: Herkunft der Dokumente

Edith-Stein-Archiv (1), Als een brandende toorts (2).
In allen anderen Fällen Hinweis auf die betreffende Quelle

Telegramm der niederländischen Kirchen (2)
Hirtenbrief der niederländischen Bischöfe (2)
Pater Ignatius Bromberg, (1) Dominikaner, Mithäftling vom 3.-7.8.1942
Lucie Bromberg, (1), Mutter von Pater Bromberg

Edith Stein /Rosa Stein

Berichte und Briefe von Edith Stein, ESW VII, VIII, IX
Mutter Antonia Engelmann (1), Priorin im Karmel von Echt
Maria Delsing (1), Bekannte von Rosa Stein aus Echt
Briefe von Schwester Benedicta aus dem Lager (1)
Richard Stern (Allgemeine Jüdische Wochenzeitung vom 22.5.1987),
Angestellter beim Judenrat
Julius Markan (1), Häftling in Westerbork
Piet O. van Kempen (1), Bote des Echter Karmels nach Westerbork
Pierre Cupypers (1), Bote des Echter Karmels nach Westerbork
H. Wielek (1), Häftling in Westerbork
Valentin Fouquet (1), Vorsteher der Bahnstation Schifferstadt
Ferdinand Meckes (1), Kaplan in Ludwigshafen

Dr. Ruth Kantorwicz
Pater Heinrich Horster (1), Priester in Steyl
Alois Schlütter (2), Bote der Ursulinen nach Westerbork
Jean Philipsen (2), Bote der Ursulinen nach Westerbork

Alice Reis
Alfred Schüler (1), Kaplan in Darmstadt
Änny Schüler (1), Schwester von Alfred Schüler
Schwester Bonaventura (1), Schwester vom Guten Hirten, Oberin in Almelo (1967)
N.N. (1), Schwester vom Guten Hirten in Zoeterwoude, Zeitzeugin

Annemarie und Elfriede Goldschmidt
Schwester Hieronyma (1), Liefdezuster van Het Kostbaar Bloed, Zeitzeugin
Telegramm und Brief von A. und E. Goldschmidt aus Westerbork (2)

Schwester Aloysia Löwenfels
Richard Keuyk, (Archiv Dernbach) (2), Kaplan in Frankfurt
Mathilde Eppmann (Archiv Dernbach), Schwester der Freundin von Luise Löwenfels
Klosterchronik Geleen (2)

Schwester Mirjam Michaelis
Schwester M. Teresia Jungbluth (Archiv Trier),
Generaloberin der Schwestern vom hl. Josef, Trier
Schwester Maria (2), Franziskanerin, Oberin des Hauses in Marienwaard
Brief von Schwester Mirjam (Archiv Trier)

Dr. Lisamaria Meirowsky
Telegramme und Postkarte (Archiv Koningsoord)
Brief an Pater Frehe (2)

Geschwister Löb
Pater Anselmus Tersteg (in: Die Geschwister Löb),
Archivar der Abtei Koningshoeven
Telegramme und Zettel aus dem Lager (Archiv Koningsoord)

Schwester Charitas Bock
Schwester Vincentia van Schendel (2),
Generaloberin der Zusters van het H. Hart te Moerdijk
Schwester Therese Hermus (2), Oberin inMoerdijk
Schwester Ignace de Bruin (2), Mitschwester von Schwester Charitas
Wilhelm Merkelbach (2), Stiefvater von Schwester Charitas
Briefe und Telegramme aus dem Lager von Schwester Charitas (2)
H. van Duursen (2), Bote des Klosters von Dalfsen nach Westerbork
Pater Wester (2), Kapuziner, Pfarrei Kreuzauffindung in Rotterdam
Schwester Teresita Munsters (2), nachfolgende Generaloberin

Familie de Man
Joost van Putten (Brabands Dagblad vom 9. August 1992), Journalist

Bruder Wolfgang Rosenbaum
Ottokar Mund (in: Blumen auf den Trümmern), Franziskaner

Schwester Judith Mendes da Costa
Bericht von Schwester Judith (2) über den Aufenthalt im Lager Westerbork

Bericht der Überlebenden
Josef van Rijk (1), Mithäftling auf dem Transport nach Auschwitz
Jesaja Veffer (1), Mithäftling auf dem Transport nach Auschwitz
Maurice Schellekes (1), Mithäftling auf dem Transport nach Auschwitz

Literaturverzeichnis (Auswahl)

Literatur zur Judenverfolgung in den Niederlanden

Hilberg, Raul	Die Vernichtung der europäischen Juden. Band II, Deportation: Die Niederlande. Frankfurt 1991
Jäckel, Eberhard u.a. Hrsg. der dt. Ausgabe	Enzyklopädie des Holocaust. Die Verfolgung und Ermordung der europäischen Juden. Stichworte: Joodse Raad, Niederlande, Westerbork. München 1995
van der Leuw, A.J.	Die Deportation der römisch-katholischen Juden aus den Niederlanden im Monat August 1942. In: Rijksinstituut voor Oorlogsdocumentatie, Notities voor geschiedswerk, nr. 136. Amsterdam 1966
Kempner, M. Benedicta	Nonnen unter dem Hakenkreuz / Leiden – Heldentum – Tod. Die erste Dokumentation über das Schicksal der Nonnen im 3. Reich. Würzburg 1979
Kempner, Robert M.W.	Edith Stein und Anne Frank. Zwei von Hunderttausend. Die Enthüllungen über die NS-Verbrechen in Holland vor dem Schwurgericht in München. Die Ermordung der „nichtarischen" Mönche und Nonnen. Freiburg 1968
Mechanicus, Philip	Im Depot. Tagebuch aus Westerbork. Berlin 1993
Paape, A.H.	Erinnerungszentrum Lager Westerbork. Begleiter zur Ausstellung. Rijksinstituut voor Oorlogsdocumentatie. Amsterdam 1984
Presser, J.	Ondergang. De vervolging en verdelging van het nederlandse jodendom 1940-1945. s'Gravenhage 1965
Waanders Uitgevers	Westerbork: Voorportal van Auschwitz. Documentaire Nederland en de tweede Wereldoorlog. Zwolle 1990
Warsage, J. (van Weersth, Johanna)	Als een brandende toorts. Documentaire Getuigenissen over Dr. Edith Stein. (Zr. Teresia Benedicta a Cruce) en medeslachtoffers. Echt 1967

Literatur zu Edith Stein

Werke von Edith Stein (ESW)

Edith Stein	Aus dem Leben einer jüdischen Familie. ESW, Band VII. Freiburg 1985
Edith Stein	Selbstbildnis in Briefen. 1. Teil 1916-1934. ESW, Band VIII. Freiburg 1976 Erweiterte Neuauflage, Freiburg 1998
Edith Stein,	Selbstbildnis in Briefen. 2. Teil 1934-1942. ESW, Band IX. Freiburg 1977
Edith Stein	Endliches und ewiges Sein. Versuche eines Aufstiegs zum Sein. ESW, Band II. Freiburg 1962
Edith Stein	Kreuzeswissenschaft. Studie über Joannes a Cruce. ESW, Band I. Freiburg 1954
Edith Stein	Wie ich in den Kölner Karmel kam. Niederschrift von 1938. Herausgegeben mit Erläuterungen und Ergänzungen von M. Amata Neyer. Würzburg 1994

Literatur über Edith Stein

Brandner, Stefanie	„Sollte die akademische Laufbahn für Damen eröffnet werden ..." Jüdische Philosophinnen in Deutschland: Hannah Arendt und Edith Stein. In: Aus dem Leben jüdischer Frauen, Hrg. Wagner, Leonie u.a. Schriftenreihe des Archivs der deutschen Frauenbewegung, Band 9. Kassel 1994
Bröcker, Luise	Die Botschaft des Kreuzes. Edith Stein. Ein Kreuzweg. Annweiler / Essen 1986
Delf, Hanna	Edith Stein. Philosophin und Karmelitin. In: Jüdische Frauen im 19. und 20. Jahrhundert. Lexikon zu Leben und Werk. Hrg. Dick, Jutta u. Sassenberg, Marina. Hamburg 1993
Endres, Elisabeth	Edith Stein. Christliche Philosophin und jüdische Märtyrerin München 1987

Gerl, Hanna-Barbara	Unerbittliches Licht. Edith Stein. Philosophie – Mystik – Leben. Mainz 1991
Götz, M. Magdalena / Kunz, Helmut	An Gottes Hand. Schwester Teresia Benedicta. Edith Stein. Ihre Zeit in Bad Bergzabem. Speyer 1987
Haarlammert, Klaus, Hrsg.	Edith Stein – Leben im Zeichen des Kreuzes. Speyer 1987
Herrmann, M. Adele	Die Speyerer Jahre von Edith Stein. Speyer 1990
Herbstrith, Waltraud Hrsg.	Edith Stein – eine große Glaubenszeugin. Leben. Neue Dokumente, Philosophie. Annweiler / Essen 1986
Herbstrith, Waltraud Hrsg.	Erinnere dich – vergiß es nicht. Edith Stein – christlich-jüdische Perspektiven. Annweiler / Essen 1990
Kloster St. Magdalena	Edith Stein zum Gedenken. Daten zu ihrem Leben. Katalog zur Ausstellung /Erinnerungen. Speyer 1987
Koepke, Cordula	Edith Stein. Ein Leben. Würzburg 1991
Krusenotto, Wolfram	Die letzten Tage im Leben der seligen Schwester Teresia Benedicta vom Kreuz – Edith Stein. Eine Gebetsoktav. Anregungen zur Wallfahrt nach Westerbork, Breslau und Auschwitz. Siegburg 1992
Leuven, Romaeus	Heil im Unheil. Das Leben Edith Steins: Reife Vollendung. ESW, Band X. Freiburg 1983
Lechtenberg, Gertrud / Prégardier, Elisabeth,	Edith Stein – Botschaft Gottes in unsere Zeit Wallfahrt des Katholischen Deutschen Frauenbundes am 5. März 1987 nach Münster. Vortrag von Schwester Isa Vermehren: Von der Sendung heiliger Frauen in der Geschichte Europas. Annweiler / Essen 1987
Neyer, M. Amata	Edith Stein. Ihr Leben in Dokumenten. Würzburg 1987

Neyer, M. Amata	Edith Stein: Wie ich in den Kölner Karmel kam. Würzburg 1994
Ruegenberg, Lukas / Jungels, Carla	Edith Stein. Ein Bilderbuch Kevelaer 1998
Zingel, Marianne	Edith Stein. Studentin in Göttingen 1913-1916. Ausstellung zum 100. Geburtstag, Oktober 1991. Göttinger Bibliotheksschriften Nr. 1, 1993

Literatur zu den Passionsgefährtinnen und -gefährten

Brandsma, Titus	Engagierte Mystik. Eingeleitet und übersetzt von Elisabeth Hense. Paderbom 1991
Frequin, Louis / Terstegge Anselmus	Titus Brandsma / Die Geschwister Löb. Verfolgter Glaube – Vernichtetes Leben. München 1982
Deutsche Karmeliterprovinz	Titus Brandsma. Eine Botschaft der Hoffnung. Bamberg 1986
Mund, Ottokar	Blumen auf den Trümmern. Blutzeugen der NS-Zeit. Wolfgang Rosenbaum u.a. Paderborn 1989
Mund, Ottokar	Bene qui vixit, bene latuit Zum 50. Todestag von Edith Stein und Bruder Wolfgang Rosenbaum. In: Franziskanische Studien, Heft 2/3, Werl 1992
Schilz, Luitgard	Schwester Mirjam Michaelis. Opfer von Auschwitz. Trier 1993
Schray, Dorothee	Holocaust. Annemarie und Elfriede Goldschmidt. In Heliandkorrespondenz 1992, Nr. 4
Stratmann, Franziskus	In der Verbannung. Tagebuchblätter 1940-1947 (u.a. Lebensbild Lisamaria Meirowsky). Frankfurt 1962
Trappistinnenabtei Maria Frieden	Sieben christliche Makkabäer (Geschwister Löb). Dahlem/Eifel o.J.

Literatur zu Auschwitz

Ginzel, Günther B., Hrsg.	Auschwitz als Herausforderung für Juden und Christen. Freiburg 1993
Greif, Gideon	wir weinten tränenlos ... Augenzeugenberichte der jüdischen „Sonderkommandos" in Auschwitz. Köln 1995
Swiebocki, Teresa und Henryk, Hrsg.	Auschwitz. Stimmen aus der Tiefe. Auschwitz-Birkenau.
Schwalbová, Margita	Elf Frauen. Leben in Wahrheit. Eine Ärztin berichtet aus Auschwitz-Birkenau 1942-1945. Annweiler 1994

Literatur zur christlich-jüdischen Zusammenarbeit

Freiburger Rundbrief	Zeitschrift für christlich-jüdische Zusammenarbeit Hrg. Freiburger Rundbrief e.V. mit Unterstützung der Deutschen Bischofskonferenz
Lenzen, Verena	Jüdisches Leben und Sterben im Namen Gottes. München 1995
Mußner, Franz	Dieses Geschlecht wird nicht vergehen. Judentum und Kirche. Freiburg 1991
Petuchowski, Jakob J./ Thoma, Clemens	Lexikon der jüdisch-christlichen Begegnung. Hintergründe, Klärungen, Perspektiven. Freiburg 1989
Schwemer, Ulrich	Christen und Juden. Dokumente der Annäherung (Evangelische Kirche). Gütersloh 1991
Sekretariat der Deutschen Bischofskonferenz	Hinweise für eine richtige Darstellung von Juden und Judentum in der Predigt und in der Katechese der katholischen Kirche. Arbeitshilfe Nr. 44, Bonn 1986

Die Last der Geschichte annehmen.
Wort der Bischöfe zum Verhältnis von Christen und Juden aus Anlaß des 50. Jahrestages der Novemberpogrome 1938. Hirtenschreiben / Erklärungen Nr. 43, Bonn 1988

Wort der deutschen Bischöfe zum 27. Januar 1995 aus Anlaß des 50. Jahrestages der Befreiung des Vernichtungslagers Auschwitz

Zentralkomitee der deutschen Katholiken

Nach 50 Jahren – wie reden von Schuld und Versöhnung? Sonderdokumentation. Bonn 1988

Polenreise des Präsidiums des ZdK und Mitglieder des Gesprächskreises „Juden und Christen" beim ZdK vom 10.-17. Oktober 1993. Berichte und Dokumente 92

Rede der Präsidentin des ZdK am 27. Januar 1995 in Berlin zum 50. Jahrestag der Befreiung von Auschwitz.

Bildnachweis

Alle Fotos und Dokumente stammen soweit nicht anders angegeben aus dem Edith-Stein-Archiv in Köln. Darin sind einbezogen, die von den einzelnen Ordensgemeinschaften für die Publikation „Passion im August" zur Verfügung gestellten Fotos.

pohl/present: S. 8, 10, 66, 320, 322, 323
Foto Arnold: S. 50/51, 86,96
Galerie Liebighaus: S. 108
Heliand-Archiv (Landesarchiv Speyer): S. 148, 150, 152
Diözesanarchiv Limburg: S. 166
Historisches Archiv Erzbistum Köln: S. 208
Zeitungsfoto Brabants Dagblad: S. 262, 268
Klosterarchiv Franziskaner in Werl: S. 272, 275, 277